本书为2010年度湖南省哲学社会科学基金项目"近代湘……
（2010YBB183）结项成果。

U0611986

王向文 ◎ 著

# 民国时期湖南师范教育

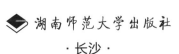
湖南师范大学出版社

·长沙·

图书在版编目（CIP）数据

民国时期湖南师范教育研究／王向文著. —长沙：湖南师范大学出版社，2021.12

ISBN 978 - 7 - 5648 - 4266 - 6

Ⅰ. ①民… Ⅱ. ①王… Ⅲ. ①师范教育—教育事业—发展—研究—湖南—近代 Ⅳ. ①G659. 21

中国版本图书馆 CIP 数据核字（2021）第 162342 号

# 民国时期湖南师范教育研究

Minguo Shiqi Hunan Shifan Jiaoyu Yanjiu

王向文　著

◇出 版 人：吴真文
◇组稿编辑：李　阳
◇责任编辑：李健宁　吴亮芳
◇责任校对：蒋旭东
◇出版发行：湖南师范大学出版社
　　　　　　地址/长沙市岳麓区　邮编/410081
　　　　　　电话/0731 - 88873071　0731 - 88873070
　　　　　　网址/https：//press. hunnu. edu. cn
◇经销：新华书店
◇印刷：湖南省美如画彩色印刷有限公司
◇开本：710 mm×1000 mm　1/16
◇印张：13
◇字数：250 千字
◇版次：2021 年 12 月第 1 版
◇印次：2021 年 12 月第 1 次印刷
◇书号：ISBN 978 - 7 - 5648 - 4266 - 6
◇定价：58. 00 元

凡购本书，如有缺页、倒页、脱页，由本社发行部调换。
投稿热线：0731 - 88872256　微信：ly13975805626　QQ：1349748847

# 目 录

# 绪 论

教育是立国之本，师范是教育之母。正如著名的教育家陶行知所说："师范教育可以兴邦，也可以促国之亡。"① 师范教育作为社会大系统中教育子系统的一个重要组成部分，它在整个教育事业和社会发展的过程中都发挥着巨大的作用。师范教育办得成功与否，直接影响到中、初等教育的教育质量，影响到中、高等教育学生的基本素质，进而影响到未来社会成员的文化素质和科技素质。湖南的师范教育在清末起步较晚，发展于沿海经济发达省份而言，处于劣势；在民国时期，后来居上，在全国处于领先地位。在民国时期，与全国其他省份，特别是与其他经济实力较强的省份相比，湖南的师范教育是走在前列的。为什么在经济并不发达的内陆省份，师范教育却较为发达并呈现多样化，具有超前性？师范教育对湖南近代教育的作用与影响如何？师范教育对湖南近代化乃至对全国师范教育的影响如何？等等。这些都是本书所要探讨的问题。

## 一、选题的意义

民国时期湖南师范教育在近代湖南社会发展中占据极为重要的地位，曾领先于全国师范教育，出现了湖南第一师范、长沙师范、湖南第三师范、桃源女子师范等在全国颇具声望和影响的师范名校，催生了徐特立、杨昌济、马邻翼、方维夏、易培基、王季范、匡互生、柳湜、张国基等教育人才，造就了毛泽东、蔡和森、何叔衡、任弼时、李维汉、林伯渠、粟裕、萧三、萧

---

① 陶行知:《陶行知全集》（第 1 卷），四川教育出版社 1991 年版，第 161－162 页。

子升、罗学瓒、陈章甫、郭亮、夏明翰、陈天华、田汉、丁玲、许光达、廖沫沙、刘英等优秀人才，对近代湖南社会乃至中国社会的发展产生了巨大影响。研究湖南师范教育不仅具有很大的学术价值，而且具有重大的现实意义。

（1）有助于拓宽和深化湖南近代史特别是湖南近代教育史的研究。民国时期湖南师范教育是近代湖南教育史的一个重要组成部分，然而此前这方面的研究十分薄弱，进行此课题研究将改变没有一本相关研究专著、没有一篇相关学位论文的现状，将促进湖南教育史研究纵深发展。

（2）可以为当代湖南师范教育更好地发展提供借鉴和启示，"科教兴省、人才强省"战略的实施提供智力支持。研究民国时期湖南师范教育曾经是如何走在全国前列的，提炼出湖南师范教育的规律性认识，总结出师资、人才培养、教学管理、经费筹措等方面的经验教训，无疑将有助于湖南师范教育的良性发展，推动湖南师范教育进一步发展。进行这方面的研究，探讨这方面的问题，无疑将有助于湖南人才资源的开发和科教事业的发展。

（3）有助于湖湘文化的传承和弘扬。民国时期湖南师范教育具有浓郁的区域文化色彩，不仅传承了湖湘文化，更是弘扬了湖湘文化。对此进行研究，将有助于我们更好地把握湖湘文化发展的脉络和精髓，更好地将湖湘文化在当代发扬光大。

## 二、研究综述

2007年5月至2009年2月，笔者查询国家图书馆、中国期刊全文数据库、中国博士学位论文全文数据库、中国优秀硕士学位论文全文数据库和超星数字图书馆，一共找到131部有关师范教育的著作，其中中文著作（包括港台图书及海外出版的中文图书）130本、外文著作1本、硕士论文4篇、博士论文5篇、论文数篇。但是研究某一个省份的师范教育的著作只有沈雨梧的《浙江师范教育》，该著作将浙江省的师范教育，以其历史发展为纵向主线，以对浙江师范教育变革和发展有重要影响的著名人士为横向线索，建构浙江师范教育前50年的基本框架。1949年前的近50年，作者把浙江师范教育在纵向上分为前期和后期，又把前期分为萌芽期和鼎盛期，把后期分为低谷期、艰难发展期和调整期，并深入分析研究了经享颐、鲁迅、吴锦堂、郑晓沧先生最具有影响力的四位对浙江师范教育所做的重要贡献。1949 年后浙江师范教育 50 余年，著作在体例上既与前 50 年保持一致，又体现了鲜明的时代风貌。作者在纵向上把 1949 年以后浙江师范教育 50 年划分若干阶段：从全面接管、重建、恢复、发展，从拨乱反正使浙江师范教育走上健康发展的轨道，到改革开放适应社会主义市场经济改封闭式为开放式的师范办学体系，从当前的师范教育，到未来浙江师范教育发展趋势。关于湖南近代师范教育的论文只有笔者发表的《略论近代湖南师范教育》。由此可见，尽管学术界在师范教育理论研究、师范教育史研究、师范院校校史等三个方面取得了很多的成果。但关于区域性（某一个省份）的师范教育的研究成果则很少，民国时期湖南师范教育的研究成果则近于空白。

早在中华人民共和国成立前，教育家和教育界人士在多种教育思潮的影响下，就对中国师范教育进行探索性研究。这一时期有关师范教育的主要著作有：余家菊的《师范教育》，该著作第一章是绪论，从第二章至五章分别介绍英国、美国、法国、德国的师范教育概况，第六章对我国师范教育进行回顾，第七章阐述了师范教育的特质，从第八章至第十二章叙述了我国师范的学制、行政、学校组织、课程和师范生的实习。郭鸣鹤的《师范教育》，该著作论述师范教育的目的、特质，介绍英、美、德、法等国师范教育概况，说明师范生的职责、修养等。罗廷光的《师范教育新论》，该著作分为12 章：第一章是绪论，第二章叙述了我国师范教育的过去与现在，从第三章至第六章分别概述了英、法、德、美等国师范教育，从第七章至第十二章阐述了师范教育的特征、实施标准、师范学校的组织、课程、实习问题、行政问题等。附有英法德美等国现行学制系统图、学务纲要、师范教育令等 14种。罗廷光的《师范教育》是作者针对国内轻视师范教育的不良风气，在《师范教育新论》的基础上补充发展而成的，该书明确地把我国近代师范教育分发轫期（1897—1911 年）、生长期（1911—1922 年）、衰落期（1922—1932 年）、复兴期（1932 年至著书时）四个时期来阐述其沿革，对研究近代中国师范教育具有重要意义。张安国的《教育改造的新途径》，该著作指出过去（清末至民国中后期）师范教育中对人的教养存在、准备知识不足与偏见态度两大方面的缺陷，因此应在教师实力的提高，教育职业技能的培养与区别对待等方面进行改革。张达善的《师范教育的理论与实际》，该著作分为6章：第一章论述师范教育的特质、制度、课程、师资与师生待遇等几个问题，第二章至第六章分别论述了师范学校的教务行政、训导实施、体育训练、推广事业、教育实习等。李超英的《中国师范教育论》一书，第一章叙述了四十年来中国师范教育的演变和分析，第二章从沿革、现行师范学制的商讨、师范学区制等三个方面来分析师范学制，第三章从课程的演变、现行师范学校课程的分析、今后师范学校课程应有的改进来论述师范学校的课程，第四章从教师的重要性、师资训练机关历史的回溯、教师的现状、教师的改进、教师应具备的修养等方面来论述师范学校的教师，第五章从训育的重要性与过去的失败、训育目标、训育制度来阐述师范学校的训育，第六章从实习的意义、教育实习演进历史、现时实习一般缺点来阐述师范生的实习，第七章从法令上规定师范生的待遇与服务、目前师范毕业生服务的困难及其本身的危机、师范生的待遇与服务的办法等方面来阐述师范生的待遇与服务问题，第八章从小学教师进修的重要性、科目、应有的认识、方法、阻力及如何引起小学教师进修的动机来阐述小学教师进修问题，第九章从小学教师资格和任用的保障、小学教师的待遇来讨论小学教师的保障问题，第十章为结论，对我国师范教育实况与失败的原因进行分析，在改进我国师范教育提出了具体的意见。邓萃英的《中国之师范教育》简要叙述了师范教育的起源与沿革、民国时期（1912—1922年）的组织与行政、训练法、实习教授等方面的现况，新学制颁行至成文时的师范教育发展概况。李之鹏的《各国师范教育概况》详细讲述了英、法、美、德、日、中六国师范教育的沿革、现况、改革及趋势，并附有大量的师范教育统计资料，让我们了解当时各国的师范教育的情况，具有重要的史料价值。

中华人民共和国成立后，有关师范教育的主要著作有：孙邦正的《师范教育》，是在罗廷光的《师范教育》一书的基础上撰写关于中国的师范教育、台湾地区的师范教育、英、法、德、日等国的师范教育发展概况。林本的《世界各国师范教育制度——我国师范教育制度之研究》和《世界各国师范教育课程——我国师范教育课程之研究》，将光绪二十八年（1902年）

至 1949 年前中国的师范教育分为植基期（1902—1911 年）、滋长期（1912—1922 年）、摧折期（1922—1928 年）、更盛期（1929—1936 年）和扩展期（1937—1949 年），着重从教育学的角度对中国近代师范教育的制度（学制）与课程的变迁进行论述，此分期方式既包含教育的发展规律，又夹杂了政治变革的痕迹。全国教育学研究会编的《办好师范教育，发展教育科学》，该书为论文集，共收师范教育研究的论文 5 篇。《外国教育丛书》编辑组编的《师范教育的现状和趋势》，该书为论文集，共收外国师范教育研究的文章 19 篇。《外国教育丛书》编辑组编的《师范教育改革问题》，该书为论文集，共收外国师范教育研究的文章 10 篇。华东师范大学教科所高教研究室编的《中国高等师范教育改革》，该书为论文集，共收论文 26 篇。中国高等师范教育研究会、高师教育管理专业委员会编的《高师教育管理研究与探索》，顾明远为之作序，编者选入两会历届学会部分论文。包括高师教育综论、高师教学改革、思想政治教育、高师队伍建设、高师管理体制改革，论文（篇目）汇集、附录。刘问岫的《中国师范教育简史》一书把我国师范教育的发展划分成五个重要历史时期：从创设师范院至辛亥革命时期（1897—1911 年）、民国成立至五四运动时期（1911—1919 年）、五四运动至第一次国内革命时期（1919—1927 年）、第二次国内革命时期（1927—1937 年）、抗日战争及第三次国内革命时期（1937—1949 年），则重点探讨了中国师范教育演变的历史概况，指出师范教育的重要性以及对现代中国教育改革提供的借鉴，最后一章还专门介绍了中国幼儿师范教育的发展。杨之岭、林冰、苏渭昌编著的《中国师范教育》分中、英文部分，包括中国师范教育的沿革、现状、存在的问题、改革和发展及中国师范教育大事记。成有信的《十国师范教育和教师》，分别对美、日、英、法、苏、联邦德国、朝鲜、南斯拉夫克罗地亚共和国、澳大利亚、墨西哥等十个国家的师范教育及教师情况进行了介绍。于超、郑碧雯、周国平、杨燕钧主编的《高师管理研究》分13 章，主要包括高师院校的领导体制和管理体制、教学管理、实验室管理、教育实习管理、科学研究管理、教师管理、学生管理、图书馆管理、后勤管理、管理水平评估、附中管理等内容。林永柏、康跃华主编的《师范教育学》一书包括师范教育学概述、师范教育的产生和发展、师范教育的性质、特点和培养目标、师范教育的地位和作用、师范教育制度、师范教育课程论、师范院校的师资队伍建设、师范院校的思想工作、师范教育评估、师范教育发展战略等内容。苏真主编的《比较师范教育》一书分上、下两编。上编是国别研究，分别研究了美、英、联邦德国、日、苏及中国的师范教育；下编是专题比较，包括师范教育制度、教师的职前培养、在职教师的进修及教师的地位和待遇等内容。刘问岫主编的《当代中国师范教育》一书包括绪论、我国师范教育发展的历史概述、我国的高等师范教育、高等师范院校的科学研究、我国中小学在职教师和领导干部的培训和进修、师范院校与教育院校的师资队伍建设、师范院校学生的专业思想教育、师范院校与教育院校的教育实习、师范院校的附属学校、我国师范教育的展望等内容。吴定初、潘后杰、刘世民编著的《中国师范教育简论》一书分7章，主要内容是中国师范教育的萌发动因、中国师范教育的发展历程、师范教育的地位和功能、师范教育的基本特点、建立师范教育"良性循环"、师资现状和未来、师范教育体制与结构改革等。赵翰章、傅维利编著的《师范教育概论》一书分14章，主要包括绪论、师范教育的产生和发展、我国现行师范教育制度、师范教育目的、师范生的挑选、师范院校的教学工作、师范院校的德育、师范院校的美育、师范院校的体育和卫生、师范院校的教育实习和教育见习工作、师范院校的科学管理、当代世界师范教育的发展趋势等内容。李友芝主编的《中外师范教育辞典》一书共收词目1900条，包括教育、师范教育一般概念、中国师范教育、国际及外国师范教育三个部分。宋嗣廉的《铸造师魂、陶冶师德、培训师能教育系统工程建设与研究》一书由文献、理论研究、实践经验、资料等四部分组成。谢安邦的《师范教育论》一书通过对中国师范教育的历史沿革进行回顾；寻找具有普遍意义的发展线索；探寻师范教育的规律；对高师教育的改革和发展进行对策研究；提出发展的方向以及改革的重点和措施。彭时代的《中国师范教育100年》一书以教育的纵向发展作为研究线索，以影响中国师范教育的重大历史事件为基点进行横向拓展，分上、中、下三编48个专题，对20世纪中国师范教育从产生、发展到不断壮大的百年历程进行研究，从整整一个世纪的曲折历程中揭示出中国师范教育发展变化的特有规律，对20世纪中国师范教育做了简要的总览。刘捷、谢维和的《中国高等师范教育百年省思》，该著作分为 9 章：第一章叙述中国古代师资培养的历史传统，第二章概述了清末高等师范教育的肇端，第三章叙述民国时期高等师范教育的曲折发展，第四章阐述了中华人民共和国高等师范教育的探索与进展，第五章叙述了高师教育专业性的论争及其发展模式的历史变迁，第六章对国内外高等师范教育发展进行比较，第七章阐述了教育科学和教师职业的变迁，第八章总结、研究我国高等师范教育的历史经验及得到的启示，第九章对高师教育改革和发展的前景进行了展望。马啸风的《中国师范教育史》一书分为上编和下编，上编有 4 章：第一章叙述了中国近现代的师范教育（1897—1949 年），第二章叙述了中华人民共和国成立至 70 年代中期的师范教育（1949—1976 年），第三章概述了改革开放时期的师范教育，第四章对台湾、香港、澳门地区的师范教育简要阐述。下编有 9 章：第一章论述了中国师范教育体系的变迁，第二章论述了中国师范教育办学体制的变迁，第三章论述了中国师范教育管理体制的变迁，第四章论述了中国师范教育法制建设的变迁，第五章论述了中国师范教育学学科建设的历程，第六章论述了百年来中国师范教育与教育学的互动历程，第七章论述了中国高等师范教育教师职前培养的历程，第八章论述了中国中等师范教育职前培养的历程，第九章论述了中国师范教育教师职后培训的历程。顾明远主编的《制度的建构与超越——北京师范大学与 20 世纪的中国师范教育》一书，该著作在总结北京师范大学百年办学经验的基础上，探索了北师大与中国师范教育发展的关系；梳理了百年来中国师范教育发展的脉络；对我们今后深入研究转型期的教师教育具有一定的参考价值。崔运武的《中国师范教育史》一书是一部系统研究中国师范教育历史的专著。作者既立足于教育，又注意从政治、经济和文化等多维视角研究从 1840 年到 1949 年师范教育在中国的产生、演变和发展，阐述了我国师范教育制度的产生与演变以及中等师范教育、高等师范教育、女子师范教育、幼儿师范教育和乡村师范教育的发展，还对这一时期的重要教育家的师范教育思想和实践、师范教育思潮和著名的师范教育机构以及人物、思想、思潮、制度、实践等相互关系进行深入的分析。

中华人民共和国成立前，涉及师范教育史的著作主要有：陈翊林的《最近三十年中国教育史》一书，该著作按照三十年来中国教育史萌芽、建立、改造的发展轨迹，论述了师范教育的概况，指出近代中国教育的主要趋势是以旧代新。陈东原的《中国教育史》，讲述了汉代至清末时期中国教育在各个时期的特点。将清朝同治元年（1862 年）同文馆的设立到辛丑年这一时期的新教育划分为萌芽（1862—1894 年）、尝试（1895—1900 年）和建立（1900—1901 年）三个阶段，认为中国近代教育的兴起和改革实验成功最终促成了新教育在中国的确立，而随着新教育的确立，师资的培养就被提上议事日程。卢绍稷的《中国现代教育》，则是以民国建立为界，把中国教育史分成萌芽及发展与民国学制颁布及革新两大时期，论述了大学、中学、小学、职业、师范等各类教育的组织、行政、宗旨、课程等。陈青之的《中国教育史》和黄炎培的《中国教育史要》等通史性著作涉及近代师范教育的发展概况。国联考察团著的《中国教育之改进》针对师范教育提出了建议和意见，对中国师范教育的独立起到了很大的作用。郭秉文的《中国教育制度沿革史》和蔡芹香的《中国学制史》则专门从学制的角度来论述中国的师范教育。

中华人民共和国成立后，涉及师范教育史的主要著作有陈学恂的《中国近代教育大事记》（上海教育出版社 1981 年版），毛礼锐、沈灌群主编的《中国教育通史》（山东教育出版社 1984 年版），毛礼锐主编的《中国教育史简编》（教育科学出版社 1984 年版），高奇主编的《中国现代教育史》（北京师范大学出版社 1985 年版），李桂林主编的《中国教育史》（上海教育出版社 1989 年版），熊明安的《中华民国教育史》（重庆出版社 1990 年版），邓登云的《中国近代教育史》（华东师范大学出版社 1994 年版），王炳照、郭齐家编的《简明中国教育史》（北京师范大学出版社 1994 年版），申晓云的《动荡转型中的民国教育》（河南人民出版社 1994 年版），李华兴的《民国教育史》（上海教育出版社 1997 版），孙培青的《中国教育史》（华东师范大学出版社 1999 版），李国钧主编的《中国教育制度通史》（山东教育出版社 2000 年版），陈学恂主编的《中国教育史研究》（华东师范大学出版社 2001 年版），周秋光、莫志斌的《湖南教育史》（第二卷）（岳麓书社 2002 年版），杜成宪、丁钢的《20 世纪中国教育现代化研究》（上海教育出版社 2004 年版），苏云峰著的《中国新教育的萌芽与成长（1860—1928年)》（北京大学出版社 2007 年版）等。这些著作对师范教育史只从某一个方面来进行简单的论述，或者只是提到师范教育。

师范院校校史方面的成果颇多，有关湖南师范院校校史有《湖南师范大学五十年》《湖南第一师范校史（1903—1949 年)》《湖南省长沙师范学校校志》《湖南省第三师范学校校史》《湖南省桃源师范学校校史》《湖南省吉首民族师范学校志》等。

笔者对以往教育史料也进行了大量的收集整理。朱有瓛主编的《中国近代学制史料》共分四本，主要从学制演变的角度收集整理了 1862 年同文馆的成立至 1922 年新学制期间颁布大量有关师范教育的章程、议论和各地办学情况，为我们研究这一时期的师范教育提供了大量真实可靠的资料，是一部较系统的学制资料书。琚鑫圭、童富勇等编的《中国近代教育史资料汇编》，以年代为纵线，以行政机构及教育团体、学制演变、高等教育、普通教育、实业教育、师范教育等专题为模块，收集了大量章程、议论、文集、年谱、日记等文献资料，对清末民初的师范教育、高等师范教育进行了较为完备的介绍，为我们研究这段时期的师范教育提供了丰富的史料。陈学恂主编的《中国近代教育史教学参考资料》一书对教育的章程、法规、论文进行了总结与归纳。李友芝、李春年等编的《中国近现代师范教育史资料》，共有两册，第二册（1912—1949 年）分为四章。第二册的第一章整理有关师范教育的规程、教育法和条例，第二章介绍教育会议议决案和报告，第三章归纳有关师范教育的文章和著作，第四章是统计了有关师范教育的数据。为我们研究民国时期师范教育提供了较为丰富的史料。

还有诸多有关师范教育的论文。最早的是梁启超的《论师范》，较为系统地论述了中国师范教育的诸多问题，形成了较为完整的师范教育思想。常乃德的《师范教育改造问题》一文，主要是针对当时的反对师范教育独立论调而作，不仅论述了师范教育独立的价值，也驳斥了取消师范教育的八种论调，还提出了师范教育的改革方案。庄泽宣的《二十年来关于师范教育言论之分析》一文，对近代 20 年来师范学校教育问题进行了归纳，主要包括政策、方针、乡村化、独立与合并、学制课程、参观实习、待遇、训练与进修等八大问题，为我们了解那个时期庞杂的师范教育争论提供了明晰的线索。杨亮功的《我国师范教育之沿革及进展》一文，简要论述了中国近代师范教育的发轫、清末师范教育制度的建立、新学制颁行和抗战时期的沿革与进展情况。他认为，要发展师范教育就应像清末民初及民国二十一年以后那样，对师范生实行完全公费制度。

20世纪80年代以来，许多学者对近代师范教育的研究成果不仅体现在著作方面，而且还有许多论文。如陈乃林、蔡霖村的《我国近代师范教育初探》一文，初步探讨了1897年至1919年近代师范教育的产生、发展和这一过程中新旧矛盾及其斗争。程合印的《我国近代师范教育及其社会影响》一文，指出我国近代师范教育产生前后经过"兴邦必须办学""办学必须有师""育师必须'倚重师范'"的思想酝酿。指出师范教育具有改变传统教育的宗旨，对不同类型的专业教育提出了具体的培养目标，对师范生的入学考试、学历培养、毕业任用和效力义务，都有严格明确的要求，培养和树立师范生终身从事教育事业的思想，突出师范特点，重视职业前的专业训练和走向社会进行教育调查、总结经验、指导教育实践等特点。他对社会发展启迪人们的智慧，提高了中华民族的文化水平，其课程设置、教育内容和教育方法为中国式的师范教育做了进一步的研究，对我国师范教育的发展起到了一定的作用。丁明宽的《中国近代的师范教育》一文，指出清末的师范教育完全是一种半殖民地半封建性质的教育，但它毕竟是中国师范教育的开端，为民国以后中国师范教育的进一步发展奠定了基础。刘华的《中国近代师范教育及教师待遇问题初探》一文，探讨了从清政府到民国政府为吸引知识分子学习师范、从事教育，在入学资格、毕业生出路及待遇方面做了不少努力，但收效甚微的根本原因是，中国处于半殖民地半封建社会，帝国主义列强控制着中国的政治及经济命脉，国家财政困难，政府腐败。当然这仅是从政治经济层面考察，并未从社会民众的角度来分析。邹礼洪的《略论清末民初的师范教育政策》一书，则论述了政府对师范教育重点扶持优先发展的政策；对师范生实行鼓励政策和毕业效力义务规定，迅速扩大和稳定了师资队伍；对推动我国近代教育的发展产生过积极作用。不过该文对这些政策只作理论层次的探讨，未作实际运用的考察。李剑萍的《中国近代师范教育的中国化历程》一文，从中国化的角度来考察和剖析不同国家师范教育理念、制度在近代中国不同时期的传播及影响。周国平的《简述近代中国的高等师范教育》一文，指出高等师范教育经过半个世纪的曲折发展，积累了一定经验，形成了一些特点和传统，但也存在一些问题。冷先福的《民国时期高等师范教育的历史回顾——纪念中国高等师范教育成立 100 周年》一文，简要回顾了民国时期高等师范教育的发展，指出 1922 年"新学制"的颁布使民国初年平稳发展的高等师范教育进入低谷，直到 1938 年以后才逐渐复苏。周丽华的《试析中国高等师范教育的发展及其特点》一文，把 1902 年至今的中国高等师范教育归纳为初创时期（1902—1922 年）、办学多样化时期（1922—1949 年）、独立高等师范学校定型时期（1949—1976 年）和改革时期（1977 年至今），并总结出近百年高等师范学校的特点：向西方学习、在转移中逐渐成长、教育科学研究长期落后教育事业的发展。夏金元的《近代中国高等师范教育制度的沿革》一文，讲述了 1897—1948 年高等师范教育经历了创立、发展、艰难、复苏等四个阶段，并总结了各个阶段的特点：创立期——封建专制思想浓厚，课程多，内容杂，学生负担过重；发展期——在培养目标、学制、课程设置上较前期有所改进，重视严格训练，注重人格和学力的培养，为高等师范学校的发展打下了一定的基础；艰难期——没有统一计划，学校数量少，削弱了高等师范教育。课程设置名目繁多，出现了自由化，因人而设，学生没有公费待遇，也就没有服务义务，政府不重视高等师范教育；复苏期——已形成一个多种体制、多种模式并存的高等师范学校教育体系。

综观该时期近代中国师范教育的研究，倾向专题化，研究的角度和方法都比过去较新颖，注重对具体问题的论述，缺点是多数论者仅限于抽象的理论分析，对师范教育缺乏总体的把握，对师范教育产生、发展及其遇到的困难和问题也缺乏较为详细的叙述，未能对师范教育发展的障碍对中国教育发展的影响做出评价。中华人民共和国成立后，学术界对近代师范教育的研究，大多停留在按照时间段的划分对近代师范教育进行简单的介绍，没有对其某一方面或几个方面进行全面的探讨，综合性的、有较高学术价值的研究成果较少。

尽管学术界在师范教育方面取得了较多的成果，但仍然存在一些不足之处：其一，区域性的师范教育史研究还很薄弱，还没有对湖南师范教育史作专题研究。目前区域性的师范教育史研究还仅有沈雨梧的《浙江师范教育》。其二，史论分离。很多著作只从教育学视角来阐述整个中国师范教育，而缺乏史学的纵深思考。其三，史料挖掘和利用不够。绝大多数的著作仅参考《第一次中国教育年鉴》（1934年开明书店出版）、《第二次中国教育年鉴》（1948年商务印书馆出版），进行研究显得"大而空"。其四，研究方法过于单一。没有把教育学、历史文化学和社会学有机结合在一起，缺乏多学科交叉视野的考察。其五，缺乏系统的理论研究以及与国情相结合的深入思考。

### 三、研究对象、范围及其基本特征

师范教育是指"培养师资的专业教育。包括职前培养、初任考核试用和在职培养"。[①] 过去，人们所指的师范教育主要集中在教师担任教职前所接受的培养师资的正规学校教育。本书所研究的师范教育主要是传统观念的职前的正规学校教育。师范教育包括中等师范教育与高等师范教育，中等师范教育主要是培养小学的师资力量及蒙养园的教师，高等师范教育主要是培养中等教育的师资力量。清末的师范教育分为优级师范学堂和初级师范学堂，优级师范学堂"以造就初级师范学堂及中学堂之教员管理员为宗旨"，初级师范学堂"以造就高等小学堂及初等小学堂之教员"。民国时期的师范教育分为中等师范教育和高等师范教育，中等师范教育包括公立（省立、县联立、县立）师范学校和私立师范学校，高等师范教育包括高等师范学院和大学的教育科系。湖南的师范教育包括湖南清末的优级师范学堂和初级师范学堂以及民国时期的中等师范教育和高等师范教育［民初的高等师范学校（1912—1917年）和国立师范学院（1938—1949年)］。

以上从概念内涵上，界定了本书所研究的对象，下面再从时空等领域上对本书研究范围作进一步的说明。从时间跨度而言，1902年湖南师范馆的创办是具有现代意义的师范教育开端，以此作为研究的上限；下限至1949年

---

[①] 顾明远：《教育大辞典》（第2卷），上海教育出版社1990年版，第3页。

国民党在大陆统治终结,着重于清末颁布学制以后,特别是民国时期。从空间领域和主导性而言,本书研究专注于民国政府统治下的师范教育。因此,本书研究的重点是民国时期湖南的中等师范教育[公立(省立、县联立、县立)师范学校和私立师范学校]和高等师范教育[民初的高等师范学校(1912—1917年)和国立师范学院(1938—1949年)]。

师范教育自身的特殊性及其民国时期的改革实践,为我们的研究提供了丰富的研究主题和领域。

就师范教育自身的特点来说,它与实业教育、普及教育有明显的区别,这主要是师范教育的特征决定的。师范教育为国民教育之母,师范学校为普通学校的策源地;一国教育的成败,与国家前途的兴替有重要关系。故师范教育比其他教育尤为重要。师范教育的特征如下。

第一,文化与社会经验的传递。师范生,是文化之所赖以不坠,是文化发扬而光大的中坚力量。社会之所以构成,依赖自然与人为的物质的布置,而最重要是凭借经验的传递。只要经验不继续传递,社会生命将成中断之象,其自身将不免崩溃,何进化之可言!故社会生命,得以永久延续,社会生命,即所谓文化,得以继续保存者,全赖有人居间传达;而负此传达责任者,师范生也。故师范生,是文化之所赖以不坠,亦是文化发扬光大。

"惟其然也,故师范教育,当养成学生之阔大胸襟,有上下千古之知识,然后对于文化之精髓能了解,能把握,能欣赏,能默记于心胸,能传之于口舌,而成之于笔墨。然后学生之受其熏陶,亦得晓然于有生之来,人类成就之伟大而繁殖,可由是而窥见人类之能力无穷,于以振作有为之气,向上之心,继前人而有所创设,以贡献于未来世也。"①说明师范生对于本国文化与本国社会经验,尤当有深切的了解和精透的涵养,而其人格乃为"本国的"。意大利特别重于罗马文化的陶冶,德意志的新设德意志中学以为师范生入学前基本训练之所,其用意概不外乎此。师范生自身一定受有长期的本国文化的陶冶,始能感染于无形,始能被其泽而受惠无穷。

第二,立国精神的培养。师范生不独为文化或社会经验的传递者,也是

---

① 罗廷光:《师范教育新论》,上海正中书局1933年版,第128页。

国民精神的鼓铸者。"教育为创造共同文化之工具，师范教育尤为培养国民共同意志与共同情操之利器。"① 立国的基本精神，存在于国民教育，师范教育者是实际操作国民教育的枢纽者。普鲁士曾用普及国民教育的方法，以培养立国的精神，以统一德意志，以击败法兰西而与世界各国抗衡。日本也是如此。一国的统一强盛，必求之于国民的凝结，而国民的凝结，乃产生于维系本国的基本精神，其信仰、习惯、态度、理想之中，皆有其同一点，即所谓国民的"同心"。师范教育的效用直接造成具有此种一致信仰、习惯、态度及理想的教师，间接训练就能凝结一致的国民，换言之，即培养这种国民的"同心"。任何国家的存在必有其立国的精神，便是"同心"。而此立国精神的培养，依赖于教育，尤其依赖于师范教育。

第三，教育学术的发扬。今日欧美各大学的师范学院，除培养师资外，同时为教育学术研究的最高机关。由于教育学术研究的结果，可以影响师范教育的改进；由于师范教育实施的经验，便可以使教育学术加速进步。二者交互为用，不可片刻分离。美国有若干大学，如哈佛、斯坦福等，其教育科已设有两种学位：一为文哲学位，一为教育学位；前者属于研究性质，后者则为专业学位。

第四，专业人才的训练。师范教育的职责，即在培养此种专业精神，与训练此种专业人才。在消极方面，"于不谙教育，不学习师范者则严防其潜入教育界，免使教育的效用因教师材质之粗劣而减少"；而积极方面，"于已习师范，已明教育者，则鼓励其从事的兴味，培养其专业的精神，使之不便改业之心，免因熟练的人才之减少而致教育进步之停滞"。② 师范教育的特征在此，师范教育的精髓在此。

第五，教师人格的陶冶。教师所感化者为人，其所成全者变为人。教师的言行影响学生的言行。所以教师必须具有高尚的人格，而师范教育亦必以陶冶教师的人格为其核心，非如他种职业之徒为知识的传授或技能的讲求者也。关于教师人格的陶冶，师范学校内部组织、教学及行政等处处能行之，

---

① 罗廷光：《师范教育新论》，上海正中书局1933年版，第129页。
② 罗廷光：《师范教育新论》，上海正中书局1933年版，第132页。

而最重要在布置适当的环境使校内生活理性化，同时更以师生间的感情交流为基调。

第六，教学技能的训练。师范教育重视教学技能的训练，绝非以传授数种成法为满足，必都将此教学基础置之于科学的理性之上，从原理的探讨、领悟其方法及技术上的应用，或由实际所得的经验而追及于其所依据的原理，理论联系实际，相互贯通，有左右逢源之效，而无格格不入之虞。所以师范学校于教育原理课程外，而必辅以有系统的观察，参与试教。

以上是师范教育的特征，而民国时期湖南师范教育除了具有普遍特征之外，有与其他省份所不同的特点：第一，在经济不发达的内陆省份其师范教育却较为发达，并呈现多样化，具有超前性的特点；第二，民国时期湖南师范教育的繁盛得益于一大批热心、献身师范教育的教师的涌现；第三，民国时期湖南师范教育发展具有较强的连续性；第四，民国时期湖南师范教育与其他省份相比，办学效益较高。

民国时期湖南师范教育由于自身的特殊性及其发展的曲折历程和存在的诸多问题，揭示了研究对象的复杂性。本书研究不可能对各具体领域都细加探讨，但力求从整体上厘清民国时期湖南师范教育发展的基本脉络和核心问题。

## 四、研究思路和结构

### 1. 研究思路

本书属于教育理论与教育史的综合性研究。首先探讨湖南师范教育的缘起，从中国近代教育产生的历史需求与师范教育思想的初步形成来阐述。在此基础上，进一步概述民国时期湖南师范教育演变的历史轨迹。从民国时期湖南师范教育个性特征等方面来透析民国时期湖南师范教育与湖南教育近代化的关系，分析其对现在的湖南师范教育乃至全国的免费师范教育产生启迪作用，找寻"文""教"互动的普遍规律，可以为当前湖南乃至全国的文化建设与教育改革提供一定的借鉴。

### 2. 本书结构

本书首先阐述了民国时期湖南师范教育的缘起、民国时期湖南师范教育产生的背景，然后从民国时期湖南师范教育的发展轨迹、教师管理机制、学生管理机制以及师范课程设置来说明湖南师范教育的运行机制，并对湖南师范教育发展状况进行了量化考察与分析。最后对民国时期湖南师范教育与全国其他省份的师范教育进行比较，揭示出湖南师范教育的个性特征与对湖南乃至全国当今师范教育实施的现实启示。

## 五、研究方法和创新之处

### 1. 研究方法

本书通过历史法、文献分析法、数理统计法、比较法来进行研究。

（1）历史法。历史法是研究社会科学的重要方法。运用历史法研究教育，就是通过教育的历史发展过程中所体现的特点与问题，研究教育的本质，了解它发展的规律。研究师范教育也不例外，也必须通过历史的事实，掌握各个历史时期制约着师范教育的各种因素，以及这些因素同师范教育之间的本质联系，从中考察民国时期湖南师范教育的产生与发展规律。

（2）文献分析法。主要是搜集并整理近代湖南师范教育的相关资料，进行研究分析，从而掌握湖南民国时期师范教育的发展规律，从中就可看出师范教育的产生与发展都不是偶然的，都有其内在的、必然的、历史的规律。

（3）数理统计法。数理统计法是运用统计学原理研究事物的一种方法。包括描述统计与推断统计。描述统计，是对大量的原始数据进行加工整理，根据统计原理，用表格、图形或计量，描述出数据的分布状况和整体特征。推断统计，是根据统计原理和方法，利用随机抽样取得的部分数据，进行科学推断，以得出全部数据的分布概况。数理统计法，可把大量的实际资料和数据进行处理、统计和分类，做出定量和定性相结合的分析，从中找出规律性的东西。这种方法可以客观地反映出民国时期湖南师范教育中存在的普遍性问题。

（4）比较法。比较是确定事物之间相似性与差异性的方法，是认识和探究事物的一种基本方法。在现代科学研究中，比较法日益受到人们的关注与重视，尤其在社会科学领域，"没有比较的思维是不可思议的，如果不进行对比，一切科学思想和所有科学研究都是不可思议的。明显或含蓄的比较自始至终贯穿于社会科学论著中。"① 比较主要包括纵向比较与横向比较。纵向比较即以事物发展的不同阶段的联系进行比较，从而揭示事物所处的历史定位以及它的本质意义和发展趋势。横向比较即以此事物与他事物、个别事物与一般事物的比较。民国时期湖南师范教育是一个发展历程，在不同的历史阶段存在连续性的同时，也存在较多的差异性，只有通过纵向比较，才能深入理解民国时期湖南师范教育的基本特征。通过横向比较把湖南师范教育放在整个中国师范教育的大环境中，与其他省份的师范教育相比，才能得出民国时期湖南师范教育的鲜明特征。本书注重纵向比较与横向比较两者的结合。

2. 创新之处

本书的创新之处主要体现在以下三个方面。

（1）选题上的创新。就目前来说，学术界还缺乏民国时期湖南师范教育方面的专题研究成果，因而研究此课题具有重要的价值和作用。

（2）本书对民国时期湖南师范教育与湖湘文化的互动关系，湖南师范教育对湖南人才成长的影响，民国时期湖南师范教育的管理体制、机制及历史定位等问题进行了较为全面和较为系统的探讨。

（3）史料上的创新。本书运用了大量档案、地方教育志和校史。

---

① Swanson, Guy. Frameworks for Comparative Research: Structural Anthropology and the Theory of Action. Ivan Vallier (ed.). Comparative Methods in Sociology: Essays on Trends and Application. Berkeley, CA: university of California , 1971, p145。

# 第一章 民国时期湖南师范教育的缘起

　　湖南师范教育是伴随着整个中国师范教育的产生而产生的，中国师范教育产生是适应中国近代社会政治、经济、科技和文化发展需要，适应国民教育思潮和实践需要的产物。因此，湖南师范教育是在湖南传统教育的基础上，在整个中国师范教育的潮流影响下，与近代湖南社会政治、经济和文化相适应而产生的。

## 第一节　中国师范教育的发端

　　中国师范教育是在近代社会急剧变化、学习西方的背景下产生的。通过鸦片战争，西方列强用坚船利炮打开了大清帝国的大门，同时也撞碎了国人的"天朝帝国"梦。面对"数千年来未有之变局"和"数千年来未有之强敌"，部分有识之士和爱国人士奔走呼号，竭力寻求富民强国之路。在他们的推动下，近代中国选择了"师夷长技以制夷"的策略，并投身到近代化的潮流中。因此可以说，中国师范教育是伴随中国近代化和教育近代化的进程而产生发展的。

### 一、中国师范教育产生的历史背景

　　甲午战争中国惨败及其后来《马关条约》的签订造成了空前的民族危机，使中国近代历史的演变进入一个新的历史阶段，也使中国近代教育出现了一次根本性的转变，从而产生了兴办师范教育的历史需求。

1. 创办并发展师范教育是新式学堂寻求发展的基本条件

洋务派认为挽救清王朝的命运，只有改变闭关自守的政策，学习西方先进的坚船利炮和西方的近代教育，因此，在创办洋务的同时也积极提倡新式的"洋务教育"，并创办了一系列新式的语言、军事和技术学堂，如京师同文馆、上海广方言馆、福建船政学堂、广东实学堂、电报学堂、医学学堂、矿务学堂、水师学堂、武备学堂等，总共三大类计30多所新式学堂。同时，还选派留学生，翻译西方的书籍等，构成了与中国传统教育不同的洋务教育。

洋务教育是为了培养洋务运动所需的人才，而正是洋务运动提出的"自强""求富"的口号，决定西方近代科学技术和知识在洋务教育中占有基本而重要的地位，决定了洋务教育所培养的人才是一种专门的技术性人才。因而在相当程度上，洋务教育是一种专门技术教育，是一种为洋务事业服务的专门教育。洋务教育是中国教育从传统走向近代的第一步，是中国近代教育的开端。甲午战争清政府的战败宣告中国洋务运动的失败，尽管洋务教育在当时发挥过一定的积极作用，但最终随着洋务运动的破产而失败。那么，导致新式学堂最终失败的原因是什么呢？其根本原因是封建教育体制的制约，也有缺乏称职的师资队伍的原因。梁启超指出：今之同文馆、广方言馆、水师学堂、武备学堂、自强学堂、实学堂之类，其不能得才何也？……又其受病之根有三：一曰科举之制不改，就缺乏人才也。二曰师范学堂不立，教习非人也。三曰专门之业不分。由于没有师范教育来培养合格的师资队伍，因而这些新式学堂的教习大多素质不高。而且聘任外国教习还产生了一系列弊端。因此，大力发展近代师范教育，既是新式学堂得以生存和发展的基本条件，同时也是适应当时社会发展需求的必然选择。

如果说从根本上是由于教育目标从培养重德轻技的政治型人才向培养专门的实用的科学技术型人才的转变促成了洋务教育的兴起，促进了中国近代教育的发展与进步的话；那么甲午战争之后中国出现的空前的民族危机，中国政治、经济和文化的发展所产生的对教育新的需求促成维新教育的产生，则使中国近代教育的变革走向深入。

2. 创办并发展师范教育是救国的重要途径

甲午战争之后空前严重的民族危机出现，如何救亡图存成为摆在中国人面前最为急切的现实问题，而中国在甲午战争中的失败，宣告了随着时代的发展，"变器不变道"的洋务运动已是穷途末路，要救亡图存就必须开辟新的路径。许多有识之士认识到，寻求国家富强之路，其根本在于改革旧教育，发展新教育。要改革旧教育和发展新教育，首先必须发展师范教育事业。资产阶级维新派的代表人物康有为、梁启超等人，认真分析当时的教育现状，指出当时传统的府州县学官、书院山长和蒙馆学究十有八九是"六艺未卒业，四史未上口，五洲之勿知，八星之勿辨者"，① 而在洋务运动旗号下产生的新式学堂聘用大量西人教习也存在着种种弊端（前已述及，不再赘述）。这两种教师都无法培养出适合当时社会发展需求的合格人才，因此必须发展中国的近代师范教育事业。1896 年，梁启超在《论师范》一文中深刻指出："故师范学校立，而群学之基悉定"，"欲革旧习，兴智学，必以立师范学堂为第一义"。② 之后，社会各界不论保守党、进步党、激进党，还是官立学堂、民立学堂，都逐渐认识到师范教育的重要性，甚至把发展师范教育与拯救民族危机联系在一起。"振兴教育，以养成师范为始基，故师范一途，关系至为重要。"③ "欲雪其耻而不求学问则无资，欲求学问而不普及国民之教育则无与，欲教育普及国民而不求师则无导，故立学校须从小学始，尤须先从师范始。"④ "立国以教育为根本，教育以师范为根本。"⑤

3. 兴办师范教育是中国近代教育的发展需求

中国近代教育的产生是 1862 年京师同文馆的成立为起点。甲午战争之后，中国近代教育为了适应中国近代政治、经济和文化的演变，开始从洋务教育转向维新教育。尽管维新教育在与中国传统教育比较上与洋务教育同样是一种新的教育，即近代教育，但有着根本的不同，主要区别有：第一，在

---

① 朱有瓛：《中国近代学制史料》（第一辑　下册），华东师范大学出版社 1986 年版，第 980 页。
② 朱有瓛：《中国近代学制史料》（第一辑　下册），华东师范大学出版社 1986 年版，第 980 页。
③ 朱有瓛：《中国近代学制史料》（第二辑　下册），华东师范大学出版社 1986 年版，第 268 页。
④ 朱有瓛：《中国近代学制史料》（第二辑　下册），华东师范大学出版社 1986 年版，第 291 页。
⑤ 朱有瓛：《中国近代学制史料》（第二辑　下册），华东师范大学出版社 1986 年版，第 332 页。

"开民智"这一根本目标下，维新派人士所认定的用于开民之智的教育内容，实际上不仅在引进西方近代的资产阶级民主政治学说上超越了洋务教育，而且所谓的"即中即西、不中不西"所要求的是要以救亡图存为目的，对中西优秀学说融会贯通。第二，"开民智"的教育，已不再是规模极为有限的为洋务所服务的专门教育，而是要在全国范围内同时展开的大众的普通教育。显然，作为中国近代社会发展进入一个新的历史时段新教育的主要标志及作为超越洋务教育的维新教育，其教育目标和教育内容所要求的教师，不仅在外国人难以寻觅，在中国人中也如大海捞针；而从其教育的规模而言，数量巨大的新的教师纵然能从国外聘任，但这笔巨大的费用从何而来。这就是说，当中国近代教育要从洋务教育转向维新教育，要从重点设学以应洋务急需的专门教育转向普遍设学以开启大众之蒙的普通教育，洋务教育中那种主要依靠聘任外国教员，选派少量留学生回国担任教员以解决新的教育的师资的办法已难以行通。时代的发展对近代教育师资人才的巨大需求，决定了中国人借用外国教员办教育阶段的结束和一个新的自己培养自己的合格教师阶段的即将开启，兴办师范教育已成为中国近代教育发展中应有之义和发展的重要组成部分。

## 二、中国师范教育的产生和发展

在甲午战争后民族矛盾空前危机的这一特定历史时期中，中国近代的有识之士在意识到兴办师范教育对中国近代社会发展的重要意义后，在建立中国师范教育进行认识和构想的同时，也开始投入到建立中国师范学校的实际行动中。

### 1. 盛宣怀创办南洋公学师范院

盛宣怀（1844—1916），江苏武进人，字杏荪，号愚斋，是洋务运动的核心人物，尤其是洋务经济活动的实际操办者。他在经办洋务企业的过程中，深深地体会到人才的重要性，在经营洋务企业的同时，也创办了一些洋务急需的技术性学堂，在一定程度上是一个洋务教育活动家。1895 年，在国内改革呼声日益高涨的情形下，他结合自己办洋务的经验，提出了所认定的广育人才的自强之道，他说："复查自强之道，以培育人才为本。求才之道，尤宜以设立学堂为先。"① 同年 10 月，盛宣怀开办了天津中西学堂，从而成为中国近代教育发展过程中实施普通教育的先行者，客观上适应甲午战争之后国内要求提高整个国民素质以求富强的要求，从而促进将要求培养洋务人才的专门教育转向大众启蒙的普通教育的发展。建立普通学校的兴学思潮正在出现，他在创办新式学堂（如天津中西学堂）的同时，感受到了大规模新式师资的需求，进而关注师范教育。1897 年，他在上海创办了南洋公学，南洋公学是从建立师范院开始的。于是，他着手先筹设南洋公学师范院，招考学生 40 名。同年 4 月师范院正式开学。这所师范院制定了较为明确而契合师范教育特点的宗旨和培养目标。在师范院建立后，盛宣怀"复仿日本师范学校，有附属小学校之法"，于 1897 年秋招收学生 120 名设立了外院（即日本师范学校附属之小学院也），作为师范生的教育实习场所。南洋公学师范院于 1903 年结束，前后共招收师范生 72 人。

南洋公学师范院在其教学程度、师范特性和管理等方面与后来的师范学校相比，无疑有着诸多的不足，但作为中国第一所师范学校，它的建立却有着十分重要的意义。就南洋公学的发展而言，由于师范院设立之际就订下了"上中两院之教习，皆出于师范院，则驾轻就熟，轨辙不虑其分歧"的目标，此后在所培养的师范生选取了一些优秀者任外院和中院的教习，部分解决了南洋公学办学过程中的师资问题；而就整个中国近代教育的发展来看，则表明中国人对师范教育的认识终于从理论走向实践，进行了建立中国自己师范教育的初步尝试，标志着中国近代师范教育的产生。

2. 清末学制颁布前师范学堂的纷纷成立

1898 年，清政府在实行变法改革的过程中，决定创办京师大学堂。当时拟订的京师大学堂章程中，也以"西国最终师范学堂，盖以教习得人，然后学生易于成就，中国向无此举，故各省学堂不能收效"为理由，规定"当于堂中另立一师范以养教习之才"。② 但这一项规定并没有很快付诸实施，直到 1902 年 10 月间京师大学堂才改以师范馆之名招收第一批师范生，共计 79

① 朱有瓛：《中国近代学制史料》（第一辑　下册），华东师范大学出版社 1986 年版，第 490 页。
② 朱有瓛：《中国近代学制史料》（第一辑　下册），华东师范大学出版社 1986 年版，第 655 页。

名。师范生的学习都是按照《钦定学堂章程》中大学章程规定，学习年限为4年，学习的主要课程有：伦理、经学、教育学、习字、作文、算学、中外史学、中外舆地、博物、物理、化学、外国文、图画、体操等。此外，关于各学年的教学要求和每星期的教学时数，章程中也都有明确的规定。教学制度和教学内容与南洋公学相比，已经大大地迈进了一步，这可以算作我国近代最早的高等师范学堂。

1902 年，张謇在《通州师范学校议》一文中呼吁"民间之自立师范学校自通州始"。12 月，呈请两江总督刘坤一批准。1903 年 3 月，经张謇多方筹款，校舍终于落成，名曰"南通民立师范学校"，这是我国民间第一所私立的中等师范学校，主要培养小学教师。张謇题写了"坚苦自立，忠实不欺"的校训。学校挑选"性淑行端，文理素优者"免费入学，为各地培养了一批有用之才。

清末学制颁布前其他重要的师范学堂有：张謇创立的新宁算术测绘师范学堂、张之洞创办的武昌师范学堂（这是中国近代教育史上最早的独立完备的师范学校）、直隶总督袁世凯创办的保定师范学堂、贵阳公立师范学堂、湖南全省传习所、四川成都府师范学堂和福建师范学堂。这些师范教育实践为师范教育制度最终确立提供了有力的实践支持。

3. 癸卯学制的颁布与清末师范教育迅速发展

有识之士的真知灼见和无私奉献，为中国近代师范教育制度的创立奠定了理论和实践基础。晚清时期近代新学堂的发展呼唤着近代学制的出台，于是近代化的学制体系被提上议事日程。在这种情况下，作为清末学制中的一部分的师范教育制度也终于出台。

1902 年 8 月由管学大臣张百熙主持拟定的壬寅学制中没有独立的师范学堂章程，师范教育附属于普通学校教育，未形成独立的师范教育系统。1904年 1 月清政府公布了由张百熙、张之洞、荣庆主持拟订的癸卯学制。这是近代中国第一个在全国实施的学校体系。该学制真正确立了近代师范教育的地位。癸卯学制中《初级师范学校学堂章程》和《优级师范学堂章程》的制定是我国近代师范教育在制度上形成独立体系的标志。癸卯学制规定，师范教育分初级师范学堂和优级师范学堂。初级师范学堂是师范教育的第一阶段，招收高等小学堂毕业生，学制5年。初级师范学堂是小学教育普及的基础，要求州县设一所，省城初级师范学堂除完全科外，应设简易科以应急需。各州县初级师范学堂尚未设时，可先设师范传习所。每一学堂附设小学一所，供学生实习。师范生有充当小学教员的义务。优级师范学堂是师范教育的第二阶段，"优级师范学堂以造就初级师范学堂及中学之教员管理人员为宗旨"。京师及各省城各设一所，学堂内应设附属中学和小学堂各一所，供学生教育实习，毕业生有效力国家教育的义务。

由于癸卯学制没有女子教育的地位，在社会舆论的压力下，清政府于1907年3月颁布《奏定女子师范学堂章程》，作为对癸卯学制的补充。女子师范学堂"以养成女子小学堂教习，并讲习保育幼儿方法，期于弥补家计，有益家庭教育为宗旨"。① 女子师范学堂附设女子小学堂及蒙养院各1所，作为女子师范学生实习基地。中国女子教育自此纳入制度化轨道。

清末学制颁布后，我国师范教育得到飞速发展，各地纷纷创办师范学堂。据统计，1907年全国有师范学堂541所，学生36091人，其中属于速成性质的简易科和传习所有455所，占总数的84%，学生有25671人，占总数的71%。到1909年，全国有师范学堂514所，学生28572人，从形式上看比1907年有所减少，但从办学质量分析，这时简易师范减至284所，学生减至14871人，而正规师范学堂却由86所增加到230所，学生也由10421人增为13710人，② 以上说明了师范学堂的发展和进步。

### 三、清末中国师范教育的特点及影响

中国清末师范教育，在学习西方师范教育经验和总结自身教育经验的基础上不断发展，并表现出自身的特点。

首先，师范教育被放在教育领域首要的位置。由于中国近代的新式教育承担着救亡图存的重任，以兴学而兴邦，具有重大的意义。梁启超把师范教育视为"群学之基"。清政府对于师范教育也较为重视，规定师范教育由国

---

① 舒新城：《中国近代教育史资料》（下册），人民教育出版社1961年版，第811页。
② 李华兴：《民国教育史》，上海教育出版社1997年版，第653页。

家办理，明确肯定师范学堂为"兴学入手之第一义"，要"首先重视师范"。①

其次，重视对师范学生热爱教育事业的思想教育。张謇说，师范学校必须鼓励学生树立"乐从教育"的思想。梁启超认为在教育界立身的人，应该以教育为唯一趣味，否则应劝之立刻改行。1905 年，清政府政务处奏请对于教师"重以礼貌，游历以薪俸"，使教师能感到"荣宠有加"，乐于教育事业。张謇还提议对教育成绩优异者，"可递升至祭酒而上为管学大臣"；对终身为师者，可使之得到"与他进取之人同享人间这福利"。② 师范生待遇优厚，在学期间学费免交，食宿由国家供给。学堂还按季发放学生服、运动衣及靴鞋等物，奖学金也不菲，师范生毕业后待遇也较高，政府授予职衔，并奖励科举出身。

再次，突出师范教育特点，重视学生执业前的实践能力的培养。晚清时期的师范教育，从一开始就重视让学生学习教育科学的课程，由师范院的学生分批担任教师，使师范院的学生边学边教，提高教学能力。张之洞在创办湖北师范学堂时，也设小学堂一所，由师范学生教课，进行实地训练。在师范学堂的办学宗旨中，除规定学生要学好专业知识外，还规定"讲明教授管理的方法"。

最后，对师范生的要求比较严格。师范生入学审查比较严，南洋公学把学生分为五个层次，对每一层次都提出品质、学识、能力等方面的要求，每一个师范生只有经过五次考察合格，才能充任教师，特别强调要文理相通。

清末时期是我国师范教育诞生期。师范教育的创立和发展，提高了民族文化水平，启迪了人们的智慧，为中国的中小学校培养了一批具有一定自然科学知识的师资队伍，为更多的青少年接受科学文化知识提供了条件，造就了一批立志从事中国教育事业的杰出人物，如王国维、沈钧儒、鲁迅等；还孕育了许多革命志士，许多师范毕业生走出校门，便投身于革命的洪流之中。近代师范教育在教育教学方法上进行了探索，对中国教育事业的发展，

---

① 舒新城：《中国近代教育史资料》（上册），人民教育出版社 1961 年版，第 195 页。
② 舒新城：《中国近代教育史资料》（下册），人民教育出版社 1961 年版，第 985 页。

提高教学质量起到了积极作用，走出了有中国特色的师范教育道路。

## 第二节　清末湖南教育的发展

　　湖南近代教育是在甲午战争以后逐步兴起的，比经济较为发达沿海省份晚了近30年，但起步以后即以后来居上之势，为全国所瞩目。湖南近代教育的迅速发展对兴办师范教育带来了契机。兴学的首要问题在于师资。师范教育是整个教育体系的基础，要发展新教育，就必须重视师资的培养。传统教育同样重视师资，但没有专门培养教师的师范性质专门教育机构，教师的选拔标准，停留在"学高""德"等较为抽象的概念里。而在近代教育体系下，专门培养教师的师范教育被视为"教育之母"。要适应湖南新教育发展的大势，自办师范教育才是根本的途径。

　　历史本是前后连续的过程，很难一刀两断并自发形成清晰的阶段性印记。从社会各领域间逻辑关系而言，社会转型一旦开启，政治、经济、教育、文化各个领域不能不被触动，但这绝非"一触即发"或"应声而起"般简单。正如我们不能说鸦片战争开始，中国就进入近代社会。教育与社会变迁的不完全同步性同样也是客观存在的历史命题。早在20世纪二三十年代，湘籍教育家舒新城先生在《近代中国教育史问题》一文中即提出，不必拘泥历史学意义上的时代分期，并把1862年（同治元年）同文馆的设置界定为中国近代教育的开端。湖南近代教育的起点，许多学者界定在甲午战争后，如历史学家周秋光先生在《论湖南近代教育的起点、进程、特点及其作用》一文中通过考察湖南近代文化的起点来界定湖南近代教育的起点，认为湖南近代教育的起点不应该从鸦片战争开始，而是在甲午战争之后。伍春晖在《湖南教育近代化研究》（1894—1927年）博士论文中也把湖南近代教育的起点放在甲午战争之后。笔者之所以把湖南教育近代化的起点也放在甲午战争之后，主要基于以下三个因素：一是在甲午战争前，社会各项制度丝毫没有资本主义的新鲜血液；二是在甲午战争前湖南没有出现任何资本主义的新式工、矿、交通、邮电等设施，社会经济依然如故；三是就教育而言，除了部分经世派对于科举制度有过批判，少数进行过书院的某些尝试之外，真正能够体现资本主义文化设施并由湖南人创立的新式学堂，在甲午战争之前则一所都未出现。虽然有资料提到，在1866年有天主教在湖南境内设有书院一所，受业人数35人，但尚无资料证明书院开办的具体情况与教学内容。因此也不能断定该书院就是湖南的最早的近代教育。

湖南近代教育发轫于是谭嗣同、欧阳中鹄等人创办浏阳算学社。谭嗣同（1865—1898），字复生，号壮飞，湖南浏阳人，中国近代资产阶级维新派的主要代表人物之一。浏阳算学社作为甲午战争后湖南成立的一个具有教育性质的新型社团，是书院变革建设的典范，其带来的维新气象还开拓了湖南人的视野，使其认识到学习新学的重要性。正如谭嗣同所说，"其明年（1896）浏阳大兴算学，考算学洋务，名必在他州县上，至唯为一省之冠。省会人士始自勤奋，向学风气由是大开"，浏阳大兴算学，"湘乡改东山书院之局，又继之以起，趋尚亦渐变矣"，① 并且，"自是而校经学会，而德山书院，而方言馆，而岳麓书院，而时务学堂，而南学会，日新月盛，震烁支那。海内豪杰之士，至归本浏阳一隅变法之功。又以见始事之人虽劳怨交加，千磨百折，而心力所结，未有不转移天下者"，"湘省直中国之萌芽，浏阳直湘省之萌芽，算学又萌芽之萌芽耳"。② 湖南教育近代化过程中，浏阳算学社开风气在先，湘乡东山精舍继其后。如果说，前者还只是近代意义上的教育社团，并不具备完备规制，后者则是湖南传统书院近代化取向改革的代表。1895年，巡抚陈宝箴札批允准建立东山精舍。东山精舍是针对传统书院教育"专校时艺""成才终鲜"的积弊另起炉灶而创设的，因而从课程安排、师资遴选到教育方式，都与传统书院不同。浏阳算学社开风气在先，湘乡东山精舍继其后。由此引发了湖南第一轮书院近代化取向的变革潮流。岳麓、城南、求忠等书院纷纷变通章程，引入新式学科，如城南书院将课程改为内政、外交、理财、经武、格致、考工六门。长沙以外的其他学院，如沅水校经堂、岳州府岳阳、慎修学院、宝庆武冈书院也纷纷改课实学、新学。在社

---

① 谭嗣同：《浏阳兴算记》，《谭嗣同全集》增订本（上册），中华书局1981年版，第184页。
② 唐才常：《浏阳兴算记》，《唐才常集》，中华书局1980年版，第159页。

会转型和自身日益衰败的双重作用下，传统学院不断变革并融入教育近代化进程，成为了湖南新教育最初的重要力量。

1897 年 10 月，时务学堂在这种新教育潮流下诞生。它最初由王先谦、张祖德等倡议创办。《时务学堂缘起》阐明学堂办学的目的在于培植人才，"用可用之士气，开未开之民智"，随后《湘学报》刊登陈宝箴亲自拟订的《时务学堂招考示》，对时务学堂办学宗旨、经费来源、用途、招生人数、招考办法、学堂选址乃至士子出路都做了说明。学堂的功课分中学和西学，中学：《四子书》《左传》《国策》《通鉴》《小学》《五礼通考》《圣武记》《湘军志》以及各种报及时务诸书。西学以各国语言为主，兼得算学、格致、体操、西史、天文、舆地等。在教学方法上，学堂规定："学生所学，中西并重。"又规定："学生每月所作日记、课文，由总教习、分教习评定后，汇交总理、绅董评阅，抚院学院每年年终定期临堂，命题考试。"① 时务学堂随着戊戌变法的失败被迫停办，改称求实书院。从创办并在全国声誉鹊起，到戊戌变法失败后停办改称求实书院，湖南时务学堂只持续了短短的一年时间，但是这却是湖南维新派为救亡图存实行教育救国，将资产阶级民族主义、爱国主义和启蒙教育相结合的一次伟大的实践。它促进了湖南风气的改变，锻炼、培养、造就了一批具有新思想、新知识的人才。因而对整个湖南近代化历程所起的作用，绝不能简单地以一个学堂的成败来界定。时务学堂的学生，有林奎、李炳寰、田邦璇、傅兹祥、蔡钟浩、唐才中、何来保等人参加了唐才常组织的庚子武汉反清自立军，有护国战争中首先在云南举兵讨伐袁世凯的蔡锷将军，有知名教育家范源濂、曹典球、张伯良和学者杨树达，有著名的将军石陶钧和傅良佐，还有企业家梁焕均等。正如毛泽东所说："湖南之有学校，应推戊戌春季的时务学堂，时务以短促的寿命，却养成了若干勇敢有为的青年。"② 时务学堂盛极而衰，既有受全国大气候的影响，但更与湖南特定的社会文化土壤密切相关。换而言之，假使没有戊戌政变的发生，诸多矛盾纠缠下，时务学堂也难逃失败的命运。带有某种程度的

---

① 《湖南开办时务学堂大概章程》见《湘学报》，第二十五册（光绪二十三年十一月）。
② 李锐：《毛泽东的早期革命活动》，湖南人民出版社 1980 年版，第 184 页。

历史必然性，注定了湖南教育近代化进程的步履维艰。

戊戌维新运动失败之后，随即发生八国联军侵华和义和团反帝爱国运动。清政府为了维护其统治，被迫调整施政方针，于1901年宣布实行"新政"，从而使得近代教育得以在全国范围兴起，也使得湖南近代教育得以恢复和发展。主要表现在以下方面。

一是新式高等学校的诞生。自1902年开始，湖南创办了工业、师范、法政等高等学堂，他们主要是湖南大学堂（1902年）、湖南高等实业学堂（1903年）、湖南公立法政专门学校（1906年）、湖南优级师范学堂（1908年）、湖南省立商业专门学校（1914年）、湘雅医学院（1914年）。这时期，湖南高等教育还处于起步阶段。凡事开头难，但一般都越办越易，唯有教育则越办越难。湖南高等教育在起步阶段有幸有一大批殚精竭虑、无私奉献的教育家，他们中有留学生，有全国知名的学者，他们创办了湖南最早的化学、机械、土木、物理、冶金、商业、政法、教育等学科，而这些学科的建立是现代教育有别于传统教育的显著标志。新型学科的建立意味着湖湘高等教育发生了质的转变。

二是新式中、小学堂的蓬勃发展。清末至五四运动前后，湖南新式中学堂办学颇有成效、颇具特色，在全国声誉鹊起。在这段时期中成立的中学主要有公立、私立、联立几种形式。公立中学有省立、县立之分；私立中学主要由私人集资兴办；联立中学是几个县原设的公立中学合并后联合设立，由这些县出资办学。据不完全统计，这些中学堂从1903年至1905年期间，约有30所，其中在省内外享有盛誉的有明德中学、周南中学、岳云中学、雅礼中学。这些学堂十分注重学生的德、智、体、美全面发展，培养出许多全国著名的政治家、科学家、教育家、文学家等。1898年以后，湖南的有识之士还先后创办了一大批的有别于私塾和书院的新式小学堂，或者将私塾、学院改办成新式小学堂。据统计，1912年，共有高等小学堂328所，学生18972人；初等高等合一小学堂143所，学生8156人；初等小学堂217所，学生6835人；女子小学堂59所，学生3607人。[①] 新式中、小学堂的大量创

---

① 湖南省教育科学研究院编著：《湖南教育大事记》，岳麓书社2002年版，第112页。

办，使湖南近代教育迈进了一大步。

三是师范和职业教育的兴起。甲午战争后，湖南有识之士掀起了一场教育改革的浪潮，随着书院改制，各类新式学堂的创办，有现代科学知识的师资越来越缺乏。为了适应新式学堂、新学科的需要，培养新型师资，建立师范学堂成为当务之急。1903 年，湖南最早的师范馆成立。1905 年，中路、西路、南路师范学堂成立。师范学堂所设课程有伦理、经学、物理、化学、英语、中外舆地、文学、图画、体操等，可谓学科齐全，蔚然可观，师范学堂为湖湘培养了大批具有现代科学知识的师资，为现代新型教育打下了坚实基础。与师范同步的还有职业教育，从 1902 年起，先后开办了湖南工艺学堂、湖南全省中等工业学堂、湖南官立中等农业学堂、公立醴陵瓷业学堂、湖南铁路学堂、私立衡粹女子职业学校、湖南私立中等工业学堂和私立楚怡初等工业学堂。开设的课程为机械、化学、染织、漆器、图案、农林、铁道、建筑、营业、缝纫、刺绣、家政等。到 1912 年时，全省的公、私立实业学校已达 74 所，在校学生 4817 人。其中甲种实业学校 10 所，在校学生 1404 人，乙种实业学校 64 所，在校学生 3413 人，[①] 从清末创办开始一直到 20 世纪 30 年代，湖南职业教育的发展在全国处于领先地位。

各类师范、职业教育的兴起带动了许多新兴学科的创建。而新型学科的创建鲜明地体现湖南近代教育在转型中确实发生了前所未有的实质性的改变。

与全国教育体制由传统向近代转型一样，湖南教育近代化过程是一个渐进的过程。但是由于湖南特定的地理位置以及政治、经济、文化背景，清末湖南教育表现出自身的特点。

一是清末湖南教育起步较晚，与沿海省份相比晚了 30 多年，但发展速度快。甲午战争后，湖南近代教育才开始起步，主要标志是时务学堂的建立。一年后，因戊戌维新运动失败，一度停滞。直到清末新政时才重新起步。然而起步较晚的湖南近代教育却并未因此落在国内其他省份的后面，相反发展速度异常之快，很快在全国就处于领先地位。到 1914 年，全省有各

---

① 湖南省教育科学研究院编著：《湖南教育大事记》，岳麓书社 2002 年版，第 112 页。

类学校 7129 所，学生 287940 人，均居全国第 5 位，岁出经费 298.85 万元，仅次于四川、江苏，居全国第 3 位。①

二是清末湖南教育在其发展中类型各别，形式多样，但有所偏重，极不平衡。所谓类型各别与形式多样，是说湖南近代教育有官立、公立与外国教会举办等多种形式，也有普通教育、实业教育、师范教育、女子教育、留学教育、幼儿教育、社会教育等各种类型。但是这些形式多样的教育，明显地存在着偏轻偏重与发展极不平衡的现象。具体地说，在多种形式的教育中，从学校的数量来看，是官立与公立的为多，但从办学的质量与效果来看，是官立不如公立，公立不如私立。私立中又以教会办的最有特色，为许多学子向往。在各种类型的教育中，特别受重视的是师范教育与中学教育，特别突出的是女子教育和留学教育。实业教育是各种专门教育中最突出的，而普通教育中的小学教育、高等教育以及专门教育除实业教育之外的其他各种教育，包括幼儿教育与社会教育等，相比之下却十分逊色，有的甚至还遭到冷落。

三是湖南近代教育过程中体现出强烈的政治参与意识。湖南近代的第一所新式学堂——时务学堂，梁启超为其拟订的《时务学堂学约》中对学生提出了经世、立志、读书和学文等方面的要求。他对经世的解释是："凡学焉而不足为经世之用者，皆谓之俗学可矣"，并要求学生"学以宪法官制为归，远法安定经义治事之规，近采西人政治学院之意"；认为学生"当思国何以蹙，种何以弱，教何以微"，应当立"平治天下，当今之世，舍我其谁"之志。为此，时务学堂要求学生在读书方面应当"通古今中外能为世益者"之处，而在学文方面则应"以觉天下为任，则文未能舍弃"。时务学堂的这种教育方针是要将学生培养成经世致用、务实笃行的栋梁之才。

四是在人才培养方面，湖南近代教育将经世致用精神贯穿于教学中，为社会培养了大批栋梁之才。湖南成为近现代的人才大省，其地位在全国迅速崛起。陈独秀曾经说："湖南人的精神是什么？'若道中华国果亡，除是湖南人尽死。'……湖南人这种精神，却不是杨度说大话，确实可以拿历史证明

① 湖南省教育科学研究院编著：《湖南教育大事记》，岳麓书社 2002 年版，第 120 页。

的……黄克强历尽艰难，带一旅湖南兵，在汉阳抵挡清军大队人马；蔡松坡带着病亲率子弹不足的两千云南兵，和十万袁军大死战。他们是何等坚忍不拔的军人"。因此，他提出欢迎湖南人的精神。"欢迎他们的奋斗精神，欢迎他们的造桥精神，他们的桥造的桥比王船山、曾国藩、罗泽南、黄克强、蔡松坡所造的还要雄大精美得多。"青年毛泽东、蔡和森等人在湖南一师求学时"指点江山，激扬文字，粪土当年万户侯"，创立"新民学会"，发动驱张运动，领导湖南新文化运动。应该说，这些社会精英的涌现，与湖南近代教育中这种经世致用精神的贯彻息息相关。

五是在湖南近代教育中也体现了湖南人对新式教育的不断探索与创新的精神。甲午战争后，湖南维新派谭嗣同、熊希龄、蒋德钧等人率先在湖南进行新式学堂创建的尝试。20世纪初的清末新政中，主持制订清政府第一个学校系统文件——壬寅学制的是湖南人张百熙。1915年4月，湖南省教育会提出了一项《改革学校系统案》，成为了新学制讨论的开端。综上所述，湖南近代教育起步虽晚，但湖南有识之士和教育家的积极探索与创新精神可见一斑。

## 第三节　清末湖南师范教育的兴起

近代湖南的师范教育在清末维新运动期间开始出现，但真正兴盛起来则是在清末新政时期。"癸卯学制"颁布以前，我国的师范教育还没有形成系统，近代师范学堂产生以前，我国还没有专门培养教师的师范学校。正因为如此，"癸卯学制"才把师范教育与普通教育分设，使师范教育成为一个独立的系统。随着学堂的兴办，师资问题成为首要问题。湖南抚院采取了以下几种办法努力解决师资问题：一是"慎选博通知名者，先充教员开办"；①二是"在乡试没有中选的人员中，挑选年在三十岁以内，才学较好的一部分

---

① 俞廉三：《奏改设学堂及派人出洋游学情形折》，《俞廉三遗集》卷九十五。

送京师大学堂学师范";① 三是加派举贡生员充当师范生，赴东洋学校肄业；② 四是先在省城长沙"设立师范馆一所，以培养教习之才"。③ 其中主要是派遣留学生和分中、西、南三路开办师范学堂，从而基本上形成了湖南自己的师范教育格局，推进了湖南教育的近代化进程。

## 一、选派学生赴日学习师范

湖南新式学堂创办之初，纷纷要求派遣教习，由于当时中国还没有培养出自己的新式师范人才，办新式学堂所需的教师除了由原来书院的主讲担任外，只有聘请没受过正规师范教育的博学之人以及外国人，而这些都不是长久之计。因此，解决师资的首选捷径是派人去外国学习师范。1902 年，湖南抚院派遣俞诰庆、龙纪官、俞藩同、王履辰、仇毅、颜可驻、李致桢、胡元倓、朱杞、刘左楫、江都良、陈润霖等 12 人赴日留学，为期 6 个月，习速成师范，并考察学校制度，此为湖南官费留学之始。④ 同年，湖南巡抚俞廉三根据清政府的指令，决定在乡试没有中选的人员中，挑选年龄在三十岁以内，才学较好的一部分送京师大学堂学师范，一部分派赴日本学习师范，另一部分则送进在省城开设的师范馆肄业。这年农历 12 月初四举行考试，录取 5 名送京师大学堂学习，他们是：李锺奇（武冈拔贡）、戴丹诚（武陵廪生）、向诚均（黔阳优廪）、段廷圭（新宁附生）、刘冕执（长沙附生）。录取 21 名去留学，他们是：吴友炎（武陵拔贡）、黎承福（湘潭附生）、朱德棠（湘潭廪生）、陈家瓒（善化附生）、刘岳仑（衡山附生）、刘颂虞（善化附生）、黄圣清（临湘廪生）、杨昌济（长沙廪生）、彭世俊（兰山廪生）、仇世匡（邵阳附生）、陶思曾（安化附生）、王闓宪（善化附生）、曾继梧（新化附生）、陈尔锡（湘乡廪生）、吴家驹（湘潭附生）、舒修序（溆浦廪生）、梁焕均（湘潭附生）、石陶钧（邵阳廪生）、廖名缙（泸溪拔贡）。⑤ 1904 年春夏间，湖南官方派遣学生赴日学师范的 39 名学生中，学习政法的

① 谭绍黄：《清末湖南的师范教育》，湖南文史资料选辑（20），第 20 页。
② 俞廉三：《司局为遵札会核游学各生详情咨派事一案》，《俞廉三遗集》卷九十五。
③ 俞廉三：《学务处为设立师范馆详请核示事》，《俞廉三遗集》卷九十五。
④ 陈学恂主编：《中国近代教育大事记》，上海教育出版社 1980 年版，第 124 页。
⑤ 谭绍黄：《湖南早期师范教育二三事》，《湖南教育史志资料》1986 年第 1 期，第 57 页。

有 20 名,学习警察的有 14 名,另有 5 名自费生。据光绪三十三年(1906)学部《官报》统计,全国留日学生为 5418 人,其中湖南有 589 人。

选派学生留学日本在湖南近代教育史上意义极大,它为兴办学校提供了急需的师资,为湖南的近代教育事业打下了比较扎实的基础,造就了一批热心教育事业的人才,像范源濂、胡元倓、朱剑凡、陈润霖等都是留日归来兴办教育的典范,从而极大地推动了湖南教育事业的发展和教育的近代化。

## 二、创办省城师范馆和设立中、西、南三路师范学堂

派人到国外留学毕竟只是解决燃眉之急的不得已之举。若长此以往则很难从根本上解决师资问题。要在地广人众的中国普及教育,必须办好自己的师范教育。湖南的情形也一样,20 世纪初的有识之士也清楚地看到了这一点。因此,在派遣留学生的同时,也加紧创办自己的师范教育。

1. 省城师范馆的创办

1902 年,张百熙奏定各省设置师范馆。湖南巡抚俞廉三遵旨创办全省师范传习所,以一年为期毕业。冬天,开始筹建省城师范馆。1903 年 2 月师范馆开学,国子监祭酒王先谦为馆长,俞浩庆为监督,皮锡瑞为伦理学教习,黄山为史学教习,周震麟为地理教习,许兆魁为算学教习,单启鹏为物理教习,陶孝澄为外语兼理科教习,徐继琨为体操教习。[1] 当时教授的科目有:伦理及经学、教育学、中外史学、中外舆地、算学、文学、理化学、英文、图书、体操等。学生共有 100 余人,省城师范馆存在的时间虽然不长,也培养出了一些有用之才,如陈天华、曹典球就是师范馆第一期的正取生。[2] 这个师范馆是湖南办理正规师范教育的开始。

2. 中、西、南三路师范学堂的建立

省城师范馆是速成性质的简易师范学堂,随着形势的发展和对教师要求的提高,简易师范学堂不得不让位给初级师范学堂。1904 年,湖南巡抚赵尔巽把城南师范馆改为中路师范学堂,在常德创设西路师范学堂,在衡阳创设

---

① 谭绍黄:《清末湖南的师范教育》,《湖南文史资料选辑》(20),第 20 页。
② 长沙市教育志编纂委员会:《长沙教育志(1840—1990)》(内部资料),第 113 页。

南路师范学堂。

（1）中路师范学堂的设立

中路师范学堂由省城师范馆改办，招生范围为长沙、湘阴、浏阳、醴陵、攸县、湘潭、湘乡、宁乡、益阳、南县、沅江、安化、岳阳、平江、临湘、华容、宝庆、新华、新宁、武冈、城步、靖州、绥宁、会同、通道等25个县。

为了适应当时湖南对各种师资的需要，中路师范学堂创办之初，就根据其应用缓急、程度深浅而相应地设置了5种师范科：优级师范选科、初级师范、师范简易科或预备科、师范讲习所、师范速成科，分别以3年、5年、1年、10个月、半年为毕业期限。所招学生和省城师范馆一样，从旧有学堂的优等生和举贡生员中考选。

预备科和各本科的程度不一，科目设置也不一样。预科科目有：伦理、国文、数学、地理、历史、理化、博物、体操、图画、英文。本科的通习科目有：伦理、教育、心理、论理、日文、英文、体操。第一类本科主课科目有：历史、地理、法制、理财。第二类本科主课科目有：物理及实验、化学及实验、数学、英文。第三类本科主课科目有：动物、植物、地质、矿物、生理卫生、图画、物理、化学。第四类本科主课科目有：数学、理化、天文、图画、驳论。此外，对教材都有具体的规定，例如心理学教材为王国维所译的《心理学概论》，伦理学教材为田吴炤所译的《伦理学纲要》。

中路师范学堂的组织堪称深孚众望，历任监督王先谦、郭立山、陈树藩、谭延闿、刘人熙、瞿宗锋、王达、王凤昌等都是当时德高望重的人物，教师都是当时的名教授，如皮锡瑞、马邻翼、陈嘉会、李元植、黎尚雯、颜昌峣、石蕴山、胡景伊、言少航、仇毅、吴继果、许奎元、美国的盖保耐、日本的掘井等。皮锡瑞之经学，更为学子们所崇敬。[1] 在他们的精心治理和教导下，中路师范学堂为湖南培养了许多杰出的人才，在湖南的教育界起到了中流砥柱的作用。民国元年，中路师范学堂改为湖南省立第一师范学校。

（2）西路师范学堂的设立

---

[1] 方克刚：《湖南中路师范史略》，《湖南文史资料选辑》（20），第75页。

西路师范学堂是在常德师范讲习所的基础上建立的。1903 年 2 月，朱其懿召集西路沅、澧流域 4 府 2 直隶州 5 厅所属 25 县的绅士在府署集议，决定由熊希龄、戴展诚、黄忠浩、冯锡仁、刘棣芬、蒋积文、彭施涤、张称达等共同负责筹备西路师范学堂，他们就校址、办学形式、学制等做了详细的讨论与规划。1903 年 7 月由冯锡仁领衔，与事诸人联名公呈湖南巡抚赵尔巽要求改常德师范讲习所为湖南西路公立师范学堂，赵尔巽批阅后欣然应允，并札委冯锡仁为学堂总理（监督），熊希龄任副办。同年秋天，西路师范学堂正式开办。

以西路师范学堂为先导，湘西的教育出现了生机盎然的繁荣景象，培养出了林伯渠、蒋翊武、李烛尘、粟裕、辛树炽、滕代远等杰出的人才，[1] 他们或为政府名流，或为干城之选，或为儒硕大师，真可谓新机日辟，人竞磨琢，风声所播，人文蔚起。西路师范学堂成了"西路全体教育之总机关"，西路教育的发展堪称"湖南全省之冠"。[2]

（3）南路师范学堂的设立

南路师范学堂与中、西路师范学堂不同，是从无到有，一切都从零开始的。1904 年春，衡州知府唐步瀛任南路学务提调，并负责南路师范学堂校舍建筑事宜。新校舍建成之前，暂借衡州府中学堂地址建临时校舍。1904 年 10 月，巡抚陆元鼎派遣在籍陆军部主任曾熙为监督（校长），并划拨银 19000 两作开学费用。第二年，临时校舍建成，4 月招收永久班学生 120 名，分甲乙两班，5 月 8 日正式开学。8 月又招收简易科学生两班学生 123 名。1906 年 4 月，湖南巡抚端方奏准拨付购买新校址的费用白银 30000 两，9 月开始建筑新校舍，1907 年 3 月新校舍落成，4 月南路师范学堂正式迁入新校舍。

南路师范学堂的招生范围包括衡阳、衡山、耒阳、常宁、安仁、茶陵、酃县、零陵、祁阳、东安、道县、宁远、永明、江华、新田、桂阳、临武、蓝山、嘉禾、郴县、永兴、宜章、资兴、桂东、汝城等 25 个县。

---

[1] 刘定仪：《湖南西路师范学堂实录》，《湖南文史资料选辑》（20），第 84 页。
[2] 朱其懿：《湖南西路京官上督察院禀》，《守沅集》，第 277 页。

从学生来看：与中路和西路师范学堂一样，所招收学生是前述 25 个县中年龄较轻的禀、增、附生，也有已入中学数期者。学生毕业以后都有效力本省及全国教育的义务，官费的初级本科生和选科生的服务年限为 6 年，简易科毕业生的服务年限为 3 年；自费的本科生的服务年限为 3 年，简易科毕业生的服务年限为 2 年。规定在服务年限内不得私自应聘其他职业，服务期满而尽心无过者给予官职奖励，如有不尽义务者或因事被撤销者，需要追缴在学时所用学费以示惩罚。

从学制与科目来看：①师范速成科大多以 1 年为毕业期限，也有少于 1 年的。学习的主要科目有修身、教育学、中国文学、历史、地理、算学、格致、图画、体操等。②以培养初级师范教员和中学教员为宗旨的优级师范选科以 3 年为修业年限，第一年为预科，第二、三年为本科，只有预科毕业以后才能进入本科学习。学习的科目分为预科和本科两类，本科科目又分为通习科目、理化科目和博物科目 3 种。预科科目为伦理、国文、数学、地理、历史、理化、博物、体操、图画、英文等，本科通习科目为伦理学、教育学、心理学、论理学、英文、日文、体操等，本科理化科目为论理学、物理、化学、数学、物理实验、英文等，本科博物科目有动物、植物、地质、矿物、生理卫生、图画、物理、化学等。③以培养高等小学及初等小学教员为目标的初级师范完全科的修业年限为 5 年。正科科目主要有修身、读经讲经、中国文学、教育学、历史、地理、博物、物理、化学、习字、图画、体操等。

从学校的管理来看：省抚委派监督下设教务长、斋务长、和庶务长，再下面是教员、副教员、学监、管书、文案官、会计、杂务官、书记、校医。监督主管教学事务，统辖学堂内所有人员；教务长负责稽核学科课程、教员教法及学生学业；斋务长则负责考查学生的行为及学生斋舍一切事务，并安排学校各种杂务；庶务长负责学堂一切事务；教员由本国学有专长的学者和归国的优秀留学生充当，自然科学的教员则是聘请的日本专家，教员负责学科教学及副教员、助教员的教授。总之，各司其职，职责分明。

第一任学堂监督曾熙，原名荣甲（1861—1930），字子集，衡阳西乡农田人。1881 年中举人，1903 年中进士。历任兵部武选司主事，曾担任过石鼓书院院长。学识渊博，对国文、经学研究颇深，著有《左氏问难》《春秋大事表》两卷、《历代帝王年表》两卷，此外，还有书画录和诗集、文集等。他的书法与清末书法家李瑞清齐名，他的绘画艺术与齐白石齐名，现代著名画家张大千就是他的弟子。在学堂创办之初，他就把"南学津梁"定为学堂的教育思想，旨在培养学生继承和发扬湘南历代先贤先进的学术和思想，挽救民族危亡，振兴中华。在他的严谨治理下，学堂的校风、校纪和教学质量堪称湘南第一，为湘南教育界和文化界培养了大量的有用之才，如姚尊、向荣、马宗霍、黄克诚、蒋先云、曾希圣等都是南路师范学堂的毕业生。①

如上所述，三路师范学堂为湖南培养了一批又一批的英才，对湖南教育走向近代化所做的贡献是很大的。1907 年，学部《札湖南提学使优级师范学堂选科照准案》中称赞道："湖南兴学以来……三路师范学习堪称肃然。"②

## 三、优级师范学堂的建立

湖南兴办学堂，最初是选派留学生学习速成师范，继则创办省城师范馆，嗣后创办中、西、南三路师范学堂。考其程度，赴日学习者乃是半年为期的速成师范科，师范馆的学生为期 1 年，三路师范学堂培养的是小学教员和管理员，并不能充当中学及中学以上的教员和管理者。

1903 年颁布的《奏定优级师范学堂章程》，规定优级师范学堂以造就初级师范学堂及中学堂之教员、管理员为宗旨，修业年限一般为 4 年。规定各省省城宜设立 1 所。光绪三十二年（1906）六月学部订定的优级师范学堂简章就对此进行了灵活的变通调整，将优级师范学科课目分为本科和预科两类，分别以 2 年和 1 年为修业年限。这样不仅费用低，而且见效快，很适合湖南省的实际情况。

1908 年 8 月，优级师范学堂开始招生，考选非常严格，由提学使通令各

---

① 康和声：《南路师范学堂》，湖南省教育厅史志办。
② 《札湖南提学使优级师范学堂选科照准案》，1907 年，湖南省教育厅史志办。

府、州、县保送成绩优良的中学毕业生应考，择优录取。学堂分预科和本科，本科开设理化、博物、数学3系，各招生60名；预科也招生60名，实行班级授课制，学制2年。全校共计240名学生，于9月26日开学。

湖南优级师范学堂实行监督管理制，学校设监督1人，第一任监督由刘钜充任。监督下设教务长、斋务长、庶务长，各1人，均由提学使聘任。教务长专管教学上的一切事务，由周大椿担任；庶务长专管经费和供给一切事务，由王涛担任；斋务长则主持管理室的一切事务，由黄俊充任。监学3人，为伍任钧、刘经翼、熊连昌，他们专管早晚点名，稽查教师上课人数和学员请假事宜。检查3人，为陈镛、陈慎典、王子申。此外，还设文案1人，会计1人，杂务兼帮办庶务1人，杂务1人，器械和图书管理员1人，书记6人，校医1人，他们均任职到辛亥革命时为止。

优级师范学堂除了开设专修学科课程外，还开设了国文、英语、日语、教育学、伦理学、心理学、体操等课程，聘任的教师都是当时有名望的饱学之士，有一些教师还聘自日本。如数学教师许奎坦、地理教员王达、历史教员颜昌峣，均系当时一流名教授，理化教员原田长松，博物教员能势赖俊，教育、伦理、心理教员臼田寿惠吉等三人，均系从日本聘请。[1]

优级师范学堂为湖南造就了大批的人才，如彭施涤、谢晋、方维夏、张维一、刘健、谭俊、屈子健、黎锦熙、罗容西、王季范、张煦秋、赵恒惕、陈容、颜方硅、王祺、袁家元、罗正纬、李佐周、赵果、梁庆云、李国栋、周先汉、梁铸球、姚孟宗、方克刚、孔昭绶、刘谦、李石岑等都是优级师范学堂的毕业生。[2] 优级师范学生大多出身贫寒，出身富有者极少。1912年后，他们多数在地方从事教学和管理工作。

## 四、县级师范馆、师范传习所、师范班的纷纷开设

湖南地域辽阔，人口分散，各地发展程度也不一样，要想在湖南普及教育，只靠中、西、南三路师范学堂和优级师范学堂是远远不够的，必须发动

---

① 屈子健：《湖南优级师范概述》，《湖南文史资料选辑》（20），第60页。
② 《湖南优级师范学堂同学录》，宣统二年（1910年），湖南省档案馆：全宗号59，目录号5，案卷号677。

各地的力量创办各种程度的师范学校，清政府的《学务纲要》也对县教育发展作了比较具体的规定，于是有条件的府县纷纷担负起兴学普教的重任。

1902 年，邵阳创办了宝郡联立师范学堂。1903 年蒋德钧、彭子善等在涟滨书院创办师范馆。1904 年，湖南巡抚指令学务处将校士馆一律改为师范传习所。当时，县办师范传习所或速成班也不少，如宁乡、浏阳、湘潭、新化、平江等，但大多数是借助于省城的设备办起来的。1904 年，衡山县知县向荣等倡办的衡山初级师范学堂开学，学习年限初定为 1 年，后改为 4 年。其办学成绩优良，可与中路师范学堂、常德初级师范学堂媲美。1905 年周氏家塾创办，1907 年正式命名周南女学堂，开办了师范科。这期间，私办的中学堂如明德、岳云等校都办有师范科。1903 年，永绥厅知事吴素伯创办师范馆，古丈厅通判董鸿勋创办师范传习所。1905 年，益阳县创办益阳师范馆，地址在县城北门猫咀冲，詹泽霖任监督。光绪三十四年，学堂改名小学教员养成所。1905 年，永明开办了永明县官立师范馆。1906 年，创办长沙县立简易师范学堂，校址设荷花池（今属长沙市），初招学生 120 名。1907 年龙璋在明德分校的正经中学校内附设攸县速成师范班，招收攸县学生 58 人。据统计，1912 年湖南有师范学校 6 所，学生有 1353 人，女子师范学校 17所，学生 1104 人，简易师范学校 12 所，学生 956 人，初等小学教员养成所16 所，学生 1950 人。[1]

此外，为了培养职业学堂教员，从 1910 年起，湖南还举办了实业教员讲习所，这类讲习所不是单独设立的，而是附设于各职业学堂内，[2] 即学农的讲习所附设于农业学堂内，学工的讲习所附设于工业学堂内。

---

[1]  教育司编制：《湖南省各种学校简表（1912）》，《教育杂志》1913 年第 8 期。
[2]  谭绍黄：《清末湖南的师范教育》，《湖南文史资料选辑》（20），第 22 页。

# 第二章　民国时期湖南师范教育产生的背景

　　湖南师范教育思想是在全国兴办师范教育的历史需求的背景下，在中国有识之士对这一需求有较深认识的基础上，在中国师范教育思想的指导下，开始成为现实。民国以前湖南师范教育思想可以说还没有形成，民国时期湖南师范教育思想既受到湖南传统教育思想的影响，也是在全国师范教育思想发展的推动下产生与发展起来的。

## 第一节　湖南传统教育思想的影响

　　湖南古代的经济开发与中原其他地区相比，并不太晚，且社会政治的稳定性比中原和北方地区还好，但湖南的教育事业却长期处于落后状态。至西汉尚无民间学校，至隋唐、五代仍处于初兴状态，直到宋代，教育才开始兴盛，才相继出现了一批颇具影响的文化教育大家，如周敦颐、胡安国、胡宏、张栻、王夫之、王先谦等人。王夫之是其中具有代表性的人物之一，他的教育思想较为丰富，其见解精辟独到，对后来的师范教育思想形成与发展具有重要的启示作用。

### 一、湖南传统教育概述

　　湖南历史悠久、文化灿烂。毛泽东说："自有中国，就有湖南，湖南在古代称为蛮荒之地，在周为楚国，在汉为长沙国，唐为节度使地，宋为荆湖南道，至元建为行省，明清仍之，至今不变。"① 这是对湖南行政历史变迁的概述。

中国夏、商、西周实行"学在官府"的垄断教育制度，故直到春秋初期，全国的文化教育中心仍在周王室畿内，各诸侯国中教育发达的很少。湖南在春秋时期属于楚。春秋时期楚国君臣自称"蛮夷"，文化教育不及中原诸侯国。这种状况，到春秋末叶开始改变。战国晚期屈原作《楚辞》，文采绚丽，并讲究功利，既体现了楚国教育特点，也反映了当时楚国文化教育具有较高发展水平。而屈原的生活和创作活动，都同湖南息息相关。据《史传》记载，汉文帝时著名学者贾谊曾为长沙靖王太傅，汉宣帝时穀梁学者申章昌曾为长沙王太傅，且"徒众甚盛"。这些都可以说明，以长沙为中心的湘北、湘中一带，从战国至西汉，文化教育已经发展到相当水平。

三国、两晋时期，因战争频繁，无学校记载，湖南教育事业处于低谷。隋、唐两代，国家统一，经济文化繁荣，官学制度日趋完善，并创立了科举取士制度。据光绪《湖南通志》所记，唐代湖南考中进士 25 人。自先秦至隋朝，湖南士人著书立说者仅 42 人，著作 99 部、323 卷。而唐代湖南士人著书立说者达 90 人，著作 103 部、565 卷。② 唐代已有好学之士建立书院，作为个人藏书、读书之所。据岳麓书院研究所统计，湖南共有书院 7 所，其中最著名的为衡阳李宽所建的石鼓书院。同时还有私人出资建屋购书兴办学校，如岳麓书院的前身就是僧人智睿等建立的学校。但这种学校的创建者，自己并不讲学，也没有聘请教师讲学的记载，只是为读书人提供住房、书籍等学习条件而已。

宋代经济、政治重心南移，湖南文教事业空前繁荣。两宋时期湖南考中进士 936 人（北宋 324 人，南宋 612 人），接近唐代的 40 倍，著书立说者 332 人，著作 362 部、3425 卷。人数为唐朝的 3.7 倍，部数和卷数分别为唐朝的 3.5 倍和 6.1 倍。③ 宋太祖开宝四年（976）建立的长沙岳麓书院，太宗三年（997）建立的衡阳石鼓书院，亦开书院之先河。据毛礼锐的《中国教

---

① 毛泽东：《毛泽东早期文稿》，湖南出版社 1990 年版，第 513 页。
② 湖南省地方志编纂委员会编：《湖南省志·教育志》（上册），湖南教育出版社 1995 年版，第 3 页。
③ 湖南省地方志编纂委员会编：《湖南省志·教育志》（上册），湖南教育出版社 1995 年版，第 4 页。

育通史》考证，宋初书院集中在江西、湖南、河南三省，当时著名的 8 大书院，江西有 3 所，湖南、河南各 2 所，浙江有 1 所。黄宗羲在《宋元学案》中曾指出，宋代学术，以湖湘学派为最盛。湖湘学派的主要特点是：倡导"求仁履实"，讲求"经世致用"，政治上主张图强抗金。

元代一度废除科举，在元朝中叶恢复科举至元末 52 年间，湖南共考中进士 143 人。元代著书立说者 64 人，著作 86 部、2097 卷。[①]

明朝官学鼎盛，湖南各州、县无不设学，士人举进士为 556 人，少于两宋。而著书立说者 1229 人，著作 1468 部、7671 卷，人数为两宋的 3.7 倍，部数和卷数分别为两宋的 4.1 倍和 2.2 倍。[②] 明代湖南少数民族的教育也开始发展。据《大明一统志》记载，尽管明代书院兴废无常，湖南先后举办者仍有 123 所。

清朝嘉庆以后，特别是 1840 年中国历史进入近代以后，湖南的文化教育迅速发展，形成了有史以来的高峰。在中国近代、现代史上，湖南人才辈出，深刻影响着中国社会思想、政治和其他领域。1883 年以前湖南士人著书立说者达 4395 人，著作 4893 部、23738 卷。[③] 这些都同湖南的教育昌明是分不开。清代湖南共设书院 387 所，到清末为 217 所。[④] 这些书院的多数属于基础教育性质，为普及文化做出了贡献。其中长沙的岳麓、城南书院，衡阳的船山书院等书院，是全省最高学府，为培养人才做出了很大的贡献。清代湖南名人魏源、陶澍、贺长龄、曾国藩、郭嵩焘、李元度、刘长佑、曾国荃等都来自这些书院。

由上可知，湖南地处内陆，文化教育素来不发达，至唐宋后，重教之风始浓，然而历史形成的落后局面，直至清初才有所改变。清代是湖南传统教育发展臻于鼎盛的时期，以雍正二年（1724）两湖分闱为契机，是年始，湖南单独举行乡试。撇开科举制度的消极作用特别是其对人才的禁锢摧残不谈，南北分闱对湖南传统教育起到了拉动作用，是不容忽视的。由于确定了

---

① 湖南省地方志编纂委员会编：《湖南省志·教育志》（上册），湖南教育出版社 1995 年版，第 5 页。
② 湖南省地方志编纂委员会编：《湖南省志·教育志》（上册），湖南教育出版社 1995 年版，第 5 页。
③ 湖南省地方志编纂委员会编：《湖南省志·教育志》（上册），湖南教育出版社 1995 年版，第 6 页。
④ 湖南省地方志编纂委员会编：《湖南省志·教育志》（上册），湖南教育出版社 1995 年版，第 7 页。

湖南乡试中举名额（湖北中试 50 名，副榜 10 名；湖南中试 49 名，副榜 9 名），过去"南北和闱"中举名额多被湖北占用的局面得以改变，湖湘士子发奋读书者日益增多，教育氛围日渐浓厚，客观上刺激湖南教育文化的发展；加上清王朝实行"兴文教，崇经术、开太平"的政策，使清代成为湖南传统教育最为兴盛的时期。清代湖南传统教育兴盛，主要得益于湖南日益浓厚的重教兴学的风气。"学而优则仕"，进而"治国平天下"是传统士人的最高理想。中国崇尚教育，受教育者有着可以预期的前途并受到极大的尊重。湖南地处内地，湘军兴起以前，除了读书，鲜有出人头地的其他途径。因而读书、科举被视为神圣的事业，"万般皆下品，唯有读书高"的社会心理在湖南尤甚于他省。无论是寒门子弟还是世家子弟，发奋读书获取功名而后光宗耀祖，都是最理想的人生选择或者说唯一选择。

## 二、王夫之教育思想的影响

王夫之是我国古代著名的思想家，与当时的顾炎武、黄宗羲、方以智齐名，世称"明末清初四大家"。他的思想体系上承两宋时期湖湘文化传统，下启近代湖湘文化之肇端，成为古代湖湘文化过渡到近代湖湘文化的桥梁。同时他也是明末清初进步教育思想的代表人物，他的教育思想不仅在湖南乃至中国古代教育思想发展史上，都占有重要的地位，而且对后来的教育和教学仍有重要的借鉴作用。

其主要的教育观点有：（1）教学过程的行先知后观。王夫之在知行关系的问题上，既不同意朱熹的"知先行后"之说，也不同意王守仁的"知行合一"之说。他主张行先知后，知行并进，互相为用。他认为，在认识中知与行各有其功效，又必须相互为用。因此，只有知行并进，才能"知同而起功"，这是认识事物的一条定理。（2）教与养相统一观。王夫之主张教与养互相促进，说明了教育与经济的关系，即经济制约教育，教育促进经济的发展，所以王夫之说的"牧民之道，教养合而成用"在当时是有独到见解的。王夫之又主张：学政者，国之教也，士之所步趋而进退也。学校是进行教育的场所，教育青少年学生为人处世、待人接物、举止应对的行为准则。他认为所未知而求知；所未所能而求教，于是而有学。夫学以学夫所教，而学必非教；教以教人之学，而教必非学。说明了教与学的区别和统一，不仅要教学习内容，而且要教给学生学习的方法。（3）学习与思考相结合观。王夫之认为，学与思的关系，是相互结合，互相补充、互相依赖的关系。他认为：致知之途有二：曰学曰思。学则不恃己之聪明，而一唯先觉之是效，思则不徇于古人之陈迹而任吾警悟之灵。学非有碍于思，而学愈博则思愈远；思正有功于学，而思之困则学必勤。学习有两种方法：一是学习；二是思考。学要尽量吸取过去的成就而不可任凭自己的主观臆测；思要注意独立思考，深入钻研。二者同时兼用，互相促进，这样才可以使学习取得进步。（4）因材施教观。王夫之主张教师必须了解学生，必须根据学生的特点进行教育。他认为学生是有个性的，有"刚柔敏钝之异"。要顺应学生的个性去施教，偏高或偏低都会影响教学的效果。他认为：夫智仁各成其德，则其情殊也，其体异也，其效也分也。故教者顺其性之所近心深造之，各如其量而可矣。他认为智者仁者的德性不同，虽都能够成就达才，但具体的情况不同其效果也不一样，教师要根据学生的情况而施教。他又认为：教思之无穷也，必知其人德性之长而利导之，尤必知其人之气质之偏而变化之。教师的教学艺术、教学设计是无穷尽的，必须知道学生德性的长处予以利导，知其偏差予以纠正，促其变化 。他认为：顺其所易，矫其所难，成其美，变其恶，教非一也，理一也，从人者异耳。教人的道理具有归一性，但在方法上却要因人而异。因材施教是我国重要的教学原则，也是德育的重要原则。王夫之的因材施教观对现在的教育具有重要的启迪作用。（5）教师躬行自明观。王夫之在教学上重视教师的作用，他向教师提出严格的要求，首先要求教师要躬行，对学生实施身教，教师要以身作则做学生的榜样，他认为：师弟者以道相交而为人伦之一。故欲正天下之人必须顺天下之师受。师生关系是一种道义的结合，教师负有"正人心"的重要任务，绝非可有可无。正因为教师如此重要，教师的选择关系到整个社会的人心道德，因此，王夫之主张：主教有本，躬行为起化之源；谨教有义，正道为渐摩之益。教育的根本原则就是以身施教，不言化成，教必己正，己不正，怎能正人，教师与学生朝夕相处，教师应起模范作用，使学生在潜移默化中受到教诲。教师只有躬行自明才不愧为人师表，教书育人。

王夫之的教育思想不仅在当时富有时代气息，在历史上产生过重要影响，闪烁着智慧的光辉，而且对后来湖南乃至中国的教育，特别是对湖南的师范教育，仍具有借鉴价值。

## 第二节　清末中国师范教育思想的初步形成

每一种新事物的出现都是社会需要与进化的产物，师范教育的出现亦是如此。中国的传统教育虽然较为重视教师的作用，但是系统地开展师范教育是在甲午战争之后。最早把师范教育作为一种制度介绍到中国的是黄遵宪，他在19世纪80年代撰写的《日本国志·学术志》一书中提到"有师范学校，则所以养成教员，以期广益者也（自学制改学习西学，苦于无师。旧日师长，惟习汉经史；而于近时之地理、历史、物理、算术知者甚稀。故文部省议以养成教师为急务）"。① 此后，无论是黄遵宪本人还是其他思想家，介绍外国师范学校时都语焉不详，一笔带过，更无人提出在中国仿效设置的建议，直到甲午战争战败。

甲午战争之后，中国的有识之士们提出"开民智"这一文化教育领域的根本任务，因而要求仿行西方近代的三级学校体制在全国普遍设学，建立新的学校制度过程中，也纷纷倡言师范教育，将师范教育作为新的学制的一个重要组成部分。这表明，有识之士们在应中国近代政治、经济和文化发展的要求适时推动洋务教育向以维新教育为主要标志的新教育转换时，也敏锐地感受到建立师范教育这一新的历史需求。

在诸多倡言师范教育的有识之士中，梁启超就是最早倡导在中国创办师范教育的思想家。1896年，梁启超在上海主编《时务报》时，在其著名的《变法通议》中，以《论师范》一文较为系统最早地对中国师范教育诸问题进行了论述，形成了自己较为完整的师范教育思想，代表了那时中国教育思想领域内对师范教育认识的最高水平，开我国近代师范教育理论的先河，为师范教育的发展奠定了基础。梁启超师范教育思想的基本内涵：（1）重视教

---

① 钟叔河：《走向世界丛书》，岳麓书社1985年版，第654页。

师的地位和作用。在《论师范》一文中，梁启超首先肯定了我国自古以来就有的尊师重道的优良传统。他说，"《书》曰：'作之君，作之师'。"他认为《学记》是我国古代"专标诲人之术，以告天下之为人师者"的优秀佳作。可见，梁启超对我国古代重视教师地位和作用的传统是非常肯定、倍加赞赏的。梁启超认为变法的根本在于培育人才，而"师者，人才之大原也"，所以"救天下之道，莫急于讲学，讲学之道，莫要于得师"①。梁启超重视教师的地位和作用由此可见一斑。（2）视师范教育为"群学之基"。梁启超在充分肯定教师的地位和作用的同时，还进一步总结洋务教育数十年来收效甚微的经验教训，他认为其根本原因是没有合格的教师，更没有培养教师的基地。当时许多新式学堂中，教习多用西人，梁启超认为这些西人对于中国的教育有五点不相宜（前面已叙述）。有感于没有胜任教育的师资，梁启超认为"学究必由师范学堂，使习于教术，深知其意也"②。所以从变法维新、改革教育、培养人才的视角出发，梁启超提出了师范教育是"群学之基"的思想。为此，他建议：自京师以及各省府州县，皆设小学，而辅之以师范学堂，以师范学堂之生徒，为小学之教习，而设师范学堂之教习，使课之以教术，即以小学堂生徒之成就，验师范学堂生徒之成就。三年之后，将那些可为教习的人选，汇集起来进行"大试"，"择其优异者为大学堂总教习，其稍次者为分教习，或小学堂教习"。这样便可鼓舞天下的学子，使后起之秀起而从师。"十年之间，奇才异能，遍行省矣"③。为解决急需师资，梁启超还建议每省可先办一所讲习所，"各县择年在三十以下，送三至五人，速成半年或一年。学成之后给以凭记，充各县小学教习"④。对于师范学堂的教学内容，他主张依日本寻常师范学校之制而损益之：一须通习"六经"大义；二须讲学历朝掌故；三须通达文字源流；四须周知列国情状；五须分格致之门，六须稔习诸国言语。他认为，开办师范学堂是根本。"不由此道，时曰无本，本之既拔，而曰灌溉其枝叶以求华实，时曰下愚"。（3）首创教

---

① 梁启超：《梁启超文集》（三），中华书局 1989 年版，第 13 页。
② 琚鑫圭、童富勇：《中国近代教育史资料汇编：教育思想》，上海教育出版社 1997 年版，第 209 页。
③ 宋嗣廉、韩力学：《中国师范教育通览·文献览》，东北师范大学出版社 1998 年版，第 990 页。
④ 琚鑫圭、童富勇：《中国近代教育史资料汇编：教育思想》，上海教育出版社 1997 年版，第 204 页。

育制度表。梁启超重视师范教育思想还体现在他首创的教育制度表中。1902年，他在《教育政策私议》中，模仿日本教育制度，根据学生身心发展状况，设计了一个学校教育制度表。表中他将师范教育独立设置，形成了寻常（普通）师范学校（相当于中学校，三年或四年）、高等师范学校（相当于大学校，四年）、师范大学（师范大学与大学院同，自由研究，不拘年限）这样一个比较完整、系统的体系。这是梁启超独立研究西方学制的结果，也是他重视师范教育的体现。

张謇是我国近代积极倡导并兴办师范教育的先驱之一。他十分重视师范教育，把师范教育喻为"教育之母"。他提出"兴学之本，只有师范"，"教不可无师"，"师必出于师范。欲教育普及国民原则同意不求则无导。故立学后须从小学始，尤须先从师范"①。"师范是普及根源、教育本位。"② 基于这一认识，他于1902年在南通创办了我国第一所民办的师范学校——通州师范学校，这是中国近代师范教育专设机关的起点之一。他的师范教育思想主要内容有：（1）重视师范师资建设。张謇认为决定学校质量好坏在于教师，因而提出了师资建设的独到的见解。首先，聘请与礼遇名师。他认为"经师易得，人师难求"，他坚持延请名流、任人唯贤、礼遇名师的用人方针。张謇利用他的声望，不惜重金，在全国各地大力招聘高水平的教师。学校先后聘请当时国内著名学者王国维、古代文学专家朱东润、博物名家陈师曾、社会学家季方、著名戏剧家欧阳予倩等大师。国内师资缺乏的现状，他先后从日本等国聘请多名外籍教师如本村高俊（日文）、吉泽嘉寿（理化、算术）等。同时，他又提出"若夫不胜任不规则教员，愿诸友互相检察，去其害群"③。这种广开才路、褒其当褒、贬其当贬的态度是值得赞许的。其次，提高教师的社会地位和物质待遇。张謇在重视师资队伍建设的同时，为鼓励人们学习师范，强调提高教师的社会地位和物质待遇，以"鼓舞习师范者，使有乐从教育之途"④。张謇对师范教育的重要性有着清醒的认识，他

---

① 张謇：《师范学校开学演说》，《张季子九录·教育录》卷一，中华书局1935年版，第54页。
② 张謇：《在北京商业学校开学演说》，《张季子九录·教育录》卷三，中华书局1935年版，第151页。
③ 张謇：《张季子九录·教育录》卷四，中华书局1935年版，第120页。
④ 张謇：《通州师范学校议》，《张季子九录·教育录》卷一，中华书局1935年版，第31页。

创造性地提出从政治上提高教师地位，主张"明定出身"，即授予师范毕业生学位，评定教师职称。"凡大学高等中等师范本科生毕业，准作贡生、举人、进士，给凭后试教各高等中等及小学 4 年。比较成绩，进士教高等学，最优者除国子监丞，次优者除博士。举人教中等学，最优者除博士，次优者除学正。"① 也就是对成绩优良者，按成绩依次授予管学大臣、祭酒、国子监丞、博士、学正、助教等官职。张謇还认为，国家必须给予老师一定俸额，满足教师适当的生活待遇，明确提出，"教员务求厚俸，供给务求丰旨"。② 张謇尊师重教的精神和提高教师待遇的设想，对稳定教师队伍、调动教师积极性具有激励作用，对提高教育质量也大有裨益。（2）严格教学管理，注重师范生质量，极力倡导优良的学风。张謇认为"师范是普及根源，教育本位"，"鄙人立志办师范学堂始于此"。③ 他认为办好师范教育是办好教育的基石。教师的好坏直接影响着学生的成长，因此必须注重师范学校的质量。为了提高教学质量，进行严格教学管理，采取了不少具有创造性的措施，严格招生条件，把住质量关。（3）严格教学秩序，反对放任自流。张謇对教学管理十分重视。他认为管理严格和放任，对学生的人格的培养和道德品质的形成，影响极大。他说："诸生知教育何义乎？以教为育，便是干涉，而非放任；放任者，野蛮之事；干涉者，文明之事。"④ 张謇强调学校就像座军营，一定要严格管理。"军队无放任，学校无放任，此今日世界各国之通例。军队放任，则不能以令，学校放任则师不能以教，将不能令则败，师不能教则师败。"⑤ 同时强调，"校章，管理法也，鉴理能行，诸生能守，是为师范之正轨。凡教之道，以严为轨；凡学之道，以静为轨。"⑥ 张謇也指出学生必须以学为主，"才须学也，学须静也，非学无以广才，非静无以成学。"⑦ 张謇创办的通州师范学校各方面有严格的规章制度，形成安静的环境，从而保证学生能专心致志地学习。（4）注重学风建设，倡导严谨学风。

① 张謇：《通州师范学校议》，《张季子九录·教育录》卷一，中华书局 1935 年版，第 31 页。
② 张謇：《师范学校开学演说》，《张季子九录·教育录》卷一，中华书局 1935 年版，第 54 页。
③ 张謇：《在北京商业学校开学演说》，《张季子九录·教育录》卷三，中华书局 1935 年版，第 151 页。
④ 张謇：《师范学校年假演说》，《张季子九录·教育录》卷一，中华书局 1935 年版，第 50 页。
⑤ 张謇：《论严格教育旨趣书》，《张季子九录·教育录》卷三，中华书局 1935 年版，第 138 页。
⑥ 张謇：《论严格教育旨趣书》，《张季子九录·教育录》卷三，中华书局 1935 年版，第 138 页。
⑦ 张謇：《论严格教育旨趣书》，《张季子九录·教育录》卷三，中华书局 1935 年版，第 138 页。

要建设优良学风，必须对学生严格管理。他说："师道贵严，中外同轨，非是则无所谓教，无所谓学……""师严然后道尊，道尊然后人知敬学。"张謇所倡导的"严师尊道"就是要求教师要有高尚的道德情操、渊博的学问、严谨的治学态度、诲人不倦的精神，这样的教师才能给学生作出表率，无形中去影响学生。（5）推行教学实习，开实习制度之先河。张謇强调师范学校必须设置附属小学，作为师范生，他说："师范数载之教养，备战具也，修战术也；附属小学之实习，战事之经历也。方案者，作战之计划也。评论者，使识其胜负原因之果何在也。"① 我国现今的师范教育都有实习制度，追本溯源，是张謇首创的。（6）注重毕业生考核，倡导资格证书制度。张謇认为"学生在校易见成效，因其团聚一处。有人教管之故"，但如何使"学生毕业后散至各地，单独行为之时，仍不失在校之优良？"② 为了保证师范毕业生质量，张謇对毕业生，采取进一步的考核办法。张謇参照德国的经验，提出，"凡师范生合格毕业后，得先为准教员。十年规划或三年教育有成绩者。得由地方劝学所教育会共同考察。颁发资格证书，聘为正教员。不及者延至五年。又不及者以其所长之一科为小学助教员，给助教员凭证，俸视准教员减三分之一。"③ 张謇所倡导的资格证书制度，无疑是远见卓识。我国1995年颁布的《教师资格条例》无疑证实了张謇的远见。（7）多渠道筹措师范教育经费，努力提高办学效益。教育经费直接影响着学校的规模和办学条件。张謇通过多种途径筹集教育经费。①通过创办实业，解决教育经费问题。②设立教育基金。张謇不仅提出多方集资办学的主张，还强调设立教育基金。他说："盖地方教育无已止之时，而个人担负有衰竭之日，非筹资产不能持久。"④ 为此，"劝由公司股东捐田九千余亩于师范，后起各公司，均有余地来充当教育慈善基本之规划"⑤。除了通过创办实业和设立教育基金来解决教育经费外，还采取一切措施勤俭治校，努力提高办学效益。

---

① 张謇：《通州女师范第一次本科实习教授评案序》，《张季子九录·教育录》卷三，中华书局1935年版，第133页。
② 张謇：《张季直先生教育谈》，《教育杂志》第9卷1号。
③ 张謇：《师范奖励约束补助呈学部》，《张季子九录·教育录》卷二，中华书局1935年版，第138页。
④ 张謇：《太虚以佛法批评社会主义录问答》，《政闻录》卷六，中华书局1935年版，第120页。
⑤ 张謇：《太虚以佛法批评社会主义录问答》，《政闻录》卷六，中华书局1935年版，第120页。

　　张謇的师范教育思想在当时是有一定代表性的，反映了中国教育界和其他各界人士的要求。他的远见卓识丰富了师范教育的理论与实践，对中国近、现代师范教育的发展做出了卓越的贡献，也促进了中国师范教育思想的发展，间接地促进了湖南师范教育思想的发展。

　　康有为、盛宣怀、罗振玉、张百熙、张之洞、严复等也论述了师范教育的重要性。

　　由上可见，发展师范教育已经成为了 19 世纪末 20 世纪初必须重视和解决的一大问题，不论是理论方面还是从具体操作层面，都为师范教育的创办和发展营造了良好的氛围、奠定了一定的基础。

# 第三节　民国时期中国知识界对师范教育思想的进一步探讨

　　随着中国师范教育的发展，民国时期中国知识界对师范教育思想进行了进一步探索。主要的代表人物是蔡元培、范源濂、陶行知、陈宝泉、李建勋、廖世承、陈鹤琴、晏阳初、杨昌济、徐特立、罗廷光、余家菊、张达善、郑晓沧、叶圣陶等，对以蔡元培为代表的文化教育界人士的师范教育思想进行综合分析，其主要思想主张体现在以下几个方面。

## 一、师范教育与国家前途相联系

　　蔡元培提出小学教师的重要性，而师范是培养将来的小学教员的。"小学教员在社会上的位置最重要，其责任比大总统还大些。"[1] 陶行知强调师范教育要从社会变革和社会需要出发。陶行知是第一个把师范教育提到与民族命运、国家前途密切关联的高度来阐明其地位和作用的教育家。"要造就适当的国民，须有适当的教员"。[2] 而培养教员就要有师范，所以"师范学校负培养改造国民的大责任，国家前途的盛衰，都在他手掌之中"，[3] "国家

---

①　《北京大学日刊》1921 年 2 月 24 日，第 815 号。
②　陶行知：《陶行知全集》（第 1 卷），四川教育出版社 1991 年版，第 166 页。
③　陶行知：《陶行知全集》（第 1 卷），四川教育出版社 1991 年版，第 166 页。

所托命之师范教育""可以兴邦，也可以促国之亡"。① 陈宝泉就任北京高师之初，就提出师范教育的重要性问题。他认为师范教育和普通教育不同，师范教育不仅关系教育的发展，并且关系国家之生死存亡。"夫教育为国家命脉，师范为教育胚胎。故师范之责任直接以发达教育，即间接以巩固国家"。② 他还认为师范生应该加强责任心，应该认识到自己肩负的责任之重。因此他在北京高师学生毕业会上勉励学生："持其真固不渝之目的，奋其强毅不挠之精神，以教育事业为第二生命，以师范名誉为无上财产，默观世界文明之趋势，审吾国学术之缺点，以抟注而匡补之。"③ 由此得知，师范教育的成功关系到国家的前途。

## 二、师范教育的进行办法

蔡元培认为师范生须广才硕学，兼长并进。"一个师范生可以办一个小学，师范生的程度，必须各科都好，才能担负这种责任。所以师范生须兼长并进，不能选此舍彼。"④ 他强调师范生对"教育、管理之术、心理之学"不可偏废，要求他们掌握教育科学。因此，在《师范学会章程》中规定会员必须学习"管理法""育成法""教授法"三科。

陈宝泉对师范教育进行的办法分为：（1）德育方面。把道德教育视为整个教育之根本，视为人生的基础。他指出："道德是人生的根本，若没有道德，无论身体如何强壮，智能如何富足，最终算不了一个完全人。"⑤ 他勉励北京高等师范学校毕业生："况师范生在修业时仅负成己之责任，至毕业后则兼负成人之责任。故鄙人所深冀于诸生者，在具有责任心而已。而所以保持此责任心者，在具有高尚之思想与坚忍之志操。"⑥ （2）智育方面。陈宝泉认为知识是国家富强之本，认定世界上国家之间的竞争实际上是国民智能的竞争，"盖今世商战、工战，无非学战"。⑦ "如今的世界就可算是智能

---

① 陶行知：《陶行知全集》（第 1 卷），四川教育出版社 1991 年版，第 161 页。
② 沈云龙：《近代中国史料丛刊》，台湾文海出版社 1970 年版，第 101 页。
③ 沈云龙：《近代中国史料丛刊》，台湾文海出版社 1970 年版，第 101 页。
④ 《北京大学日刊》1921 年 2 月 24 日，第 815 号。
⑤ 蔡德生、刘立德：《陈宝泉教育论著选》，人民教育出版社 1996 年版，第 10 页。
⑥ 沈云龙：《近代中国史料丛刊》，台湾文海出版社 1970 年版，第 65 页。
⑦ 蔡德生、刘立德：《陈宝泉教育论著选》，人民教育出版社 1996 年版，第 67 页。

的竞争。国民的智能高一度，国家亦随着高一度。无智能的国民，遇着有智能的国民，是没有不败的。……人民的智能高了，国家的文明亦就一日高似一日了"。① 陈宝泉把智育上升到了国家兴亡的高度，他认为只有国民的整体素质提高了，国家才能富强，因而他十分重视知识的普及工作，强调使人人的智能提高。他指出："一国之中，依赖人多，那国必贫弱；人人全能独自谋生，那国必然富强。所以国家若求富强，必须人人能独自谋生。若要人人能独自谋生，必须令人人有普通的知识技能。"② （3）体育方面。陈宝泉深受民初"军国民教育"思想的影响，十分重视体育教育。他认为中国人的体格并不是先天的孱弱，而是缺乏锻炼之故。"健康之精神，来源于健康之身体，诚为不磨之论。"③ （4）社会教育方面。陈宝泉十分重视社会教育，重视高师与社会的互动，重视高师学生的社会实践，支持高师学生参加社会教育。他主张学校有改良社会的重要功能，主张学校与社会良性互动。"盖教育事业是替社会作一种预备，假使教育与社会独立，不与社会联络，那是一种和尚。和尚教育只可用于寺院，用于社会是万不行的。教育家关于办教育如何能与社会相适应？必须采用一般人意见，需要与社会相适应的"。④ 也就是说，学校的目的在于教会学生解决个人生活的问题，进而学校与社会发生关系，达到改良社会的目的。（5）爱国主义教育方面。最后应该指出的是，陈宝泉对智育、德育、体育等的重视不是孤立的、相互割裂的，而是互为补充、相互协调、共同发展的。也就是说，陈宝泉重视各种教育方法的协调发展，师范教育的最终目的——为创造有人格的教育者服务。"既变化其气质，又陶冶其性情，总期身心调和以造成完全之人格而已"。⑤

### 三、广义的师范教育思想

陶行知强调师范教育的社会价值就是要"合用"。他认为创办师范教育要符合社会的应用，也就是看师范教育是否符合社会发展潮流和发展需要。

---

① 蔡德生、刘立德：《陈宝泉教育论著选》，人民教育出版社1996年版，第8页。
② 蔡德生、刘立德：《陈宝泉教育论著选》，人民教育出版社1996年版，第8页。
③ 蔡德生、刘立德：《陈宝泉教育论著选》，人民教育出版社1996年版，第68页。
④ 沈云龙：《近代中国史料丛刊》，台湾文海出版社1970年版，第111页。
⑤ 沈云龙：《近代中国史料丛刊》，台湾文海出版社1970年版，第110页。

陶行知要求师范教育要培养一流教育家。从师范教育的社会价值出发，他认为培养合格的教师是师范教育的根本任务。在提倡新教育时期，他对新教员提出以下希望：第一，"要有信仰心"；第二，"要有责任心"；第三，"要有共和精神，事事与学生共甘苦"；第四，"要有开辟精神"；第五，"要有试验精神面貌"。陶行知认为，"师范教育要符合全部学制的需要"。陶行知提出了"广义的师范教育"思想。他说："师范教育制度是应当符合全部学制的需要的"。"教育界要什么人才，就应该培养什么人才"，"教育界各种人才要什么，就该教他什么"。① 广义的师范教育思想对师范教育的办学方向、性质、任务、结构模式、培养目标、教学机制、管理体制都赋予了内涵。一是确立面向大教育的师范教育办学方向，大教育也就是陶行知所讲的终身教育和全民教育；二是全方位的师范教育功能，根据时代对教育人才的要求培养合格的人才；三是多元化的师范教育结构，师范教育功能的全方位，决定了其结构模式的多元化和灵活性。② 陶行知设计的师范教育结构模式是立体交叉、纵横沟通、灵活多样、正规化和机动性相结合的，不仅有以培养未来教育人才为主要任务的教育研究院、教育科大学、高级师范、中级师范、初级师范、幼儿师范、女子师范，而且有大学教育科、中学师范班、中心小学师范班、大中学校的职业教员养成所等。陶行知能够从终身教育和全民教育出发，提出广义的师范教育思想，这是难能可贵的。

## 第四节　民国时期湖南师范教育思想的提出

在西方教育思潮的影响下，在全国师范教育思想的鼓动下，湖南有识之士逐步选择兴办教育作为救国强国的方略。民国时期湖南著名的教育界人士主要代表人物有胡元倓、朱剑凡、陈润霖、何炳麟、杨昌济、徐特立、易培基、朱经农、廖世承等人。胡元倓、朱剑凡、陈润霖、何炳麟等人主要的教

---

① 陶行知：《陶行知全集》（第1卷），四川教育出版社1991年版，第216页。
② 徐志刚、肖寿疆：《简论陶行知的师范教育思想》，《辽宁工程技术大学学报》（社会科学版）第3期，第333页。

育活动是创办学校，在学校的创办和发展上做出了巨大的贡献。师范教育思想较为丰富的是杨昌济、徐特立和廖世承等人。选择杨昌济、徐特立和廖世承的师范教育思想进行分析。

杨昌济（1871—1920），湖南长沙人。1903 年春去日本留学，1913 年回国，先后在湖南省立高等师范学校、省立第一师范学校、北京大学任教。1914 年写成了有关教育的著作——《教育学讲义》。同时，发表过许多有关教育的文章，其中体现了他的师范教育思想。杨昌济师范教育思想的主要内容包括：（1）立志于教育的奉献精神。1913 年，杨昌济留学归国后，针对当时社会上"政争汹汹，仅免破裂，人心风俗不见涤荡振刷焕然一新之气象，有首先腐败一落千丈之势"的状况，大声疾呼："欲图根本之革新，必先救人心之陷溺。国民无道德，虽有良法，未由收效……欲救国家之危亡，舍从事国民之教育，别无他法。"① 他主张大力普及国民教育的同时，更以"强避桃源作太古，欲栽大木柱长天"的崇高心愿，为培养能"经纶天下""扶危定倾"的栋梁之材而奔走呼号。他强调一个人要想树立远大的抱负，就要有为国家为民族而勇于自我牺牲的献身精神。（2）建立了较为完善的教育教学思想体系。杨昌济作为一位职业教育家，建立了比较完善的教育教学思想体系。其一，关于教育的本质。杨昌济认为，所谓教育，是"有目的、备方案，予人以意识的感化"。其二，关于教育的作用。杨昌济认为教育的作用在于"倡民族之精神"，"救人心之陷溺"，图社会"根本之革新"，最终达到感化人之目的。其三，关于教育的目的。杨昌济认为，教育的目的是把受教育者培养成为适应社会需要的有用之才。其四，关于教育的方法。杨昌济认为，启发学生智力的方法可以概括为两点：一是"教授"；二是"训练"。两者有着不可分割的联系，即为教授之时同时为训练，为训练之时同时为教授。当然，两者的目的和侧重点也有所不同。"教授"的目的是授予学生知识，培养其"发达身心之能力"；而"训练"则主要是端正学生的意志和培养性格的发展方向，使他们养成优良的品质和良好的习惯。他还主张采用启发式教学，反对注入式教学。其五，关于教师的基本要求。他对教师

① 杨昌济：《杨昌济文集》，湖南教育出版社 1983 年版，第 45 页。

提出四项基本要求：一是教师要有事业心和责任感。二是教师要做到言传身教。他认为，"教育者之行为若不违其言，其影响于被教育者必甚大"。① 三是教师要具有渊博的文化和专业知识。他认为教师不仅要精通本学科，而且要熟悉与之相联系的学科，这样才能触类旁通。四是教师要注意修身养性，时刻保持旺盛的精力。倡导教师"要善养生，使精神有余，然后能使弟子的精神振动"。② 其六，提出普及教育的观点。杨昌济认为，普及教育是"强国保种"的重要途径。他说："余思吾国今日，不仅当注意于儿童之教育，又当注意于年长者之开通；不当徒为身家殷实之子弟图远之前程，尤当为家道维艰之子弟图谋生之良计。"③ 杨昌济的师范教育思想对教育和培养一大批有抱负的学生有着深刻的影响和作用。据《新民学会会务报告》报道，"新民学会"之所以能够产生重大影响，除了"诸人大都系杨怀中先生的学生"外，"与闻杨怀中先生的绪论，作为一种奋斗的和向上的人生观"的影响是密不可分的。④ 故此，有学者称杨昌济是"新民学会"的"精神导师"，这确非夸大之词。

徐特立（1877—1968），湖南长沙县人，一生从事教育事业。从 18 岁开始在乡村教蒙馆从教 10 年。1912 年，为了普及长沙城乡的小学教育，他和时任长沙县首任知事姜济寰商议，拟创办 1000 所小学校。为了培养更多的教师，首先创办长沙师范学校，培养迫切需要的小学教师。又先后在五美乡办起了 50 余所小学。1913 年至 1919 年，徐特立兼任湖南第一师范学校的教育学、各科教学法及修身等科的教员，其间还兼任过实习主任。此外，他还在省立第一女师和周南女校兼课。他还一度被湖南高等师范学堂聘为教师。1924 年回国后创办了长沙女子师范学校。1925 年至 1927 年，一身兼任省立第一女子师范、县立长沙师范和私立长沙女子师范三所学校的校长。1927 年至 1949 年，先后在革命根据地创办列宁师范、鲁迅师范以及各种师范培训班。他的师范教育思想较为丰富且深刻，对湖南师范教育的发展做出了卓越

---

① 杨昌济：《杨昌济文集》，湖南教育出版社 1983 年版，第 113 页。
② 杨昌济：《杨昌济文集》，湖南教育出版社 1983 年版，第 114 页。
③ 杨昌济：《杨昌济文集》，湖南教育出版社 1983 年版，第 115 页。
④ 湖南省博物馆：《新民学会资料》，人民出版社 1980 年版，第 2 页。

的贡献，丰富了民国时期湖南师范教育思想。

徐特立师范教育思想主要内容如下：（1）办学形式多样化。为了达到一定的目的，必然采取相应的形式。徐特立为了快速培养教师，解决师资短缺的问题，采取多种形式，创造了灵活办学的方式。1912 年，他创办长沙师范时就采取了 3 种办学形式，招收的 6 个班中，有两个四年制本科，两个一年制讲习科，两个半年制讲习科。在江西中央苏区领导发展师范教育时，既有小学教员训练班，又有短期师范学校；既有初级师范学校，又有高级师范学校。在学习期限上，既有十天、半个月的，也有两三个月、半年、一年的；既有寒假办的，又有期中办的。多样化的办学形式，对加速教师的培养，推动师范教育的发展起到了重要的作用。（2）实行民主办校。徐特立创办的长沙师范和长沙女子师范，是私立或半私立的，校长有权处理校内一切，但他不独断专行，而是采取民主管理的办法，在校内组织校务会，成立学生会，让师生共同参与管理。召开校务会时，必让两名以上的学生代表参加，校内的重要事务，都开校务会讨论，通过后才执行。他对学生既严格，又民主。即使处理犯错误的学生，也坚持同学生一起研究，允许学生申辩，不轻易处分、开除。长沙师范有个学生多次违反校规，学校决定开除，徐特立听了这个学生的申诉后，认为他仍可改好，便说服校务委员会的教师，恢复他的学籍。徐特立这种高度民主的办校思想，对今天我们调动师生的积极性，民主治校，办好学校，很值得借鉴。（3）关爱学生，以培养人才为重。教育是有情之事，是培养人才的大事。教师热爱教育事业，就必须关心、热爱自己的教育对象——学生。徐特立在办学过程中，尤其关爱贫苦学生。他曾回忆说："我平时最喜欢贫苦学生。"[1] 他认为爱学生是爱教育的重要表现，爱学生又是教好学生的前提。另外，他十分注重文化基础知识的教学，认为这样才能提高学生文化知识素质。特别是 1920 年 8 月他在法勤工俭学时还给长沙师范写信，信中提出"科目注重算术、几何（平面）、理科、国文"[2]。这种见解非常符合师范教育的特点。因为师范教育是培养中小学教师的，而中

---

[1] 徐特立：《留法老年学生之自述》，《徐特立教育文集》，人民教育出版社 1986 年版，第 5 页。
[2] 徐特立：《徐特立文集》，湖南人民出版社 1980 年版，第 25 页。

小学教育都是基础教育，师范生如果没有广博而牢固的基础知识，就很难成为一位合格的中小学教师。（4）师范教育的课程设置。①德育居诸科之首。他在长沙办学期间，就设置伦理课程，并主教伦理学和修身科。②把科学课放在重要位置。他把文、史、地、数、理、化、生、劳作放在教学重要位置，并亲自给师范生上这些文化基础课和劳作课。后来，他在苏区创办列宁师范，课程设置主要有语文、算术、历史、地理、政治、图画、唱歌、生理、体操、游戏、劳作、自然常识等。他编出的教材，是适用的，科学教育性很强，又理论联系实际，包含丰富的历史知识和自然知识，能满足学生求知的欲望。③注重艺术课。他主张师范生要能歌善舞、会写会画，强调技能技巧的训练，注重美育教育。1933 年 10 月，由他在中央预算苏区签发的教育部《小学课程与教学草案》里，对图画课做出了明确规定："初年儿童喜欢画动的东西，喜欢画自己要发表的东西，所以初年画的图画，是自由画。第二学年由自由画，到概形的写生，以发展的观察力、想象力。第三学年在第二学年的基础上，扩大和加深写生作画和图案并重。第四学年在各种的自然物和人工物的写生和临画中，兼学习在图画常用的各种法则。"（5）坚持教书与育人并重思想。晋代袁宏《汉纪》有言："经师易遇，人师难遭。""经师"是传授人学问，"人师"是教人行为，教人做人。徐特立也有句名言："教师是有两重人格的，一种是经师，一种是人师。"无论是在长沙还是在苏区，他既当师范学校的校长，又当教员，又种菜，又做饭，又扫地，又摇铃，还亲自动手维修，什么都干。他的言行使学生潜移默化中受到感染。同时，他对学生十分关爱，一直以慈母般的情怀，教养兼施，特别对贫苦学生更是关怀备至。曾经沐浴徐老教泽的著名诗人、戏剧家田汉，就对徐老的关心、培养及物质资助终生难忘。综上所述，徐特立的师范教育思想在湖南乃至中国近、现代师范教育史占有突出的地位，他是集思想与办学活动于一身的教育家，为湖南的师范教育发展做出了很大的贡献。

廖世承（1892—1970）是中国现代著名的教育家。1938 年创立中国第一所独立师范学院，长期致力于高等师范教育事业。因而对如何办好高等师范教育提出了精辟的见解，形成了颇有见地的高等师范教育思想。廖世承师范教育思想的主要内容包括：（1）教育中最重要的是师范教育。廖世承认为抗战、建国均离不开教育，而在各类教育中，师范教育尤其重要。他说："教育方面最重要的，当然是师范教育，没有良好的师资，各级教育，都不会上轨道。"① 这是由师范教育的特殊性所决定的。第一，师范教育有开风气之功能。教育具有"化民成俗"的功能，而师范教育肩负培养教师的重任，所以廖世承说："转移风气的责任，在学校，在教师。"② 具体表现如下：①师范教育可以引导世人重视教育。"师范学院的第一种使命，在树立共同的普遍的教育信念。"③ 廖世承认为通过严格的师范训练可以培养出德才兼备的师范生，他们踏入社会，便会成为敬业乐群的好教师。一方面，这些师范生和教师的敬业精神可以于无形中感化世人；另一方面，他们可以深入民众，耐心讲解，起宣传教育的重要作用，以唤醒世人对教育的重视，从而改变社会上不重视教育的不良习气。②师范教育可倡导"修习实用"之风。③师范教育可倡导教育的亲民之风。由此可见，师范教育对于提高公民素质，倡导社会新风的确有重要作用，廖世承把开风气看作师范教育的一项特殊功能。第二，师范学院是倡导实验的中心。20世纪20年代，教育实验之风在中国大地上悄然兴起，廖世承提出为确保实验的可信度，一方面要依据科学方法搞实验，另一方面要慎重选择实验的实施者和实施机构。主张"局部的问题，可由各校自行尝试；重要的问题须有政府主持，指定学校试验。而各种实验的中心工作，必须由师范学校来负担"④。其原因有三个方面：①"因师范学院为研究教育学术的中心"⑤；②"因师范学院与中小学校保持密切的联系"⑥；③训练有素的师范生毕业之后，服务于社会可将实际问题及时反馈于母校，以供专家讨论。廖世承首推高等师范学校为教育实验工作的中心是有一定科学依据的。第三，师范学院是教育指导的中心。廖世承指出："师院不独应为实验的中心，且应为教育指导的中心。"⑦ 主要表现在以下三方面：①"师范学院应与区内教育行政机关密切联系，并为该区

---

① 汤才伯主编：《廖世承教育论著选》，人民教育出版社1992年版，第438页。
② 汤才伯主编：《廖世承教育论著选》，人民教育出版社1992年版，第440页。
③ 汤才伯主编：《廖世承教育论著选》，人民教育出版社1992年版，第490页。
④ 汤才伯主编：《廖世承教育论著选》，人民教育出版社1992年版，第493页。
⑤ 汤才伯主编：《廖世承教育论著选》，人民教育出版社1992年版，第493页。
⑥ 汤才伯主编：《廖世承教育论著选》，人民教育出版社1992年版，第493页。
⑦ 汤才伯主编：《廖世承教育论著选》，人民教育出版社1992年版，第493页。

中等教育之大本营"①；②"师范学院除着重学科训练外。并须注意专业训练，最有效之专业训练，在实地练习"②；③"师范学院应辅导大学中其他学院学生及一般民众，了解教育问题了解教育的价值"③。总之，就高师教育与社会教育的关系而言，宏观上，高师立足于理论的高度，从社会需要出发来调适，规划社会教育的发展方向；微观上，可以为其提供合格教师，确保社会教育的顺利进行。综上所述，廖世承在对师范教育的特殊性进行深刻分析的基础上，提出了"教育中最重要的是师范教育"的论断。（2）师范学院要独立设置。廖世承不仅重视师范教育，而且还明确主张师范学院要独立设置。这一思想的提出与"六三三"学制密切相关。他列举了师范学院附设大学的缺点：第一，"年限不同，待遇各异，师范学院学生与大学其他学院学生，互相歧视"④。第二，"师院与文理学院之设系虽同，而主旨不一"⑤。第三，"大学校长对于师范类多不感兴趣，欲其以身作则，积极倡导，难望有成"⑥。大多数大学校长皆非出身师范，对师范教育的特殊性知道很少，因此，依靠他们来管理师范院系是不太可能的。第四，"师范训练严格，不若大学教育之较为自由，方针既异，设施为难"⑦。师范生担负培养下一代的重任，人格、学业上都须有更为严格的训练，而在气氛自由的综合大学中，不免受其感染，不利于成长。廖世承提出师范学院要独立设置的观点，在当时具有振聋发聩的作用，符合当时高等师范教育发展的实际情况。（3）"教师是学校的命脉"。办好一所师范学院与办好其他学校一样，最重要的是教师。廖世承说："一个学校的最后成功，就靠着教师，无论宗旨怎样明确，课程怎样有系统，训育怎样研究有素，要是教师不得人，成功还是没有把握。"⑧ 这是因为：首先，就学校管理而言，"校长一个人的力量，究属有限，方案的执行还须靠全体教师"⑨。其次，就教导学生而言，

---

① 汤才伯主编：《廖世承教育论著选》，人民教育出版社 1992 年版，第 494 页。
② 汤才伯主编：《廖世承教育论著选》，人民教育出版社 1992 年版，第 494 页。
③ 汤才伯主编：《廖世承教育论著选》，人民教育出版社 1992 年版，第 494 页。
④ 汤才伯主编：《廖世承教育论著选》，人民教育出版社 1992 年版，第 490 页。
⑤ 汤才伯主编：《廖世承教育论著选》，人民教育出版社 1992 年版，第 490 页。
⑥ 汤才伯主编：《廖世承教育论著选》，人民教育出版社 1992 年版，第 490 页。
⑦ 汤才伯主编：《廖世承教育论著选》，人民教育出版社 1992 年版，第 490 页。
⑧ 廖世承：《我国中等教师的概况》，《教育杂志》第 17 卷第 7 期。
⑨ 汤才伯主编：《廖世承教育论著选》，人民教育出版社 1992 年版，第 405 页。

教师对学生品性的塑造有着潜移默化的作用。"有身心健全之教师，而后有身心健全之儿童。"① 再次，就教学质量而言，教师是根本保障。名师出高徒正是最有力的说明。据此，廖世承强调要慎选教师。（4）注重师范训练。师范生不同于普通大学生，肩负着培养祖国下一代的重任。廖世承在办学过程中特别注重师范训练，主要内容如下：①树立牢固的专业思想。②砥砺高尚的人格，磨砺坚强的意志。③既要注重专科训练，又要重视专业训练。所谓专科训练，即是学习某一门具体学科的知识。所谓专业训练即是学习教育学和心理学知识。廖世承认为，应该把高师学生培养成为"文理双修，学术兼重之中学教师"。② ④加强体育训练。廖世承非常注重对师范生进行体育训练。他认为，一方面，体育是德育、智育的物质基础。"健全的精神，寓于健全的身体之中……青年应先有健康的身体，而后有活泼的精神，而后能持久探讨高深学问。"③ 另一方面，师范生是未来的施教主体，不仅他们的身体素质与教学质量密切相关，而且他们是否具有良好的运动习惯会在很大程度上感染青年学生。"有身心健全之教师，而后有身心健全之儿童。"④
（5）提倡艺术训练。（6）强调团体生活训练。廖世承从六个方面论述了师范教育的内容。这些真知灼见是他长期思考、探索、实践的总结，经受了历史的考验，值得我们研究、借鉴。廖世承从事高等师范教育长达三十余年，长期的教育实践，使他清醒地认识到师范教育对于整个教育事业乃至整个社会发展所起的积极作用，明确提出"教育方面最重要的，当然是师范教育"。他主张师范学院要独立设置，在坚持师范性的同时，要加强学术性，要挑选"学识渊博，且富有教学经验，具有教育热诚"的教师担任师范学院的教师，必须加强学生的师范训练等等。廖世承的这些师范教育思想，不仅对当时湖南乃至全国高师教育的发展做出积极贡献，而且对当今高等师范教育的发展提供了有益的启示。

以杨昌济、徐特立和廖世承为代表的湖南教育界有识之士对师范教育的认真探讨，以及开展极有意义的实践活动，促使湖南师范教育事业逐步兴盛起来。

---

① 汤才伯主编：《廖世承教育论著选》，人民教育出版社 1992 年版，第 475 页。
② 汪德耀：《学务概况》，《国师季刊》第 1 期。
③ 汤才伯主编：《廖世承教育论著选》，人民教育出版社 1992 年版，第 475 页。
④ 汤才伯主编：《廖世承教育论著选》，人民教育出版社 1992 年版，第 475 页。

# 第三章 民国时期湖南师范教育演变的历史轨迹

　　1911 年 10 月 10 日，爆发了划时代的辛亥革命。辛亥革命的伟大胜利，结束了中国两千多年的封建君主专制制度，开启了中国社会发展的新历程。中国教育的发展揭开了新的一页，湖南教育的发展也步入一个新的天地，湖南师范教育的发展进入民国时期。到了民国时期，湖南师范教育发展的速度在加快，各师范学校的特色越来越明显地凸现出来，办学成绩也十分显著。但与此同时，民国时期的局势的动荡不安和充满变数，给湖南师范教育的发展造成了影响：先是复古的思潮泛滥，军阀混战在湖南激烈地展开；然后是国共两党在以湖南为中心之一的广大范围内展开较量，以及日本侵华势力使沿海许多机构和人员向湖南境内转移；再就是日本侵略者攻入湖南；最后又是国共两党势力在湘的争夺和中国共产党的胜出。短短几十年，多少支政治力量轮番在三湘大地上展开表演与厮杀，使身处其中的师范教育无法正常和稳步地发展。然而，尽管有许多遗憾，但在战火中成长的师范教育在民国时期仍取得令人瞩目的成绩。其能从战火中顽强地走过来，这本身就是非常了不起的成绩，而且还培养了大批的专业人才，以及传递着时代急需的一种坚忍、爱国、创新的精神。也在延续着一种湖南特有的现象，即在经济尚不发达的地方文教昌盛。可见，民国时期湖南师范教育的发展具有坎坷崎岖、跌宕起伏的特色。这一时期应如何分期，各个时期呈现出一些什么特点？对这个问题的研究，有利于把握民国时期湖南师范教育的特质及发展的规律。考察、审视民国时期湖南师范教育发展的整个历程，辨析其演变的规律，可将民国时期湖南师范教育分为初步发展时期（1912—1922 年）、师范与中学合并时期（1923—1932 年）和复兴和曲折发展时期（1933—1949 年）。这三个时期既有原有成分的继承、延续，也有新因素的增长与嬗变，因而形成了民国时期湖南师范教育的繁荣、多样化、超前性、办学效益较高的特点。

# 第一节　湖南师范教育的初步发展时期（1912—1922 年）

清末"新政"时期所形成的师范教育体制，虽然具有了近代师范教育的基本形式，但就其本质而言，无可否认的是一种封建教育。辛亥革命胜利后民国成立伊始的 1912 年到 1913 年初，教育界即根据新的社会需求适时对包括师范教育在内的整个教育体制进行了变革，从而基本上实现了师范教育体制的社会转型。

## 一、民初中国师范教育的改革

1912 年 9 月、12 月和 1913 年 3 月教育部相继颁布了《师范教育令》、《师范学校规程》和《师范学校课程标准》等一系列的师范教育法令法规，对师范教育进行了改革。

1. 明确了师范教育的办学指导思想

教育部对师范学校的办学指导思想等做出了具体的规定，如在教养学生的要旨上，提出要培养学生健全的人格，如"陶冶情性，锻炼意志，为充任教员者之要务，故宜使学生富于美感，勇于德行"，如"爱国家、遵宪法、为充任教员者之要务，故宜使学生明建国之本原，践行国民之职分"。相应地还要求培养学生独立博爱的精神和注重实践的习惯，与所规定的教育方针（即注重道德教育，并以实利教育、军国民教育辅之，更以美感教育完成其道德）颇为一致，在一定程度上根据师范教育的特点对教育方针进行了落实。

2. 中等师范教育制度的改革

在师范学校的培养目标上，上述有关中等师范教育的法令法规规定中等师范学校以"造就小学校教员为目的"，并明确将女子中等师范教育和幼儿师范教育纳入中等师范教育体系。同时，将清末的师范学堂以府立为原则改为以省立为原则，经费从省经费支给，并规定县和私人经省批准后也可开办师范学校。

总体上看，民国初期对中等师范教育的改革与清末的中等师范教育相比，师范性更为突出，也更为灵活，如在课程科目中设置了选科，并采用了学分制等。但不可否认的是，这一变革是在清末的师范教育的基础上进行，没有从总体上改变清末"新政"中所设定的师范教育体制。这不是民国初期教育界的改革者对旧的师范教育体制改革得不彻底，而是因为清末的中等师范教育在形式已具有了近代师范教育的基本性质，从而这一时期的教育改革者们也就不会也不可能将中国教育中已具有的近代中等师范教育形式完全删除。正是在前人的基础上，民国初期的师范教育改革取得明显的进步，为民国初期中等师范教育的发展打下了一定的基础。

3. 高等师范教育的改革

1913 年 2 月公布了《高等师范学校规程》，3 月，又公布了《高等师范学校课程标准》《女子高等师范学校规程》等一系列高等师范教育法令法规，对高等师范教育进行了改革。将原优级师范学堂改称高等师范学校，改原来的省立为国立。在学校的内部结构上，公共科改称预科，分类科改称本科，加习科改称研究科。本科的专业分类在原基础上有所扩大或分得更细，即分为国文部、英语部、历史地理部、数学物理部、化学物理部和博物部。同时，高等师范学校可设专修科，培养师范学校和中学急需的某科教员，设选科培养师范学校和中学的某一科教员。修业年限为预科 1 年，本科 3 年，研究科 1 年或 2 年，专修科 2 年或 3 年，选科 2 年以上 3 年以下，与原来基本相同。规定高等师范学校应附设中学及小学，本科第 3 年和专修科的最后 1 学年必须到附属中、小学实习。

在课程设置上，本科的通习科目为伦理学、心理学、教育学、英语和体操，明确地将心理学从教育学中独立出来。国文部的课程为国文及国文学、历史、哲学、美学、言语学；英语部的课程为英语及英文学、国文及国文学、历史、哲学、美学、言语学；历史地理部的课程为历史、地理、法制、经济、国文、考古学、人类学；数学物理部的课程为数学、物理学、化学、天文学、气象学、图画、手工；物理化学部的课程为物理、化学、数学、天文学、气象学、图画、手工；博物部的课程为植物学、动物学、生理学及卫生学、矿物及地质学、农学、化学、图画。另外，以世界语、德语、乐歌等课程为各部的选修课程，英语部还可学习法语。可见，与清末的优级师范学堂的课程比较，民国初期高等师范教育学科划分更细致和科学，课程开设中西结合且灵活。

在招收学生上，规定预科招收师范学校、中学及有同等学力的学生，预科生以公费生为主，酌情收录自费生，本科由预科升入；专修科和选科则以自费生为主。义务教育服务年限本科公费生为 6 年、专修科公费生为 4 年，但到边远地区服务者分别为 4 年和 3 年，本、专科自费生服务年限减半。

总之，民初高等师范教育的改革促进了中国高等师范教育的发展，各省纷纷将原来优级师范学堂改建为高等师范学校，为各省师范学校及中学培养大量的师资力量。同时，各省高等师范学校的建立导致全国财力紧张和高等师范教育发展不合理，为后来的高等师范分区制推行埋下了伏笔。

## 二、初步发展时期湖南师范教育的概述

### 1. 湖南中等师范学校的变革与发展

湖南教育行政当局根据教育部精神，首先，为消除省内畛域之见，将中、西、南三路师范学堂分别改称第一、第二、第三师范学校，地址不变。其次，在长沙、桃源、衡阳分别设立第一、第二、第三女子师范学校，以促进女子师范教育的发展。1913 年，第四师范学校在长沙成立，但次年起并入第一师范学校。1915 年，第二、第三女子师范学校曾一度被改为中学，翌年省议会认为此举"有碍女学前途"，决议要求恢复。不久，第二、第三女子师范学校又恢复招生。以上为省立 6 所师范学校的创办情形。

除了省立各种师范学校外，县立和联合县立师范学校纷纷成立。如县立长沙师范学校和九澧联立女子师范学校。长沙师范学校不仅是全省第一所县办正规的中等师范学校，而且在教育质量上与省立师范学校不相上下。县立女子师范学校最早的为湘潭县立女子师范学校，[①] 它创办于 1912 年，学制为

---

① 宋焕达：《湖南中等教育之过去与现在》，《湖南大公报十周年纪念册》第 44 页。

5 年。① 平江、攸县、醴陵、安化、郴县、益阳等县也都先后创办了县立师范学校，但一些县立师范学校初期多为师范讲习所或师范讲习科，属短期培训性质。联合县立师范学校以 1913 年澧县、石门、安乡、临澧、慈利、大庸 6 县联合在澧县创办的九澧联立女子师范学校为最早，② 随后一些县也联合设立师范学校，但为数不多。

至于私立师范学校，则以女学为主，如私立周南女子师范学校、私立濂溪女子师范学校、私立进修女子师范学校等。1912 年，全省师范学校共 31 所，在校学生 7799 人，而同年全国师范学校共 253 所，学生 28525 人，湖南所占比例分别为 12% 和 27%，这是比较高的。但之后由于政局动乱，经费困难，一些师范学校不得不停办。至 1914 年，全省师范学堂减至 28 所，学生人数也大量减少。尽管如此，湖南的师范教育在一些有志之士的苦心擘画下，在全国仍是办得较好的。1915 年，教育部在《记全国师范学校事项》一文中评述道："现在全国师范学校……各省报部备案者，约计 141 所，就中比较，以江苏、奉天为多，浙江、湖南、四川、广东、云南次之。……现有学校数，以江苏、奉天、湖南为多。……若夫办理成绩，江苏、直隶、浙江、湖南较为可观。"1917 年湖南师范学校 16 所，学生 2433 人。1918 年湖南师范学校也是 16 所，学生 2505 人。③ 1920 年湖南师范学校 28 所，学生 5091 人。④ 由此可知，民国初期湖南师范教育成绩斐然。

在师范学校学科与课程设置上，设本科，分为第一部和第二部，并设预科。所谓第一部，即将以前的完全科改称第一部，修业年限为 4 年，在第一部下设预科；所谓第二部，即将以前的简易科改称第二部（可视地方情形决定是否设置），修业年限为 1 年。规定高小毕业或年龄在 14 岁以上与有同等学力者可入预科，预科毕业或年龄在 15 岁以上与有同等学力者可入本科第一部，中学校毕业或年龄在 17 岁以上者可入本科第二部。学生入学后有 4 个月的实习期，学生分为公费生、半费生和自费生三种，规定教员必须经检

① 湘潭县教育局教育志编写组：《湘潭县教育志》，1988 年版，第 108 页。

② 湖南省地方志编纂委员会编：《湖南省志·教育志》（上册），湖南教育出版社 1995 年版，第 621 页。

③ 中国第二历史档案馆编：《中华民国史档案资料汇编》（第 3 辑）（教育），江苏古籍出版社 1991 年版，第 340 - 349 页。

④ 《湖南省教育会年鉴》（1922 年），第 1 - 4 页。

定委员会认可。

在学习科目上，与清末相比有一些调整。预科的科目为修身、国文、习字、外国语、数学、图画、乐歌、体操，女子师范学校加缝纫。本科第一部的科目为修身、教育、国文、习字、外国语、历史、地理、数学、博物、物理、化学、法制经济、图画、手工、农业、乐歌、体操，还可加商业，而农业则可视地方情况决定是否开设。女子师范本科第一部的科目在一般师范学校的科目上不开设外国语和农业，开设家事、园艺、缝纫。本科第二部科目为修身、教育、国文、数学、博物、物理、化学、图画、手工、农业、乐歌、体操，女子师范本科第二部则在这一基础上不开设农业，开设缝纫。师范学校本科生每周上 36 个学时的课程。

在毕业教育服务上，规定师范学校本科毕业生必须在本省高等小学及国民学校服务，第一部公费生服务期 7 年，自费生 3 年；第二部生 2 年。女子师范第一部公费生 5 年，半费生 4 年，自费生 3 年；第二部生 2 年。在规定的服务年限内，经本省教育行政长官的许可，可入高等师范学校；而无故不履行服务义务者，要偿还在校时所享受的各项费用。

总之，1912—1922 年间，湖南中等师范教育处于稳步发展的状态。其间，颁布的若干规程、条例，从方方面面完善了师范教育制度，促进了师范教育的积极发展。当然，此期间，师范教育仍有不少需要改进的问题。1915 年 4 月，第一届全国教育会联合会大会决议了《拟请修改师范课程案》。1915 年 8 月，全国师范学校校长会议又决议了《关于整顿全国师范教育之意见书》和《筹拟师范教育进行方法案》等提案。1919 年 10 月，第五届全国教育会联合大会还决议了《改革师范教育议案》。这些提案大都为教育部所采录。此外，时人还在有关报刊上发表了不少中肯的议论。例如云六归纳了师范教育的三大罪状：①现行师范学校抄袭日本明治四十年颁布的寻常师范学校规程，没有什么更动。②课程与中学基本相同，简直是中学校的别称。③功课繁复，科科注重，门门要紧，结果却造成了一个不伦不类、半生半熟的小学牌位。并指出："这不是师范生的罪，也不是师范学校的罪，实是师范学制的罪。"①

――――――――――――

① 云六：《现行师范学制的流弊及其改革法》，《教育杂志》第 12 卷第 9 号，1920 年。

2. 湖南高等师范学校的改革

（1）高师的行政管理以及著名的行政管理人员

民国成立，湖南省依据教育部 1912 年 9 月颁布的《壬子学制》和《师范教育令》，将湖南优级师范学堂改为湖南高等师范学校，迁入高等学堂旧址（原岳麓书院）。1917 年高师停办。高师历任校长为凤高骞、符定一、吴嘉瑞、刘宗向等。教务长先后为杨树达、施文尧、王凤昌、刘宗向等。庶务长先后为尹集馨、杨宣德、文湘芷、王凤昌等。学监主任为向振风、刘经翼。附属中学长主事先后为曾沛霖、唐廷秩、郭向阳、罗建仁、彭鼎芬等。附属小学主事先后为孙灿、黄衍护等。

著名的行政管理人员：刘钜，字苏云，长沙人，举人，任湖南首任监督，曾任江西星子县知县。周大椿（1881—1951），字季良，湘潭人，留学日本 7 年。回国后，任优师教务长，代办监督。民国初年任高师庶务长。曾为毛泽东的老师。1950 年拟请任中央文史馆馆员，不久病逝。余焕东（1887—1967），字松筠，龙阳人，曾肄业于时务学堂及求实书院。1903 年留日，次年回国响应华兴会长沙起义。失败后再赴日本，入大阪高等工业学校，加入同盟会。回国后，任优师教务长兼实业学堂教员。黄俊（1875—1951），字黄山，长沙人，曾就读于岳麓书院，举人。1909 年，任优级师范学堂庶务长兼教习。赴日本，入同盟会。致力教育，先后任武汉大学、湖南大学教授。凤高骞（1879—1926），字琴台，号缰蕙君，桃源人。1903 年入湖南高等学堂，选送日本宏文学院学习博物。民国元年任高师校长。其后历任武昌高师学监主任、北京高师及沈阳高师教授。1925 年回桃源创办县立中学，积劳病逝。符定一（1877—1958），字澄宇，号悔庵，衡山罗家塘（今属湘潭）人。家贫，曾三次学木匠。极好学，毕业于南路师范、京师大学堂。民国元年，任湖南公立高等中学堂校长，为众议员。1913 年任高师校长，省教育会长。1923 年创办衡湘中学。1926 年任财政部次长兼盐务总署署长。中华人民共和国成立后，任中央文史馆馆长、全国人大代表、全国政协委员。以编著《联绵词词典》传名于世。刘宗向（1879—1951），字寅先，号盅园，宁乡人，曾就读岳麓书院，1909 年毕业于京师大学堂，1915 年任高师教务长，次年任校长。

杨树达（1885—1956），字遇夫，晚号积微翁，长沙人。时务学堂、求实书院学生。1905 年留学日本，研究外国语言学。回国后，任湖南高等师范学校教务长、省图书馆编译、省立第一师范等校教员。1920 年后任北京高等师范学校国文系教授、代系主任，并在清华大学任文学院教授 11 年。1937 年至 1953 年任湖南大学教授 15 年，其间，1942 年及 1947 年连续两届被评为教育部部聘教授，1948 年被推选为中央研究院院士，1953 年任湖南师范学院教授，并任全国政协委员，中国科学院哲学社会科学学部委员，苏联科学院通讯院士，湖南文史馆馆长。

杨树达在中文语法、修辞、文字训诂及金文、甲骨文等方面造诣很深，多有创见。从 20 年代起就蜚声中外，日本、苏联、美国学习汉学者都把杨氏著作为汉学代表作。其主要著作有《马氏文通刊误》《中国语言纲要》《古书疑义举例续补》《高等国文法》《词诠》《汉语文学修辞学》《周易古义》《论语疏证》《淮南子证闻》《汉书管窥》《盐铁论要释》《积微居甲文说》《积微居诗文钞》等。《杨树达文集》由上海古籍出版社出版。

（2）高师学制及学生概况

优师按照《优级师范选科简章》分设本科及预科。本科招收英语、理化博物、数学各 1 班，共 3 个班，按规定招收初等师范和普通中学毕业生。由于当时这两类学堂为数甚少，无毕业生可招，为适应当时需要，省学务处指令各府、州、县保送师范简易科毕业生和中学堂肄业两年以上者以及 18 岁至 25 岁确有基础的举贡生员应试。预科招收的则是由各县学官保送的品学兼优廪、增、附生。

优师时期，共办选科 6 班、正科（完全科）3 班、专修科 2 班，毕业生共 475 人。高师学制分本科和专修科。专修科为中等学堂缺乏某种教员而设。修业期限是本科 3 年，专修科 2 年或 1 年。高师正科共办了两届，每届都招考了英语、数理、博物 3 部，第一届是 1911 年招收的，毕业时，英语部 22 人，数学物理部 23 人，博物部 26 人，共 71 人；第二届是 1913 年招收的，毕业时英语部 32 人，数理部 27 人，博物部 38 人，共 97 人。专修科办了两届，第一届招收音乐、体操专科一班，毕业时 81 人，图画、手工专科一班，毕业时 94 人，共 175 人；第二届是 1915 年招收的文学部两班，毕业时 83 人，史学部一班，毕业时 59 人，共 142 人。高师毕业学生共计 485 人，优师与高师毕业生共计 970 人。[①] 1915 年湖南高等师范学校在校学生 239 人，在全国高等师范学校中位居第三，仅次于北京高师、直隶高师。[②] 说明湖南高等师范学校在全国高等师范学校很有名气，且办学具有特色。

（3）高师与优师相比的优点

高师与优师相比有下列优点：第一，分部教学更为合理。高师设了英语、数学和博物三个部，与优师的专修科比较，更有利于专才的训练，有利于教学效果的提高。第二，毕业生质量较高。高师学生的入学资格及录取标准比优师严格，招生对象是师范和中学毕业生，他们的数理化和英语知识比优师廪附监生员的程度较高；师资力量也较强，大多数是外国留学归来或从师范学堂的毕业生，回国的留学生有易鼎新（任教物理）、王进（任教化学）、张冈凤（任教化学）、钟观光（任教博物）、江山寿（任教博物）、文湘芷（任教伦理学）、葛柱寰（任教生理卫生）等人，像杨昌济、符定一、朱剑凡、徐特立、刘人熙、易培基、曹典球、袁绪钦、王达、何炳麟等都是具有真才实学的第一流教员；课程充实；学生在校期间的训练也胜优师一筹，因此高师毕业生的质量较高。第三，课程安排较合理。一是取消了灌输旧礼教思想的经学大义及人伦道德，代之以伦理学，内容丰富，适合国情。二是各部确定了重点课程，如英文部的重点课程是英文学和英语。但高师也有缺点：第一，修业年限短，含预科一年，本科三年，一共只有四年。第二，教育训练不充分，科目少，每周授课时也不多，教育实习只安排在最后学期，实习生的缺陷，很难补救。第三，教法单一，多采用注入式。高师毕业的学生大部分散布在本省各中学任教，或从事教育行政工作，或从事革命，如蔡和森、邓中夏、高风等，致力于工人运动，成为中国共产党早期领导人。

3. 民国时期湖南师范教育初期培养了大量的优秀人才

（1）高师培养的优秀学生

蔡和森（1895—1931），双峰人，中共早期领导人之一。高师专修科文

---

① 湖南大学校史编审委员会：《湖南大学校史》（976—1949）（上册），第 113 页。
② 陈翊林：《最近三十年中国教育史》，上海太平洋印书馆 1932 年版，第 313－314 页。

学部毕业。"二大"被选为中央委员，主编《向导》周报，1925 年任中共驻共产国际代表团团长，"五大"当选为中央政治局委员兼宣传部长，受王明"左"倾路线打击，被派往白区工作时被国民党杀害。邓中夏（1894—1933），宜章人，中共早期领导人之一。高师文史科毕业。1917 年入北京大学国文系，主编《国民杂志》，参加北京共产主义小组，主编《劳动者周刊》。"二大"当选中共中央委员，"五大"任中共中央委员、秘书长，"八七"会议任政治局候补委员、江苏、广东省委书记，湘鄂西特委书记、红二军团政委。后被王明"左"倾路线迫害，终被国民党杀害。著有《中国职工运动简史》。高风（1886—1926），华容人，烈士。高师音乐体操科毕业。1920 年赴法勤工俭学，1922 年加入旅欧中国少年共产党，翌年转为中共党员，旋赴莫斯科入东方劳动大学。回国后，曾任保定市市委书记。舒新城（1893—1960），溆浦人，高师本科英语科毕业。创办《湖南教育月刊》。主持上海中国公学中学部校务时，改革学校制度与教学方法。1924 年任成都高师教授。1928 年主编《辞海》。1930 年以后任中华书局编辑所长兼图书馆长。中华人民共和国成立后，为全国人大代表、上海市政协副主席。著有《中国教育指南》《教育通论》《近代中国教育思想史》《近代中国留学史》等，并主编《辞海》（新版本）、《中华百科辞典》和《中国教育辞典》。刘范猷（1895—1971），邵阳人，高师毕业，参与《中外人名辞典》《中国教育辞典》《中华百科辞典》《辞海》《增订中华大字典》等编辑工作。1949 年回邵阳任松坡图书馆馆长，1958 年任上海中华书局《辞海》编审。朱芬圃（1897—1973），株洲人，中国古文学家。1917 年毕业于湖南高师专修科文学部。1926 年考入清华大学研究院，历任中山、东北、湖南、河南等大学教授。著有《甲骨文字汇编》《中国古代神话与史实》等。未刊者有《殷墟卜辞丛考》《古史新诠》等多种。周方（1892—1979），新邵人，高师史学部毕业。平民教育家。黎锦晖（1891—1967），湘潭人，1912 年毕业于湖南高等师范学校图画、手工专科。历任明德、周南等校乐歌教员。1948 年任湖南大学教授。中华人民共和国成立后，任中国音乐研究所研究员、上海政协委员。周调阳（1894—1964），湖南武冈人，教育家。1917 年毕业于湖南省立高等师范。1925 年被湖南省政府任命为湖南第一师范校长，未就职，改任岳云中学教育专修科主任，兼湖南一师教员。1926 年 8 月至 1927 年 5 月，湖南一师曾一度改为湖南省立高级中学，设立师范部，其任师范部主任兼教员。赵东樵（1887—1974），湘乡人，1914 年毕业于湖南高师本科理化部，先后在长沙各中学教授物理、化学 30 多年，编著《高中物理学》《初中物理学》《初中化学》等教科书。

（2）师范学校在此期间培养大量的优秀人才

湖南第一师范有马良骥、毛达恂、毛泽东、毛泽民、毛泽覃、方壮猷、吕骥、任弼时、刘子载、刘寿祺、刘畴西、李云杭、李维汉、吴起鹤、何叔衡、张昆弟、张国基、陈奎生、罗学瓒、周世钊、袁国平、夏曦、郭亮、萧三、萧子升、曹孟君、蒋竹如、程星龄等人。桃源师范有王一知、陈兆森、丁玲等人。长沙师范有田汉、张怀、曹伯韩、陈子展、柳湜等人。

## 三、民国初期湖南师范教育发展的原因

1. 时代的需要推动着师范教育的变革与发展

以孙中山为首的资产阶级革命党，在推翻清王朝统治，结束了中国 2000 余年的封建帝制后，必然要竭力巩固自己的政治地位，发展社会生产力，培养一大批管理人才和大量的有一定文化水平的劳动者。要培养人才，离不开教师，教师又出自师范，而此时的师范教育又不能完全沿袭陈规，它必须适应资产阶级各种利益的需要。因此，师范教育非变革、非发展不可。

2. 资产阶级先进分子推动了师范教育的变革和发展

孙中山曾大声疾呼："如果兴办中小学校，非养成多数教员不可，如果四万万人皆得受教育，必倚重师范，此师范学校所宜急办者也，而女子师范尤为重要。"① 他刚出任临时大总统，就命令教育部发出通知。凡已设立的各级师范学校，应与高等学校、专门学校一并开学。这就将师范教育同全国人民受教育的问题联系起来，并将女子师范教育摆到了突出地位。资产阶级教育家蔡元培在担任教育总长期间，曾规定高等师范一律由国家办理，彻底

---

① 琚鑫圭，童富勇等编：《中国近代教育史资料汇编》（实业教育·师范教育），上海教育出版社 1994 年版，第 789 页。

废除科举旧制和"忠君""尊孔"的教育宗旨以及"开放女禁"等。所有这些，对师范教育的变革、发展影响极大。

3. 湖南经济的发展和教育平等理念的渗透，大大推动了师范教育的变革和发展

中国近代工商业和农业经济在辛亥革命前，发展比较缓慢。辛亥革命后，国内革命运动蓬勃发展，加之各帝国主义国家忙于战争，暂时放松了对中国的侵略与掠夺，民族工商业此时步入了自己的"黄金时期"，农业经济也获得了较大发展。随着社会进步和生产力的逐步发展，出现了城乡手工业为机器生产所取代的趋势，劳动人民为适应这一进步潮流，求学的欲望与要求也日益增强，并为之进行了不懈的斗争。有识之士也极力主张劳动者必须有受教育的机会，在教育上应人人平等，呼吁新文化运动必须从小学教育和劳动教育入手。新生的国民政府为了巩固自己的统治，发展生产力，也为了劳动者接受一定的文化教育，因而也必须大力发展师范教育。

4. 湖南师范教育兴盛得益于一大批热心、献身教育的教育家

教育家个性特点鲜明，但彼此之间又有许多共同点，教育家对湖南师范教育影响甚大。首先，在近代湖南投身师范教育的人当中，很多人有留学海外的背景。20 世纪初期的留学热潮为湖南师范教育发展带来了新鲜的气息。其次，更直接的影响就是留学海外归来的年轻人很多直接就创办了学校，有的则在这些学校任教，以自己的实际行动来实践自己在海外所学到的并认为适合中国国情的正确的教育主张。比如朱剑凡、胡元倓、陈润霖、何炳麟、杨昌济等湖南近代的教育名人，他们把新的教育理念带回来了，对旧式的限制人全面发展的各项教育制度进行改革，如实行宽松的用人环境、重视学校的自主发展、培养学生全面发展的能力、重视爱国主义的思想政治教育，等等。在改革中遇到的阻力也是可想而知的，但他们有一种不顾个人得失的理想信念，故敢于探索创新。当发现外国列强强大的根本原因是教育时，他们非常急切地希望中国的教育尽快地发达起来。最后，他们能不计个人得失地投身于师范教育，除了对海外资本主义国家新式教育的向往，更主要的是受湖湘文化中经世致用传统的影响和报效祖国家乡的一片赤诚情怀所感召所驱使。故湖南师范教育发展的意义已经远远超出了教育本身，带有强烈的政治色彩。

# 第二节　湖南师范教育与中学合并时期（1923—1932 年）

1922 年的壬戌学制（又称"新学制"）及其对师范教育的重大改革，表现了中国教育界对世界新教育成果及发展趋向进行主动选择、积极应对的进取性和前瞻性。它第一次冲击了封闭型师范教育体制，顺应了教育的民主化、科学化潮流，推进了中国师范教育与世界师范教育的接轨。但因与当时国情不合，反而削弱了师范教育，降低了师范教育的地位，影响了师范教育的发展，使我国原本蒸蒸日上的师范教育横遭挫折，由发展转入衰败的时期。1922 年的壬戌学制（又称"新学制"）的颁布动摇了师范教育的独立地位，湖南的师范教育也进入了衰退的时期。

## 一、湖南师范教育与中学合并时期的湖南师范教育

大革命时期，随着各级各类学校的发展，湖南的师范教育也有了相应的发展，并逐步走向成熟。

### 1. 省立师范的调整

省立师范学校在各级各类师范学校中发轫最早，影响也最大，是培养师资力量的主要场所。清末民初以来，在省政府的支持下，已有了相当的发展。大革命开始后，为缓解省政府的财政困难，逐渐有人呼吁减少对公立师范学校的投入。1926 年，省教育司制定了《全省教育计划》，即对师范教育规定："省立男女六师范，凡学生之在三年级以上者，准照旧办理。在二年级以下者，拟令分入各中学肄业，以后再不招生。"并陈述了如此改革的理由："甲，学制中之高中有师范科，无再单设之必要；乙，为教师者不完全出于师范学校，而师范学校毕业的学生，亦不尽为教师；丙，师范生之待遇较优，其实，贫苦生资助当另规定，不应属师范生。"1927 年，省教育厅正式下令缩减公立师范。不久，"马日事变"发生，明令全省中等以上学校停办一期。1928 年，根据全国教育会议决议，实行中学、师范合办，于是湖南全省省立师范加以调整：省立第一师范改为省立第一中学，省立第一女子师

范改为省立第二中学，常德省立第二师范改为省立第三中学，桃源省立第二女子师范改为省立第四中学，衡阳省立第三师范改为省立第五中学，衡阳省立第三女子师范改为省立第六中学。以上各中学高级部特设师范科，并设附属小学。省立师范的调整，对省财政开支确有一定节省，但对师范生专业训练带来了许多不良的影响。

2. 县立师范的发展

湖南县办师范发端于民国元年（1912）县立长沙师范学校的成立。民国初年，各县虽然陆续开设师范讲习所，但依据1922年"壬戌学制"规定，师范学校学制为6年，各县财力受限，很难创办6年制正规师范学校，因而县立师范（或称甲种师范，或称乙种师范），正式获准立案者寥寥无几。1925年，益阳县就将县立第一高小改为益阳县立龙洲学校。虽分设师范部和高小补习部，但依然未正式称为师范学校。1926年，湘乡县获准将原女子师范讲习所改设湘乡县立女子师范学校。同年，邵阳县也获准创办师范学校。不久以后，沅江、安化、宁乡、醴陵、衡阳、桂阳、慈利、新田、浏阳、南县、攸县、沅陵、耒阳、会同、永明、新宁、辰溪、黔阳、绥宁等19县也先后创办县立师范。湖南县办师范逐渐蓬勃地发展起来。

3. 乡村师范和各私立学校的师范班的兴起

在改革省立师范和创办县立师范的同时，湖南的乡村师范和私立学校的师范班也开始发展起来。1924年，为"养成农村学校教授人才促进农村教育"发展，长沙私立湘江学校校长何叔衡呈准设农村师范部，学制2年，当年即招收30人。同年，私立民彝学校创办农村师范，登报招收乙种师范班。1925年。私立岳云中学高中部分文科、师范两组招生。私立晨光、惠通、民华等校也相继登报招录师范班。1926年，平江寻子才创设秀野乡村师范学校。1927年2月，湘阴龙洪童发起创办沙河农村师范学校，开设甲、乙、丙、丁4个班，有师生员工200多人。1929年陈渠珍在凤凰开办凤、麻、乾三县联合乡村师范学校。1930年，陈渠珍开办的湘西联合乡村师范学校，由凤凰、乾城、麻阳、绥宁、保靖、古丈、永绥、大庸、龙山、桑植、沅陵、泸溪、辰溪、溆浦、芷江、黔阳等16县联办，校址设凤凰县城南门外，为湖南覆盖面最广的联合师范。各地师范学校和私立乡村学校师范班的纷纷创办，是对省立和县立师范教育一个必要和有益的补充，发挥了特殊的作用。

## 二、师范与中学合并期间湖南师范教育萧条、衰败的原因

师范与中学合并期间湖南师范教育萧条、衰败的主要原因如下。

第一，美国教育对中国教育的影响日益加深，使中国的学制由清末民初模仿日本转而抄袭美国。特别是随着杜威、孟禄等人相继来华讲学，使中国的教育深深打上了美国式的烙印，师范教育当然也不例外。不可否认，美国的教育制度有其先进性的一面，我们也模仿了某些具有积极意义的东西，如采用选科制以及建立学士学位制度，等等。但更多的则是照搬若干消极的不适合中国国情的东西。由于"新学制"效法美国教育行政权力在州而不在联邦的地方分权主义，制订思路之一就是"多留各地伸缩余地"，灵活有余但强制不足，各地执行时往往避难就易，避重就轻，忽视政策的连贯和效益的长久。虽然这种情况在一定时期、一定程度上缓解了师资供求矛盾，却付出了沉重代价。它牺牲了师范教育的独立地位和专业标准，背离了最初的良好愿望，打乱了民国初期对全国师范教育的通盘布局，直接影响了全国有计划地培养中等学校和国民学校师资的工作。这些对湖南的师资培养危害极大。

第二，民国初年师范教育自身存在的某些不足，给批评师范教育的人士留下了攻击的把柄，并被推向极端。1920年，云六在《现行师范学制的流弊及其改革法》一文中提出，"现有的师范学校，成绩不甚佳妙，大可废止"；高等师范学校"是大学及专门学校的赘疣，大可割去"。当时担任教育行政领导职务的个别领导也常讲："教育并不是什么难懂的东西。"1926年浙江教育行政会议提出废止师范生待遇案，他认为"教育是常识""知识阶级人尽可师，教育原理并无秘诀"。甚至在教育部拟的《改革我国教育之倾向及其办法》中，也提出："大学以农工医为主，并将现行师范教育一律取消。"1932年12月，国民党召开的四届三中全会上，也有"师范教育不应另设专校，以免畸形发展之流弊"的提案内容。于是，当教师无须经过教育专业训练成为当时一个时尚的舆论，蛊惑人心，模糊了人们的视野，在一片"改革"声中，将当时适应国情、教情的独立的师范教育制度改掉了，这给师范教育带来了较大的灾难。

第三，师范教育的新建制"水土不服"，造成了师范学校大量萎缩，教师专业化进程受到挫折。从指导思想上看，这次师范教育改革的初衷是想提高师范生的文化程度，夯实师范生的基础；使教学更适应学生的个性和兴趣，增加教学上的灵活性，扩大学生的知识面和适应性；扩大培养中小学师资的范围，使中小学师资的培养不只是限于师范院校，而是让更多的普通大学、中学也担负起培养中小学师资的任务。这些想法显然在理念上有先进之处，却因与当时中国国情不合，反而给中国师范教育的发展带来了巨大的负面作用。降低了师范教育的地位，取消了师范教育的独立性，从而使湖南乃至中国的师范教育转入衰退时期。

第四，取消了师范学生应该享受的公费待遇，降低了教师的待遇。中国师范教育曾有一套有利于培养优良教师的制度和政策。如师范生实行公费待遇，吸引清寒优秀子弟从事教师职业；严格选拔学生制度，保证师范教育有较为充足的生源，保证生源质量等。在师范生的待遇与执教义务期限方面，1922年"新学制"将师范与农、工、商科并列，致使很多省、区相继取消了师范学生应该享受的公费待遇，使许多清寒优秀子弟由于经济条件，无力升入师范，而优裕家庭子弟，又慑于教师生活清苦、工作艰苦，不愿意从事教师职业，致使师范生源枯竭、学业训练日趋低落。不仅如此，师范学生不但不能享受公费待遇，反而在入学时还必须缴纳一定数额的保证金。这种政策上的错误，极大地降低了整个师范教育对学生的吸引力，特别是堵塞了贫困青少年的求学之路，使师范院校在很大程度上失掉了挑选更多优秀学生的机会，使招生质量与教育质量失去了必要的保证。"新学制"没有规定师范毕业生的任教义务期限，这在一定程度上也动摇了师资队伍的稳定性。加上教育经费日益紧张，积欠学校经费数月甚至一年，有的学校只好"暂时停止"办理，暂缓开学，教师职业无法保障，于是教师罢课、讨薪甚至辞职、改行。师范教育大有毁于一旦之势。

第五，整个师范教育缺乏统一的培养目标，其目标任由各校自定。培养目标是一切教育、教学工作的出发点和归宿，是衡量教育、教学质量的主要尺度。失去目标，会给教育和教学工作带来损失。虽然各校自定培养目标有其灵活性的一面，但这势必导致随意拔高或降低人才规格要求，偏重或忽略对学生某方面的培养等问题,使师资培养陷入"无目的"的状态,培养质量难以得到必要保证。

第六,师范教育存废之争再次泛起,否定教师职业专业性的思潮卷土重来。在创建师范教育制度之前,即曾有过师范学校有无必要独立设置的争论。至1904年《奏定学堂章程》中确定两级师范学堂独立设置后,这一争论虽暂时平息,但不同认识并未消除。民国以来,随着对于旧学制的批评,否定教师职业是一种专业,须经过职业训练,否定师范教育独立存在的思潮再次泛起。1931年国际联盟教育考察团来华时,其主要人物前普鲁士教育部长柏克从本国师范教育单级制出发,宣称,"在欧洲各国,中学教师所受之训练,事实上即根本与大学教育相同","此种任务应由大学中文学院负担之"。① 因此,1932年国民政府教育部在《改正我国教育之倾向及其办法》中提出,"师范教育将现行者一律取消","中学师资以大学毕业再受一年高等师范教育者充之"。② 然而几乎同时,国民党四届三中全会通过的《确定教育目标与改革教育制度案》又称,"师范大学应脱离大学而独立设立","教育部选择全国适宜地点,设师范大学两所或三所,各国立大学之教育学院或教育系一律并入师范大学"。虽然两个文件最终都未执行,但数月之间,府、党意见如此截然相左,不能不发人深省。这表明独立派与合并派的争论远远没有结束,而且在高师领域争议要比中师领域激烈和持久得多。其实,在民国时期,两派的争论没有停止过,其观点各有合理与偏颇之处。首先,当时的高等师范教育水平和规模根本无力包揽全部中学师资的培养任务,倘若不发展综合大学的师范教育,中学师资的确难以为继,况且封闭型师范教育体制具有培养的人才知识面狭窄、学科程度偏低的缺陷。但是,定向型师范教育虽有其缺点,却能较好地满足发展中国家的师资需求,假如不顾国情,过早取消,也将过犹不及。从实际来看,两派观点不可能大获全胜,这是历史的必然。

总之,1922年师范教育改革尽管做出了有益的尝试,但主要搬用美国模式,严重脱离当时中国的经济实力、文化背景、管理体制、教育基础、师资状况、教学设备、学校规模。因此,教育界虽然满腔热忱,潜心实验,难免事与愿违。众

---

① 国联教育考察团:《中国教育之改造》,国立编译馆1932年版,第134页。
② 《大公报》,1932年10月16日。

多改革举措，有的在实践中取得一些成功和经验，但更多的因脱离实际而收效甚微，有的更因超前运作而昙花一现。上述种种情况表明，一个国家的教育改革必须根据自身的国情，否则很难达到理想的效果。师范教育改革也是如此。

# 第三节　湖南师范教育复兴和曲折发展时期（1933—1949 年）

1932 年 12 月，国民党中央全会通过了《确定教育目标与改革教育制度案》。对师范教育做出这样的规定：师范学校和师范大学均应脱离中学和大学而"单独设立"；师范生毕业后，由教育部或省、市教育厅、局"指定地点，派往服务。期满才给毕业证书，始得自由应聘或升学，其有规避服务者或服务不尽力者，取消资格，并追缴费用"。根据其精神，教育部在不到 3 年的时间内相继颁布了《师范学校法》《师范学校规程》《师范学校课程标准》等一系列有关师范教育的法令法规。因此，湖南师范教育也进入复兴时期和曲折发展时期。

## 一、湖南师范教育复兴和曲折发展时期

1. 湖南师范教育的复兴时期（1933—1937 年）

南京国民政府成立后，出于普及初等义务教育的需要，教育当局对师范教育，进行了规范整饬，陆续颁布了《师范学校法》《师范学校规程》和《师范学校课程标准》等一系列有关师范教育的法令法规，规定中等师范教育"以严格的身心训练，养成小学的健全师资"为目标，由政府办理，师范学校应脱离中学而单独设立，不收学费，并以政府供给食、宿、制服为原则等。同时对中等师范教育的学制课程标准进行了重新修订，使得师范教育制度日趋完善。10 年里的湖南，由于普及初等义务教育目标的提出，小学师资需求量陡然增加，加之当时省内尚无高等师范院校，部分中学也需中等师范学校毕业生以补充师资，因而中等师范教育发展较为迅速。1930 年湖南省教育厅制定了《改进师范教育计划》和《乡村师范学校暂行程》，规定"乡村师范学校以每县设立一所为原则，贫瘠县可联合二县以上合设之"，从长沙、湘潭、衡阳、常德等到凤凰、沅陵、乾城、桑植等偏僻山区，中等师范遍及全省。到 1934 年为止，乡村师范学校 40 所，学

生共计3700 余人。① 1934 年，湖南省教育厅规定私人或私法人不能办理任何师范学校，私立师范学校逐渐退出了湖南教育舞台。1933 年，师范学校44 所，学生5618 人。1934 年，师范学校41 所，学生5161 人。1935 年，师范学校40 所，学生5013 人。1936 年，师范学校44 所，学生5421 人，1937 年，师范学校39 所，学生4836 人。② 说明湖南师范教育在这个时期变化不大，稳定发展。

复兴时期的湖南师范教育有以下的变化：第一，再度确立了师范教育的培养目标。中等师范教育的培养目标规定为严格训练青年身心，以养成小学健全师资。虽然这一目标尚不够全面和具体，但它在一定程度克服了以往教育、教学工作的盲目性，有利于小学师资的统一培养和质量检验。第二，基本上恢复了中等师范教育的独立建制，重新规定了学生的入学资格与修业年限。中等师范学校纷纷脱离普通中学而独立，废止了原师范学校的六年一贯制，设立了多种类型的师范教育机构，并提高了学生的入学资格，缩短了修业年限。中等师范教育摆脱对中学的依附，对形成师范教育的办学特色和提高其地位有积极意义。机构设置、入学资格与修业年限多样化，有利于在较短时间内培训较多的不同类型、不同层次的师资，特别是乡村师范学校和简易乡村师范学校的创办，对扫除乡村中的文盲、提高广大乡村村民的文化素养也有一定的推动作用。第三，建立了"训育制度"。国民党政府为了抵制共产主义思想的传播，进一步加强对师范生的思想控制，在师范学校建立了训育制度。中等师范学校要求校长和全体教员共同承担训育责任，指导学生课内外的一切活动，严格评定其操行成绩等等。训育制度是我国师范教育史上第一次以组织形式出现的对学生进行思想教育和管理的制度。在国民党统治时期，利用它对学生进行思想控制，抵制共产主义思想的传播。第四，恢复了师范生的部分公费待遇，延长了任教义务年限。中等师范教育的师范生一律免缴学费，其膳费由各省、市酌情全部或部分免收，任教义务年限按修业年限加倍计算，服务期间不得升学或担任教育界以外之职，违者须追缴学、膳费及住宿费，升学者要令其退学。恢复师范生的部分公费待遇，有利于增强师范教育的吸引力，扩大生源，然而，

---

① 湖南省教育科学研究院编著：《湖南教育大事记》，岳麓书社2002 年版，第186 页。
② 《湖南教育月刊》第2 卷，第3 期，第89 页。

由于这一待遇并不优厚，因而其吸引力还非常有限，延长师范毕业生的任教义务，一方面能起到用行政手段稳定师资的作用，另一方面又使人望而生畏，加上教师地位和待遇较低，这又给师范招生带来一定困难，并从另一个角度动摇了师资队伍的稳定性。

**2. 湖南师范教育曲折发展时期（1938—1949 年）**

1937 年至 1949 年是中国近现代史上剧烈动荡的多事之秋。抗战爆发以后，尽管中国处于全面抗击日本帝国主义的艰苦岁月，但是国民党政府并没有忽视师范教育，在坚持长期抗战的同时，也注重师范教育。与此同时，一些有识之士也进一步意识到，长期抗战，"类似一座消耗人力的活火山"，而师范教育，犹如"创造人力的大熔炉"，人力不断消耗，就必须同时有统筹全局的人力创造。才能"用之不竭，长久苦撑"，坚持抗战。[①] 诸如此类的舆论经常出现，加上国民党内某些注重师范教育的人士的努力，因而在 1938 年 4 月国民党临时全国代表大会通过了《战时各级教育实施方案纲要》，其中强调："教育为立国之本，整个国力之构成，有赖于教育……对师资之训练，应特别重视，而特别需要立即实施。" 从而师范教育在这个时期不但没有受到战争的影响，反而再度获得迅速发展。

（1）湖南中等师范教育的发展

1937 年，师范学校共有 39 所。但自 1941 年实行分区设学办法，同时各县国民教育的迅速发展，对师范毕业生形成巨大的社会需求，师范教育因而迅速发展。1938 年下期，在原来的基础上，增设了永顺简易师范学校，将原湘西特区师资训练所改名为省立乾城简易乡村师范学校。文夕大火后，原省立第一师范学校先迁往湘乡西阳，不久又迁安化，1939 年一师与省立长沙高级中学师范部等并入省立第一中学师范部。8 月，临时中学在�…县设分校，附设师范部，为期一年。1940 年，省立简易校达 10 所，共计有学生 2277 人，教员有 267 人。1941 年，全省分区设学，省立第一临时中学师范部改为省立第一师范学校，省立衡阳中学师范部改为省立第二师范学校，省立衡阳女子中学师范部改为省立第三师范学校，省立桃源女子中学改为省立第四师

---

① 文模：《师范教育的国防动向》，《教育杂志》第 28 卷第 4 号。

范学校，在益阳新设立省立第五师范学校，省立衡山乡村师范学校迁武冈，改为省立第六师范学校，在道县新设省立第七师范学校，原永顺简师部改为省立第八师范学校，原省立乾城简易乡村师范学校改为第九师范学校，原省立芷江乡村师范学校改为省立第十师范学校，国立第八中学师范部改为省立所里师范学校。1942 年，为培植社会教育师资，在耒阳小水铺创立社会教育师范学校。同年 3 月，国民政府为收容战区学生并开发川黔湘鄂四省边区文化，设国立茶洞师范学校，先在保靖提前开学。1945 年该师范改为省立。1943 年岳郡联立简易乡村师范升级，改为岳郡联立师范学校。到 1945 年为止，湖南师范学校共有 59 所，其中省立 11 所，联立、县立师范学校 48 所，学生达 16297 人，教职员有 1599 人①。1946 年，省立师范 12 所，联立师范 1 所，县立师范 2 所，联立简易师范学校 2 所，县立简易师范学校 49 所。1948 年，省立师范 12 所，联立及县立师范及简易师范学校共有 71 所，学生 19813 人，教职员 2010 人。② 1949 年上半年，省立师范学校 12 所中 2 所停学，58 所联立及县立师范（含县中学附设简易师范科班），师生流散极大，有的仅余一块空牌。

（2）国立师范学院的建立与发展

1938 年 7 月，国民党政府颁布了《师范学院规程》。规程指出："师范学院独立设置或将大学教育学院改称。"国立师范学院就是按照这个规程，适应当时"教育救国"的需要而创办的。同年 7 月 27 日，国民党政府教育部来电聘请著名的教育家廖世承为国立师范学院筹备委员会主任。国立师范学院创办于湖南安化县蓝田镇（今涟源市蓝田镇），系全国第一所独立师范学院，培养目标为中等学校优良师资。学生来自全国各省，全部公费，学制5 年。廖世承为第一任院长。设国文、英文、教育、史地、数学、理化、公民训练 7 系。翌年，增设国文、数学、体育童子军、音乐 4 专修科及大学先修班。到民国三十二年校舍建筑已较齐全，院本部有学生 775 人，教职员250 多人，附中有学生 400 多人，附小有学生 200 多人，有民众学校 5 所，

---

① 湖南省地方志编纂委员会：《湖南省志·教育志》（上册），湖南教育出版社 1995 年版，第 628 页。
② 湖南省档案馆：全宗号 59，目录号 1，案卷号 272。

学生 800 多人。民国三十五年迁至南岳，教职员减为 171 人，学生 431 人。民国三十八年上期全院共有 8 个系 3 个专修科，教职员 177 人（其中教师 110 人），学生 360 人。① 国立师范学院的创办，结束了湖南长达 20 多年没有高等师范教育的历史。

国师创办于抗战初期，在抗日战争和解放战争的烽火年代能继续坚持下来，其主要原因如下：首先，有一位忠诚教育事业的院长。廖世承，生于 1892 年，1912 年被北京清华学校留美高等科录取，1915 年赴美留学，在勃朗大学攻读教育学和心理学，四年内读完六年课程，并同时获得了学士和硕士学位，以后又获得哲学博士学位，是我国现代最早获得博士学位的留学生之一。其次，国师有一批热心教育事业的名师。由于日寇侵略，国土沦陷，学校相继迁到后方，因而许多教授、学者纷纷来到湖南。廖院长又十分注意广纳名师，从上海、江浙一带邀请了一批名流，使得国师名家汇集，他们是：钱基博、钟泰、马宗霍、骆宏凯、陈一百、孟宪承、高觉敷、刘佛年、汪伯明、郭一岑、谢扶雅、陈东原、皮名举、沈同洽、汪梧封、周郑章、李祁、陈传璋、李达、吴澄华、汪德耀、王兆澄、袁哲等。他们的共同特点是：热心教育事业、学识渊博、经验宏富。再次，大多数学生都能自爱、尊师、勤奋。国师学生多数出身清寒，没有社会背景，而当时的毕业生多自谋职业，全凭自己的品德与学识去赢得社会的信誉。因此，尽管学生生活条件艰苦，但在名师指导下，仍能刻苦学习，尽快掌握文化科学知识，报效祖国。在历届全国高等教育学业及毕业论文比赛中，国师学生都取得了优异的成绩。

## 二、抗战时期湖南师范教育发展的评述

在抗战时期，湖南与西南各省比较而言，还算比较发达的。值得注意的是，在特别困难的战争时期，在其他各行各业都受到冲击的情况下，湖南教育能有如此大的发展，这在教育史上不能不说是一个了不起的成绩。抗战期间，湖南的各级各类学校并未因战争的缘故而放弃从严择师、从严招生、从严执教和从严管理的标准。由于这个原因，虽然学校或遭日机空袭、或屡迁

---

① 湖南省地方志编纂委员会：《湖南省志·教育志》（下册），湖南教育出版社 1995 年，第 682 页。

他乡，但教学仍得以保证。这主要表现在以下几个方面：第一，教师队伍的质量提高。全省小学教师合格率从 1941 年的 53％提高到 1945 年的 85％。在 1938 年国立师范学院创设后，高质量师资来源增加，加上北京、上海、天津及江浙等省市人才入湖南避难，被聘到有关学校任教，使教师队伍中合格学历者的比率大为提高。在国师、湖大、湘雅医学院的高教教师中，更是人才汇聚，有钱基博、钱钟书、廖世承、皮名举、张孝骞、李剑农等一大批国内外知名的专家、学者、教授，省政府在注意教师学历合格率的同时，对教职员的待遇，也适当予以提高。1940 年 7 月，酌调教职员待遇，仅全省省立中等学校每年俸给费共增加 22 万余元；1941 年 10 月，将教员按教学时数计薪制改为专任制，每年俸给费再增加 105 万余元，使教职员生活有一定保证，教学积极性亦有所提高。第二，教学实验和教学改革。中学课程教学实验，根据教育部颁订六年制中学教学科目及各学期每周各科教学时数表，平衡发展各种学科，并采取曾经惯用的编配，以增进教学效率。为改进高等教育打下良好基础，省教育厅指定省立二中和私立明德中学进行改革实验。1940 年邹干于在长沙县白沙洲开始办五年一贯实验班，针对现行中学制度的三大弊端——时间浪费太大、程度太低、留级结果太残酷，提出四项原则：增加学生每天的自修时间、减少每班上课人数和学生每日上课时间、顾及一时一事的学习、避免课程太杂。该实验班后来先后依附妙高峰、五四、文艺等中学，1943 年迁新化改为行素中学，继续实验。1939 年国民政府陆军上将唐生智在家乡东安创办耀祥中学，增设劳动课，并有劳动实习基地。第三，学生成绩卓著。通过各界热心教育人士的努力，湖南省在抗战时期教育取得很大成绩，湖南学校的学生在全国的竞赛中屡得嘉奖。1940 年至 1945 年，国民政府教育部举行过六届全国专科以上学生学业竞赛，根据《第二次中国教育年鉴》公布的前三届竞赛结果，湖南学生获得甲、乙、丙三类科目第一名的有国立师范学院的戴世虎、欧阳权、徐运钧、张应春、张世汤，湖南大学的汪志清、郭晋稀和湘雅医学院的陈荣殿等 8 人。特别在第三届竞赛中，乙类共选 89 名，其中师范院校选 16 名，国立师范学院即占 12 名，水利工程系科 2 名，全为湖南大学所获得；丙类选的 30 名中，文学院和医学院的第一名分别为湖南大学和湘雅医学院获得。

　　从清末新政到整个民国时期，湖南的师范教育走过了一条"之"字形的发展道路，积累了宝贵的经验、教训。有力地推动了湖南教育的早期现代化，也为当今湖南乃至中国师范教育的改革、发展留下了丰富的精神遗产。与其他省份相比，湖南师范教育，几经风雨，仍然独步一时，兴盛不衰，的确引人深思。我们至少可以得到如下三点启示：其一，在经济、教育不发达的湖南，独立的师范教育制度能更快捷地培养适合国家需要的合格师资。一般来讲，独立的师范教育制度稳固之际，为师范教育稳步发展的时期，反之，则为师范教育的萧条期。师范教育是否要独立开办，根据国情而定。其二，师范教育具有自己的特质。它既不仅限于知识的传授，也不只是一个教学能力的培养问题。还具有"唤醒教育价值"的特殊使命，是孕育整个教育与社会的"母怀"。师范教育固然要顾及学制上的需要，同时它本身又是一种事业，"自然又要顾及他自己本体上的需要"。随着社会的变迁、教育的发展，师范教育的体制、形式当然应与时俱进、灵活变通，但师范教育的特质，无法改变。独立设置的师范教育体制不一定永存，但师范教育长青。其三，师范教育必须贯通理论与实践。"夫师范教育之重教学技能之训练，绝非以传授数种成法为已足，必都将此教学基础置之于科学的理性之上，使学者或由原理的探讨而懂得方法及技术上的应用，或由实际所得的经验而追及于其所依据的原理。务期理论实际，相互贯通，有左右逢源之效，而无格格不入之虞。故师范学校于教学原理课程外，而必辅以有系统的观察，参与及试教育，盖为此也。"① 中国师范教育的先驱们对此已有极深的认识，并做出了可贵的尝试。但时至今日，这一精神却日趋萎缩，不能不引起今天的关注。

---

　　① 罗廷光：《师范教育新论》，南京书局 1933 年版，第 134 页。

# 第四章　民国时期湖南师范教育的教师管理体制与机制

　　师范教育运行机制是师范教育能够发展的重要保障，教师管理机制是师范教育运行机制的重要组成部分。教师管理包括行政管理、检定制度、教职员工资待遇以及教育经费的筹集与保管等。民国时期湖南师范教育已经形成了一套完整的管理体制。

## 第一节　湖南教育行政管理体制

　　教育行政为所有行政中最重要、最根本的行政，教育行政达到很完备时，方能建设健全文化的国家。教育管理是为教育现代化和兴学培养人才服务的重要保障①。教育管理体制是指教育管理机构体系与一定的教育管理规范体系相结合的统一体，包括教育行政体制和学校内部管理体制。各级各类教育行政机构与所建立并保证这些机构正常运转的规章制度相结合，就构成了教育行政体制。湖南教育行政制度的演变从一个侧面折射出湖南教育近代化的历史发展轨迹。

### 一、省级教育行政制度的演变

　　1902 年 8 月，清政府颁布《钦定学堂章程》，京师大学堂附设师范馆。《钦定学堂章程》公布而未及实行，1904 年 1 月又颁布《奏定学堂章程》。

---

　　① 李华兴主编：《民国教育史》，上海教育出版社 1997 年版，第 444 页。

这两个学制都将师范教育作为一个独立系统，肯定了师范教育的地位，促进了它的发展。《奏定学堂章程》将师范馆改为优级师范学堂，从而开了我国高等师范学校之先河。1904 年 1 月颁布的《奏定初级师范学堂章程》和《奏定优级师范学堂章程》使师范教育自成体系，而不再附设于大学和中学之中，师范教育取得了独立地位并付诸实施。师范学堂分为优级师范学堂和初级师范学堂两级，另外还有简易师范科、师范传习科、实业教员养成所等。1907 年学部拟定《女子师范学堂章程》，促成了女子师范教育的萌芽。

民国成立后，清末的优级师范学堂改为高等师范学校，初级师范学堂改为师范学校，初级女子师范学堂改为女子师范学校。在设置上，高等师范学校由省立改为国立，师范学校由府立改为省立，提高了师范教育的办学规格。规定师范教育分为师范学校、女子师范学校、高等师范学校、女子高等师范学校和私立师范学校，使师范教育体系趋向完备，协调发展。

1905 年 12 月，清政府设立学部，作为统辖全国教育的专门行政机构。1906 年，清政府明令废除科举，撤销学政，同时于各省设置提学使司为统一掌管全省教育行政的正式机构，学部派遣吴庆坻为湖南首任提学使。1911 年 10 月 10 日武昌起义爆发，湖南率先响应。10 月 22 日，湖南军政府即宣告成立。下设军政、民政 2 部。民政部部长谭延闿于部内设教育科以管理全省教育。11 月 30 日，教育科改为学务司。民国元年六月，学务司司长吴景鸿将学务司改为教育司。民国三年五月，湖南教育司奉北京政府令撤销，仅于巡按使署政务厅设教育科办理日常行政事务，有关全省教育重大事项则由巡按使及政务厅长官直接掌管。至民国十一年底，历时 8 年余。民国十二年，湖南"自治政府"成立后，依照省宪法规定，将教育科撤销，正式成立省教育司，统管全省教育事务。民国十五年七月，将教育司改为教育厅。周鳌山被任命为第一任教育厅厅长。自此时起，迄民国三十八年八月湖南和平解放止，湖南省教育厅建制一直维持不变，历时 23 年。民国时期湖南教育行政长官情况详见表 4 - 1。①

---

① 湖南省地方志编纂委员会：《湖南省志·教育志》（下册），湖南教育出版社 1995 年版，第 1223 页。

表 4 - 1　民国时期湖南教育行政长官情况一览表

| 职务 | 姓名 | 籍贯或学历 | 任职时间 |
|---|---|---|---|
| 教育司长 | 吴景鸿 | 湖南桃源　日本高等师范学校毕业 | 民国元年六月 |
| 教育司长 | 唐联壁 | 湖南衡阳 | 民国二年三月 |
| 教育司长 | 舒翰祥 | 湖南长沙 | 民国三年十一月 |
| 教育司长 | 易克枭 | 湖南长沙 | 民国三年二月 |
| 教育科长 | 雷　豫 | 湖南长沙　北京大学预科毕业 | 民国三年五月 |
| 教育科长 | 高　建 | 湖北沔阳 | 民国三年十月 |
| 教育科长 | 熊崇煦 | 湖南长沙 | 民国五年 |
| 教育科长 | 雷铸寰 | 湖南东安　湖南高等实业学堂理科毕业 | 民国六年 |
| 教育科长 | 尹援一 | 湖北 | 民国七年 |
| 教育科长 | 胡有敦 | 安徽 | 民国七年 |
| 教育科长 | 寇　星 | 湖北 | 民国八年 |
| 教育科长 | 曾　毅 | 湖南汉寿 | 民国九年 |
| 教育科长 | 李大梁 | 湖南郴县　南路师范选科毕业 | 民国十年三月 |
| 教育司长 | 李剑农 | 湖南邵阳　中路师范学堂　日本早稻田大学学习 | 民国十一年一月 |
| 教育司长 | 彦方圭 | 湖南衡阳　湖南优级师范学校地史科毕业 | 民国十三年十二月 |
| 教育司长 | 曹典球 | 湖南长沙　早年时务学堂求学 | 民国十五年三月 |
| 教育厅长 | 周鳌山 | 湖南岳阳 | 民国十五年七月 |
| 教育厅长 | 董维健 | 湖南桃源　哥伦比亚大学毕业获博士学位 | 民国十五年十一月 |
| 教育厅长 | 黄士衡 | 湖南郴县　哥伦比亚大学毕业获硕士学位 | 民国十六年六月 |
| 教育厅长 | 张　定 | 湖南平江 | 民国十七年五月 |
| 教育厅长 | 张　炯 | 湖南常德　北京高等师范学校 | 民国十七年九月 |
| 教育厅长 | 黄士衡 | 湖南郴县　哥伦比亚大学毕业获硕士学位 | 民国十八年二月 |
| 教育厅长 | 曹典球 | 湖南长沙　早年时务学堂求学 | 民国二十年十二月 |
| 教育厅长 | 朱经农 | 江苏宝山　华盛顿大学毕业获硕士学位 | 民国二十一年九月 |
| 教育厅长 | 王凤喈 | 湖南湘潭　北京高等师范学校英文本科毕业 | 民国三十二年八月 |
| 教育厅长 | 李祖荫 | 湖南祁阳　日本明治大学法律科毕业 | 民国三十八年四月 |

　　资料来源：①《湖南省志·教育志》（下册）第 1223 - 1234 页；②湖南教育行政长官学历来自一些零散的资料。

　　由表 4 - 1 得知，一部分担任湖南省教育行政长官是从国外留学归来的留学生。例如，吴景鸿毕业于日本高等师范学校，李剑农毕业于日本早稻田大学，董维健毕业于哥伦比亚大学获得博士学位，黄士衡毕业于哥伦比亚大学毕业获得硕士学位，朱经农毕业于华盛顿大学获得硕士学位，李祖荫毕业于日本明治大学。其他的都是从高等学校毕业并且从事过教育工作的杰出人才。这里要对朱经农进行特别介绍，因为他对湖南教育贡献是巨大的。朱经农，江苏宝山县人，15 岁考入常德府中学堂，1904 年赴日本留学，入成城学校，并参加革命活动。1913 年赴美留学，获得华盛顿大学硕士学位。1921 年应北大校长蔡元培邀请担任北大教授。1926 年，任上海教育局局长。1928 年，任普通教育司司长。两年后任教育部常务次长。1931 年春任中国公学副校长，代邵力子主持校务。6 月任山东齐鲁大学校长。1932 年任湖南教育厅长。1943 年任重庆中央大学教育长。1944 年任教育部次长。1946 年为商务印书馆总经理。1948 年赴美，不久即逝世于美国。1932 年至 1943 年，朱经农任湖南省教育厅长期间，尽管作为执行国民党教育政策的地方首脑，不可能完全清白无瑕，尤其是在何键、薛岳主政湖南时期，有很多可指责可批评之处，但是他为湖南在民族危亡之秋的教育事业的发展所做出的努力和贡献不可否认。

## 二、县级教育行政制度的演变

　　清末，县级教育行政机构为劝学所。1906 年，劝学所主管官称为总董，授七品衔，1910 年改称所长，其职责是辅佐知县办理全县教育事宜。民国元年，政权改制，仍然由劝学所统一掌管全县教育事宜，但取消品衔，所长仍受知县领导。1915 年，教育部颁布《劝学所规程》，规定具有下列资格之一者，方能充任劝学所所长：①曾任地方教育事务五年以上者；②曾任高小校长三年以上者；③曾在师范学校毕业，任教员一年以上者。具有下列资格之一者方能担任劝学员：①曾任地方教育事务二年以上者；②曾任国民学校或高等小学校教员二年以上者；③曾在师范学校毕业者。① 民国十二年，教育

---

① 张季信编：《中国教育行政大纲》，商务印书馆 1934 年版，第 149 - 150 页。

部宣布改劝学所为教育局，颁布了《县教育局规程》，符合下列资格之一者，方能任教育局长：①毕业于大学师范科或高等师范学校者；②毕业于师范学校任教育职务三年以上者；③毕业于专门以上学校并曾任教育职务二年以上者；④曾任中学校长或小学校长三年以上者；⑤曾任教育职务五年以上者并有成绩者。① 县教育局职员的薪俸标准在《县教育局规程》中并未明白规定，故各省教育局职员的薪俸各异。例如江苏教育厅规定教育局长的薪俸为四等：甲等为60元，乙等为50元，丙等为40元，丁等为30元。浙江省教育厅分局长薪俸为三等六级：有250所学校以上的为一等一级，有200所学校以上的为一等二级，有150所学校以上的为二等一级，100所学校以上的为二等二级，有50所学校以上的为三等一级，有50所学校以下的为三等二级。② 下是湖南省1920年至1922年7月各县劝学所所长一览表（见表4-2）。

表4-2　湖南省1920年至1922年7月各县劝学所所长一览表

| 县别 | 姓名 | 学　历 | 委任时间 | 月薪 |
|---|---|---|---|---|
| 长沙 | 邹希鲁 | 优级师范学堂毕业 | 民国六年二月 | 44元 |
| 湘阴 | 黄兆銮 | 优级师范学堂毕业 | | |
| 浏阳 | 李炳煌 | 浏阳驻省初级师范毕业 | | |
| 湘潭 | 刘瑞璜 | 清附生　日本宏文师范毕业 | 民国六年呈准 | 15元 |
| 湘乡 | 蠡焕纶 | 清附生　师范传习所毕业 | | 21元 |
| 益阳 | 聂赞熙 | 中路师范学堂毕业 | | |
| 攸县 | 谭良弼 | 纯正师范毕业 | | |
| 醴陵 | 张　龙 | 清附生　长沙府中学堂毕业 | | |
| 宁乡 | 喻士龙 | 清附生　师范简易科毕业 | | |
| 安化 | 陈　澈 | 湖南高等师范学校毕业 | | |
| 宝庆 | 傅　范 | 中路师范优级选科毕业 | 民国十一年五月 | 20元 |
| 新化 | 游日谦 | 清附生　湖南官立法政科毕业 | 民国八年五月 | 12元 |
| 新宁 | 何烛麟 | 本邑初级师范及高等铁路学堂毕业 | 民国十一年二月 | |
| 武冈 | 刘藜光 | 优级师范学堂毕业 | 民国九年八月 | 20串 |
| 城步 | 萧鸿钧 | 私立第一实科中学附设简易师范毕业 | 民国十一年二月 | 15串 |
| 岳阳 | 方泽森 | 清岁贡　修业师范毕业 | 民国九年十月 | |

① 张季信编：《中国教育行政大纲》，商务印书馆1934年版，第154页。
② 张季信编：《中国教育行政大纲》，商务印书馆1934年版，第155页。

（续表）

| | | | | |
|---|---|---|---|---|
| 平江 | 欧阳骅 | 高等师范本科理数部毕业 | 民国十九年六月 | |
| 临湘 | 陈宗宝 | 日本宏文学院毕业 | 民国十年四月 | 10 元 |
| 华容 | 谢文圈 | 优级师范毕业 | 民国十一年五月 | 30 串 |
| 南县 | 段荫农 | 清附生 竞业师范毕业 | 民国八年七月 | |
| 衡阳 | 李萧森 | 高等师范本科毕业 | 民国十一年五月 | 36 串 |
| 衡山 | 向 灏 | 清廪贡生 南路师范毕业 | | 14 元 |
| 安仁 | 李炳文 | 清恩贡生 曾充高小学校校长 | 民国十一年五月 | |
| 耒阳 | 谷英汉 | 高等师范学堂理科毕业 | 民国十一年七月 | |
| 常宁 | 廖安世 | 国立武昌高等师范本科毕业 | 民国十一年一月 | |
| 酃县 | 周炎卿 | 省立第二师范毕业 | 民国十一年三月 | |
| 零陵 | 钱盛涛 | 清优增生 湖北速成师范毕业 | 民国十一年三月 | 32 串 |
| 祁阳 | 蒋葆瑛 | 高等师范本科博物部毕业 | | |
| 东安 | 邓建中 | 高等学堂预科毕业 | 民国十一年七月 | 14 串 |
| 道县 | 朱蔚霞 | 省立第三师范毕业 | 民国九年十二月 | |
| 宁远 | 柏登峻 | 清廪贡生 南路师范毕业 | 民国十一年七月 | 16 元 |
| 永明 | 蒲递崇 | 优级师范毕业 | 民国十一年一月 | |
| 江华 | 伍有临 | 曾任县立高等小学校长 | 民国六年二月 | 16 元 |
| 新田 | 刘振汉 | 高等学堂毕业 | 民国十一年一月 | |
| 郴县 | 杨书光 | 省立第三师范毕业 | 民国十年一月 | 16 元 |
| 永兴 | 刘向藜 | 优级师范选科毕业 | 民国九年八月 | |
| 宜章 | 黄燮清 | 郴郡联合中学毕业 | 民国十年三月 | 18 元 |
| 资兴 | 陈基虞 | 清廪生 历任高小学校校长 | | |
| 桂东 | 郭俊粮 | 清附贡生 明德学校理化选科毕业 | 民国十年八月 | 16 元 |
| 汝城 | 朱鹿春 | 清附生 经国法政毕业 | 民国十一年五月 | |
| 桂阳 | 张化之 | 南路师范优级选科 | | |
| 蓝山 | 彭杰 | 高等师范本科博物部毕业 | 民国十年四月 | 16 串 800 文 |
| 嘉禾 | 李延禄 | 桂阳中学校毕业历充各小学校长 | 民国十一年六月 | |
| 常德 | 陈镇襄 | 武昌国立高等师范毕业 | 民国十年九月 | |
| 桃源 | 刘成锷 | 西路师范完全科毕业 | 民国十一年五月 | |
| 汉寿 | 郑启涛 | 清增生 常德师范传习所毕业 | 民国十一年五月 | |
| 沅江 | 黄光照 | 省立第一中学曾任教育会长 | 民国十一年五月 | |
| 沅陵 | 潘益龄 | 省立第二师范毕业 | 民国十一年一月 | 18 串 |
| 泸溪 | 吴永勋 | 清贡生 历充县立高小学校校长 | 民国十一年七月 | |

（续表）

| 辰溪 | 孙斌 | 省立第二师范毕业 | 民国十一年九月 | |
|------|------|------------------|----------------|------|
| 溆浦 | 邹士桢 | 清贡生 曾任县知事办学务9年 | 民国九年七月 | 16元 |
| 芷江 | 李永瀛 | 清增生 西路师范修业 | | |
| 黔阳 | 邓茂荣 | 省立第二师范毕业 | 民国十一年一月 | 24串 |
| 麻阳 | 王登岳 | 西路公立师范学堂毕业 | 民国十一年四月 | 26串 |
| 永顺 | 向钟璐 | 清永顺官立受粹高等小学毕业 | 民国十一年七月 | |
| 保靖 | 黄嘉宜 | 清附生 本邑师范传习所 | 民国十一年八月 | |
| 龙山 | 李春霆 | | | 16元 |
| 桑植 | 刘南轩 | 省立第二师范毕业 | 民国十年十二月 | 30串 |
| 靖县 | 唐宏模 | 清贡生 曾任学务处副理 | 民国八年七月 | 16元 |
| 绥宁 | 周瑞珍 | 第一师范讲习科 | 民国十年十月 | 18串 |
| 会同 | 蔡仁傅 | 清廪生 检定高等小学教员 | 民国十一年十月 | 18串 |
| 通道 | 吴世德 | 清岁贡 曾充任县署教育科长 | 民国五年十二月 | |
| 澧县 | 马范弛 | 西路师范毕业 各高小校长 | 民国十一年三月 | |
| 石门 | 盛再生 | 清举人 曾任第二师范教员 | 民国七年七月 | 14元 |
| 慈利 | 田金楠 | 清岁贡 曾充西路师范、常德中学教员 | 民国十一年五月 | |
| 临澧 | 郭维青 | 常德三益师范 曾任澧县中学校长 | 民国十一年五月 | |
| 安乡 | 张希贤 | 清附生 日本宏文师范及早稻田大学毕业 | 民国十年一月 | |
| 乾城 | 姚钦 | 第一中学毕业 | 民国九年八月 | 8串 |
| 凤凰 | 腾文昭 | 清拔贡 前充省视学 | 民国五年由辰沅道委任 | |
| 永绥 | 崔育崧 | 清拔贡 高等学堂毕业 | 民国十年十月 | |
| 晃县 | 杨冠南 | 清附生 贵州师范学校毕业 | 民国十一年五月 | |
| 古丈 | 向兆达 | 省立第二师范毕业 | 民国十一年七月 | 40元 |

由表4-2得知：担任劝学所所长一职的绝大多数都是按照教育部颁布的《劝学所规程》的资格进行选拔的。其中，留学日本有3人，优级师范及高等师范学校毕业有13人，在清末获得功名也受过师范教育或者担任小学教育行政职务或者去外国留学的人有27人。湖南劝学所所长的薪俸没有统一的标准，完全根据各县的情况而定，县劝学所所长月薪最高的达到40元，最低的只有8串。菲薄的待遇对劝学所所长的消极影响是显而易见的，许多劝学所长无心专注工作，办事敷衍，行政效率极度低下。有些甚至为改善生活而另谋他法。

以民国时期沅江县和华容县的教育行政长官学历进行比较，显然沅江县教育行政长官的学历比华容县教育行政长官的学历要高。沅江县县级教育行政长官情况（见表4-3）：从高等师范学校毕业的有7人（北京师大毕业4人，湖南高等师范学堂毕业3人），大学毕业的有7人（其中北京大学和南开大学各1人，湖南大学毕业5人），另外除了4人是清末取得功名外，其余的都是中等师范或中学毕业。华容县的教育行政长官情况（见表4-4）：有5人是高等师范毕业（其中3人是湖南省优级师范学堂毕业，2人是国立武昌师范大学毕业），另外的都是中等师范或中学毕业。两个县的教育行政长官都符合《劝学所规程》和《县教育局规程》规定的资格。但离省城近，经济条件比较好的沅江县的教育行政长官从学历来看是比较高，说明离省城近，经济条件比较好的县对毕业生更具有吸引力。

表4-3　沅江县民国时期历任教育行政长官一览表①

| 职务 | 姓名 | 功名或学历 | 任职时间 |
| --- | --- | --- | --- |
| 劝学所长 | 陈大经 | 秀才 | 宣统二年至民国三年 |
| 劝学所长 | 谭玉山 | 秀才 | 民国四年至民国八年 |
| 劝学所长 | 李熙麟 | 秀才 | 民国九年至民国十年 |
| 劝学所长 | 皮　鎏 | 湖南省优级师范学堂毕业 | 民国十年至民国十一年 |
| 劝学所长 | 周泽元 | 北京师大毕业 | 民国十一年至民国十三年 |
| 劝学所长 | 黄光照 | 湖南高等师范学堂毕业 | 民国十三年至民国十四年上半年 |
| 劝学所长 | 曹邦佐 | 常德西路师范学堂毕业 | 民国十四年下半年 |
| 劝学所长 | 皮国杰 | 北京师大毕业 | 民国十五年上半年 |
| 劝学所长 | 黄少怀 | 北京师大毕业 | 民国十五年下半年 |
| 劝学所长 | 皮国杰 | 北京师大毕业 | 民国十六年 |
| 教育局长 | 皮　鎏 | 湖南省优级师范学堂毕业 | 民国十七年至民国十七年 |
| 教育局长 | 方　化 | 南开大学毕业 | 民国十七年至民国十八年 |
| 教育局长 | 张中理 | 北京大学毕业 | 民国十八年（半年） |
| 教育局长 | 张　维 | 湖南大学毕业 | 民国十八年九月至民国二十年九月 |
| 教育局长 | 谭　雄 | 拔贡 | 民国二十年九月至民国二十一年九月 |
| 教育局长 | 李田元 | 常德西路师范毕业 | 民国二十一年九月至民国二十二年十二月 |
| 教育局长 | 罗　杰 | 常德二中毕业 | 民国二十一年九月至民国二十二年十二月 |

---

① 沅江县教育局编：《沅江县教育志》，第12页。

（续表）

| 教育局长 | 沈其林 | 湖南一师毕业 | 民国二十六年 |
|---|---|---|---|
| 科　长 | 沈其林 | 湖南一师毕业 | 民国二十六年至民国二十八年 |
| 科　长 | 张树敬 | 湖南大学毕业 | 民国二十八年至民国二十九年 |
| 教育局长 | 张树敬 | 湖南大学毕业 | 民国二十九年至民国三十年 |
| 科　长 | 曹邦训 | 湖南一师毕业 | 民国三十一年至民国三十四年 |
| 科　长 | 晏学明 | 育才学院毕业 | 民国三十五年元月至十月 |
| 科　长 | 曹梦霄 | 湖南大学毕业 | 民国三十五年至民国三十六年 |
| 科　长 | 曹梦霄 | 湖南大学毕业 | 民国三十七年至民国三十八年 |

表4-4　华容县民国时期历任教育行政长官一览表①

| 机构名称 | 姓名 | 性别 | 籍贯 | 学　历 | 职务 | 任职时间 |
|---|---|---|---|---|---|---|
| 教育科 | 秦　毅 | 男 | 华容 | 湖南优级师范毕业 | 科长 | 民国元年 |
| 劝学所 |  | 男 | 华容 |  | 所长 | 民国四年 |
| 劝学所 | 谢文邕 | 男 | 华容 | 湖南优级师范毕业 | 所长 | 民国八年—民国十二年十二月 |
| 劝学所 | 罗　璋 | 男 | 华容 |  | 所长 | 民国十三年一月—民国十四年七月 |
| 教育局 | 罗喜闻 | 男 | 华容 | 湖南省立一师毕业 | 局长 | 民国十五年八月—民国十六年七月 |
| 教育局 | 罗　桢 | 男 | 华容 | 岳郡联中毕业 | 局长 | 民国十六年八月—民国十七年八月 |
| 教育局 | 毛佣群 | 男 | 平江 |  | 局长 | 民国十七年十二月—民国十八年十二月 |
| 教育局 | 杨士铮 | 男 | 华容 | 湖南省立一师毕业 | 局长 | 民国十九年一月—民国二十年十二月 |
| 教育局 | 罗涤寰 | 男 | 华容 |  | 局长 | 民国二十一年一月—民国二十一年六月 |
| 教育局 | 秦　毅 | 男 | 华容 | 湖南优级师范毕业 | 局长 | 民国二十一年七月—民国二十二年七月 |
| 教育局 | 郑炳文 | 男 | 华容 | 湖南省立一师毕业 | 局长 | 民国二十二年八月—民国二十三年七月 |
| 教育局 | 季　冕 | 男 | 华容 | 湖北私立法政专门学校毕业 | 局长 | 民国二十三年十月—民国二十七年二月 |

---

① 湖南省华容县教育局：《华容县教育志》，湖南人民出版社2012年版，第294页。

（续表）

| 教育局 | 张耀寰 | 男 | 华容 | 国立武昌师范大学毕业 | 局长 | 民国二十七年三月— 民国二十八年八月 |
|--------|--------|----|------|---------------------|------|------------------------------------|
| 教育局 | 刘用章 | 男 | 华容 | 国立武昌师范大学毕业 | 局长 | 民国二十八年九月— 民国三十二年四月 |
| 教育科 | 吴玉珊 | 男 | 华容 | 湖南省立第一中学毕业 | 科长 | 民国三十二年五月— 民国三十五年一月 |
| 教育科 | 何　凯 | 男 | 华容 | 省立一中高级师范科毕业 | 科长 | 民国三十五年二月— 民国三十六年七月 |
| 教育科 | 赵忠汉 | 男 | 华容 | 南县末湖中学毕业 | 科长 | 民国三十六年八月— 民国三十六年十一月 |
| 教育科 | 丰起虞 | 男 | 华容 | 湖南省立一师毕业 | 科长 | 民国三十六年十二月— 民国三十八年七月 |

从以上三个表中得知，劝学所所长或教育局长的资格具有以下几个特点：第一，劝学所所长或县教育局长资格参差不齐，来源较为广泛。其中有大学教育科、师范院校毕业生，还有中学、职业学校毕业生，甚至前清增生、廪生、附生、贡生亦充斥其间，但是这类出身比例大大减少，受过新式教育者占了绝大多数。第二，从比例上看，劝学所所长或县教育局长大部分还是师范类学校毕业。虽然受了一定程度的基本训练，具备了相当的素质，但是这些人多数毕业于普通师范甚至是速成师范，与教育行政的实际需要还是有一定的差距，因为普通师范学校的目的在于"养成小学之师资"。若教育局长没有受过大学及专门教育，"既不能有充分之普通之识，更无专门教育行政之训练，以之领导全县学校，其难有发展，可以预料"[①]。第三，留学生任职劝学所所长或教育局长者数量极少。民国九年至民国十一年七月仅有 3 县的劝学所所长曾经留学日本。众所周知，近代中国留学生，特别是留日学生是数量最多，文化程度相对较低的一个群体。从 1896 年至 1930 年，中国总共有近 7 万名各类人员赴日留学[②]，而湖南留学生，特别是留日学生，占全国留学生中比例是较高的。这些留学生绝大部分回到了中国，但真正从事地方基层教育行政者却是寥寥无几。相比同期担任中学校长一职者，例如湖南省 1920 年至 1922 年

---

① 杨亮功：《教育局长》，正中书局 1935 年版，第 11 页。
② 实藤惠秀：《中国人留学日本史》，谭汝谦，林启彦译，三联书店 1983 年版，第 451 页。

7月，担任中等学校校长就有 15 位为归国留学生，其中留学日本有 11 人，留学欧美有 4 人①。由此可见，在当时，教育局长的任职资格远低于中学校长，这也从侧面说明，教育局长职位的吸引力远比中学校长要低。

教育是一个周期长、见效慢的事业。行政官员的任期长短，对教育发展影响至深。尤其在制度不健全、人治盛行的旧中国，人亡政息的案例比比皆是。教育局长要想振兴一县教育，非假以时日，延长其任期，否则不能有所建树。1916 年教育部颁布的《劝学所规程实施细则》中规定，劝学所所长的任期为 3 年；1927 年颁布的《县教育局规程》中，虽未对教育局长的任期做出规定，各省在最初颁布的县教育局规程中，亦未规定局长的任职年限，但随后各省在陆续颁布的实施细则或修正条例中均加以明确，多数规定局长任期以 3 年为限。但调查统计局长的实际任期，实与规定的任期相差甚远，例如 1935 年湖南省县教育局长在职年限统计：不足 1 年的，有 15 人；1 年的 9 人；2 年的 2 人；3 年的 1 人；4 年的 3 人；5 年的 1 人。②

### 三、视学制度的确立

视学制度是教育行政制度的组成部分，受教育行政长官的指挥，代表其耳目，用以视察地方教育行政机构与学校对于中央所颁布的计划是否遵守，而加以相当的指导，根据视察实况给予相应的处置。目的有八个：第一，指导教职员以资改进；第二，视察学校教育及社会教育是否照国家所定标准办理；第三，分别优劣以便适当处置；第四，调查实况以改良进步的基础；第五，辅助办学人员解决各种困难问题；第六，指导教学法，以期增加教学效率；第七，提倡研究以增长教师专业兴趣；第八，沟通教育界以谋求精神之联络。③ 随着民国初年新的省级教育行政机构的设置，湖南省视学制度逐步受到重视而臻于完善。1912 年 8 月，以大总统令公布了《教育部官制》，其中规定设视学 16 人，"承长官之命，掌学事之视察。"④ 1913 年 1 月，教育

---

① 《湖南省教育行政一览》（下册），第 30－40 页。
② 杨亮功：《教育局长》，正中书局 1935 年版，第 21 页。
③ 张季信编：《中国教育行政大纲》，商务印书馆 1934 年版，第 180 页。
④ 转引自：朱有瓛等：《中国近代教育史资料汇编·教育行政机构及教育团体》，上海教育出版社 1993 年版，第 109 页。

部为此公布了《视学规程》17 条；3 月，又公布了《视学处务细则》19 条；
10 月再次公布了《视学留部办事章程》12 条。依《视学规程》规定，全国
视学区域分 8 区，每区分派 2 人，湖南属第四视学区。但教育部对各省视学
制未作具体指示。为配合部视学机构的设置和部视学的工作，湖南教育司于
1913 年底，正式颁布《湖南行政公署教育司视学规程》，① 共 26 条。对视学
工作各方面都做出了严格要求，提出，设立视学的宗旨是为了促进教育的发
展；对视学区域、视学名额都做了规定；尤其对视学长、视学的职务、权限做
了十分详尽的规定，便于视学在实际考察中按条文操作，同时对视学也做了必
要的约束，在经费、义务上作了明文规定。可见，该章程是湖南省视学制度确
立的一个指导性条文。到 1918 年教育部才颁布《县视学章程》，湖南各县大多
按规定设置了相应的视学员，并对其职责做出相应规定，从而使全省的县视学
制进入正轨。中央视学资格：第一，毕业国内外大学或高等师范，任职一年以
上者；第二，曾任师范学校、中学校校长或教员三年以上者；第三，曾任教育
行政职务三年以上者。② 省视学资格：第一，大学文科或高等师范学校毕业
者；第二，师范学校本科毕业曾任学务职五年以上有成绩者；第三，曾任师
范学校、中等学校校长或教员二年以上有成绩者；第四，遇有特别情形，经
教育总长核准暂行任用者，不在此限。③ 县视学的资格：第一，师范学校本
科毕业，曾任学务职务一年以上者；第二，中学小或二年以上简易师范科毕
业，曾任学务职二年以上，有成绩者；第三，曾任高等小学校校长或本科正
教员，经教育行政长官认为确有成绩者；第四，遇有特别情形，经教育行政
长官允许者，亦得任用，不在此限。④ 根据《省视学规程》和《县视学规
程》，各视学人员特别注重视学的注意事项，认真地履行自己的职责。如第
二区视学王国鼎在其视察情形报告中对衡阳道视学区域的学务情况重点做了
如下批评："该县学童之数尚未调查，学区之分，亦未确定。……小学教员
养成所之设立……中学甲班修业期限之延长……女子师范学校之更正名称，

① 《湖南教育杂志·法令文牍》第 2 年第 15 期。
② 张季信编：《中国教育行政大纲》，商务印书馆 1934 年版，第 183 页。
③ 张季信编：《中国教育行政大纲》，商务印书馆 1934 年版，第 187 页。
④ 张季信编：《中国教育行政大纲》，商务印书馆 1934 年版，第 194 页。

皆属刻不容缓之事。"① 又如第三区视学夏受祺在其报告中称赞武陵县知事沈维光:"办学有年,对于教育,有提倡维持之力。"但也对该县一些学校校舍建设、卫生提出了批评意见,如指出:"省立第二师范学校……癸班教室光线不佳,未另设饮茶室……附属小学无适当雨时操场等类。"同时也对一些优秀的教职员提议嘉奖,如"该县教育科科长沈毓英,热心学务,办事果决;教育会会长吴其林,热心学务,办事甚有条理;县立第一初等高等小学校校长戴修礼办事可靠;第四联合中学兼第二师范学校历史教员王际春,负责认真"等。对一些不合格的教员也提出了意见。如"第四联合中学英文教员吴祯禄语言尚欠娴熟,应即撤换,另聘妥员接充,以重学务;第四联合中学校教务长、会计、文牍,县立女子师范学校会计、庶务、均应转饬裁并,以资节省"。② 从以上省视学的报告中,可以看出省视学人员对其所属区域的学务尽到了监察、督促、整顿、劝导、指示之责。对教职员的考察,是相当敏感的问题,关系教职员个人切身利益,但省视学人员不徇私情,传谕嘉奖者,或定为降级者、不合格者、撤职者,其理由都相当充足,道明了原委,从而做到赏罚分明,使人心悦诚服。对一些学校的教学质量的认定,办理合法与否也做了具体说明,提出了改进意见,为各学校的健康发展起到了指导作用,并使行政长官能及时了解整个地区的学务情况,从而对全省教育发展起到了促进作用。

## 第二节　师范学校管理与教职员管理

### 一、师范学校管理

师范学校作为师范教育的办学部门,其管理包括教育行政部门对师范学校的管理和师范学校的内部管理。

1. 教育行政部门对师范学校的管理

清末,湖南中等师范学堂均由学部统管,省提学使司(学务处)负责督

---

① 《湘省视学之认真》,《湖南教育杂志·纪录》第4年第1期。
② 《湘省视学之认真》,《湖南教育杂志·纪录》第4年第1期。

率、稽核。省内中等师范学堂的设立、更改，由提学使司（学务处）禀请巡抚核准，并报学部大臣查考；经费由省开支；学堂监督由提学使司（学务处）报巡抚批准任命，并报学部核备。

民国时期，按"省管中等教育"的原则，全省中等师范，不论省立、县立、联立或私立，均由省教育行政机关统一管理。有关中师的设立、变更或废止，以及招生设班、毕业证书验印等事项，均由省教育行政机关核办。省立、县立、联立师范的经费，分别由省、县、有关各县提供。学校校长，在北洋政府时期，省立者直接由省行政长官（省长、都督、巡按使）任命；县立者，由县行政长官（县知事、县长）报省行政长官任命；联立者，由董事会遴选，经所在地县行政长官报省行政长官任命。在国民政府时期，省立者，由省教育厅提名，经省政府委员会通过后由教育厅任命；县立者，由县政府提名，报省教育厅任命；联立者，由董事会遴选，报省教育厅批准任命。私立中等师范（民国二十三年起无私立师范）其经费自筹，学校校长由董事会聘任，报省教育厅备案。

2. 师范学校的内部管理

清末师范学堂一般在堂长、监督（校长）之下设教务长、斋务长和庶务长，分别负责学堂的教学、学生管理及教务总务工作。民国时期，学堂一律改为学校，堂长、监督改称校长。师范学校实行校长负责制，校长总理校务，拥有人事任免权。校长由省厅批准任命，全权筹办各种校务活动。在学校人事方面，除了会计主任由省厅批准任命，学校其余人选均由校长聘任。学校教导处的职能是协助校长管理全校教务，设教务主任，主要职能有六项：制订教学计划；配备各科各班教学人员；调查研究教授方法，组织指导教育实习；主持各科考试，考查学生操行、学业、身体成绩；筹措图书仪器、改进完善各项设备，稽查师生考勤与请假事宜；负责学籍管理，承办各种教学文书表簿。另配教导员、书记员协助教务主任日常事务。学校训育处的职能是协助校长管理学生训育工作，整肃学生组织纪律，设训育主任，另配军训教官和童军教员协助训育主任办理日常事务。省立九师时期，训育处曾增设体育主任，主要职能如下：实施思想指导，组织总理纪念周活动；监察学生日常生活，维护学校风纪；主持军事体育训练，安排其他课外活动；

组织监督学生社团活动；管理内务与环境卫生；承办学生奖惩事项。

学校总务处的主要职能是协助校长管理学校的后勤总务，设事务主任，另配出纳员、庶务员及公共协助事务主任工作。事务处设主任 1 人，配庶务员、出纳员协助主任工作，事务主任由校长聘任。学校总务处的主要任务是为教学活动提供必要的物质保证，为师生员工生活创造温饱、安静、舒适的环境，它是学校教育群体化的产物。教学和非教学活动实行分工协作，总务工作才逐渐形成相对独立的服务性实体。学校设会计主任，总理学校财会工作。会计主任由湖南省教育厅委任，另配会计助理协助工作。

## 二、教职员管理

### 1. 教职员队伍发展概况

1912 至 1913 年，湖南教育事业迅速发展，教职员人数成倍增加，据 1912 年统计，全省各级各类学校教职员总数达 31268 人，较光绪三十三年增长 3.2 倍。1914 年后，湖南教育事业因遭到军阀反复摧残，一度大为萎缩，教职员人数随之锐减。1922 年至 1926 年，湖南教育事业逐步恢复并有所发展，教职员人数相应增加。据 1936 年统计，全省教职员总数为 52203 人，较民国元年增长 2.7 倍。抗日战争爆发后，特别是民国三十年湖南普遍推行国民教育并实施分区设学计划后，教育事业又有较大发展，教职员队伍迅速扩大，到 1948 年，教职员总数为 109087 人，与 1912 年相比，总数增长 5.2 倍。其中，高等学校增长 2.8 倍，中等职业学校增长 86.4%，中等师范学校增长 3.3 倍，中学增长 16.5 倍，小学增长 5.2 倍。民国时期全省教职员人数变化情况详见表 4 - 5。

表 4 - 5　民国时期全省教职员人数变化情况一览表

| 人数校别<br>年度 | 高等学校 | 中等职业学校 | 中等师范学校 | 普通中学 | 小学 | 合计 |
|---|---|---|---|---|---|---|
| 光绪三十三年 | 90 | 125 | 221 | 359 | 2481 | 3276 |
| 民国元年 | 283 | 823 | 467 | 806 | 28889 | 31268 |
| 民国十年 | 224 | 469 | 286 | 733 | 12576 | 14288 |

（续表）

| | | | | | |
|---|---|---|---|---|---|
| 民国十九年 | 155 | 890 | 613 | 2362 | 53876 | 57896 |
| 民国二十一年 | 174 | 955 | 755 | 2809 | 64812 | 69505 |
| 民国二十二年 | 182 | 928 | 713 | 2786 | 51923 | 56532 |
| 民国二十三年 | 114 | 885 | 701 | 2738 | 42993 | 47431 |
| 民国二十四年 | 131 | 866 | 688 | 2685 | 47943 | 52313 |
| 民国二十五年 | 123 | 916 | 696 | 2194 | 48274 | 52203 |
| 民国二十六年 | 82 | 1114 | 569 | 2110 | 51025 | 54900 |
| 民国二十七年 | 118 | 764 | 660 | 2508 | 54002 | 58052 |
| 民国二十八年 | 143 | 702 | 572 | 2858 | 57079 | 61354 |
| 民国二十九年 | 155 | 750 | 764 | 3490 | 58368 | 63527 |
| 民国三十年 | 187 | 921 | 891 | 3370 | 64916 | 70285 |
| 民国三十一年 | | 1067 | | | 78740 | |
| 民国三十二年 | | 1239 | | | 78734 | |
| 民国三十三年 | | 1608 | | | 78787 | |
| 民国三十四年 | | 1214 | | | 56722 | |
| 民国三十五年 | 885 | 1308 | 1716 | 7340 | 91248 | 102497 |
| 民国三十六年 | 885 | 1406 | 1795 | 7684 | 95861 | 107631 |
| 民国三十七年 | 1077 | 1534 | 2009 | 8263 | 96204 | 109087 |

资料来源：①光绪三十三年湖南学务处统计表；②民国元年教育司全省学校调查表；③民国十一年湖南教育司所编中等以上学校调查概况表；④《第二次中国教育年鉴》；⑤民国三十一年湖南教育厅所编民国二十一年至民国三十年统计资料；⑥其他零散资料；表中所列民国三十七年高等学校教职员人数，系采取 1949 年上期统计数，见《湖南教育志》"高等教育"。

### 2. 教职员管理

湖南教职员管理包括教职员任用、待遇、考核、奖惩等，均遵照当时中央政府有关规定执行，或视情况制订若干实施细则，或依中央规定原则，结合本省情况，另拟若干具体条规。其实施情况如下。

（1）教职员任用

①任用办法：清末，遵照学部所订提学使权限章程，湖南所有官立学堂（从高等学堂至小学堂）监督，统由提学使委任；所有官立学堂教员及一般职员，亦同由提学使聘用，其具体实施办法：凡省直辖的各级各类官立学堂监督，即由提学使司"博采学界舆论，秉承督抚，斟酌委任"，凡各属官立

学堂监督而令饬各地方官商正绅选举，禀报提学使扎派。各级各类学堂教员及一般职员。则分别由各学堂监督遴选合格人员，禀请提学使司延聘。委聘任期限不一，一般以一年或二年为期，亦有短至数月或长达三年以上的，均按聘用"关约"执行。至于各私立学堂监督及教职员的聘用，则都由设立者自行决定，但须报提学使司备案。

民国时期，全国教育管理体制有所改变。高等学校一般归教育部管辖，中等学校由省掌管，小学由各县市分属。据此，湖南省政府于民国三年即将本省中等以上学校校长的任用办法，改作如下规定：凡省立者，其校长由省行政长官任用；县立者，其校长由县行政长官（县知事、县长）呈请省行政长官任用；联合县立者，其校长由董事会选举，呈由该所在地县行政长官转省行政长官任用；私立者，其校长即由设立人（含法人）任用之，并报省行政长官核查。各县立、区立小学校长则均由县行政长官任用。国民政府时期，对上述规定，略有修正，民国十九年颁行的《省立湖南大学组织大纲》中规定：该校校长须由湖南省政府提名，呈请国民政府正式任命。同年颁行的《湖南省公立中等学校校长任用暨待遇规程》中规定：省立中等学校校长由省教育厅提名，经省政府委员会会议议决派充；县立中等学校校长由县政府选荐合格人员，呈请省教育厅派充。私立学校则依照惯例，由设立者聘用，并呈其主管教育行政机关备案；私立高等学校，如湘雅医学院院长还须报教育部核备。各公立小学校长的任用，即按教育部颁布的《小学规程》的规定办理，除省立学校的附属小学及若干示范性小学校长由省教育厅直接任用外，其余均由各县市自行委任。但民国二十九年，湖南省政府曾补充规定：中心国民学校校长，不论由县市直接委任，或由地方遴荐县市政府圈委，均需检验资历政见，呈请教育厅核准，方得正式委任。至于各级各类学校教员及一般职员的任用，均按教育部规定，以聘任制实施，并分别由各校校长加以聘用。唯须于每学期开学前将所聘教职员履历呈报主管教育行政机关备案核查。少数例外情况是：个别有特别贡献的著名教授，由教育部直接聘用，称"部聘教授"；少数有特别技术专长而又为各中等职业学校所急需的专业技术教员，由湖南省教育厅直接聘用，称"厅聘教员"。此外，民国八年以后，湖南省政府为实施会计独立及中等以上学校学生实行军事训练，规定各级学校会计人员,中等以上学校军训教官及童子军教练员,分别由各有关上级机关派遣,不属聘任之列。

少数办理较好,成绩卓著的公立学校、高等学校对校长及教员的任用资格历来注重,常不惜重金,广为择聘。

②编制标准:清末,湖南各级各类学堂因系初建,组织机构甚简,人员编制亦无确定标准。初等小学堂,仅设监督一员,教员若干。中等以上学堂,除监督、教员之外,视事务之繁简,另设教务、文牍、庶务、会计各员,少则数人,多则十数人。民国初年,学堂改称学校,监督易名校长,但各校组织机构及人员设置仍沿行旧制。民国十六年,湖南省政府在制订的各类公立学校组织大纲中,对各公立学校机构设置及人员编制做出统一规定。但实际上未认真执行。民国二十二年,湖南省教育厅详订省立学校人员编制标准,令各校遵行,并据以拨发人员经费。其时,各校职员编制数额,依所设班次多少加以确定,教员则按每班授课时数计算予以聘用(见表4-6)。①

表4-6　职员教员编制数额一览表

| 学校类别 | 职员名称 | 职员编制人数 | | | | 每班每周授课时数 |
|---|---|---|---|---|---|---|
| | | 8班以上 | 10班以上 | 12班以上 | 14班以上 | |
| 中学、师范(不分高初级) | 校长、教务主任、训育主任、会计主任、教务员、训育员、庶务员、仪器图管理员、校医、文牍员、会计助理兼书记、雇员、师范学校实习指导员、职业学校科主任等。 | 15 | 16 | 17 | 18 | 高中、高师40小时初中、简师38小时 |
| 高级职业学校 | | 17 | 18 | 19 | 20 | 40小时 |
| 初级职业学校 | | 12 | 13 | 14 | 15 | 授课:12~16小时实习:8小时 |
| 师范附属小学 | 主事、会计兼庶务、雇员。 | 8班以上 | | 12班以上 | | 高小部 | 初小部 |
| | | 3 | | 4 | | 34小时 | 32小时 |

_____

① 湖南省地方志编纂委员会:《湖南省志·教育志》(下册),湖南教育出版社1995年版,第1261页。

民国二十九年进行修改后的标准如下（表4-7）。①

表4-7　民国二十九年进行修改后的教职员编制标准一览表

| 学校类别 | 职员名称 | 职员编制人数 | | | | 每班每周授课时数 |
|---|---|---|---|---|---|---|
| | | 6班以内 | 7-12班 | 13-18班 | 19-24班 | |
| 高级中学 | 校长、教务主任、训育主任、会计主任、事务主任兼联络员、体育主任、教导员、庶务员、事务员、仪器图管理员、校医、文牍员、会计助理兼书记、雇员、师范学校实习指导主任、农场指导员、高级职业学校科主任、技士、初级职业学校教务主任兼工务主任、工务员等。 | 14 | 19~20 | 22~23 | 24~25 | 36 |
| 高级职业学校 | | 16 | 22~23 | 25~26 | 27~28 | 40 |
| 初级中学 | | 14 | 19~20 | 22~23 | 24~25 | 34 |
| 简易乡村师范学校 | | 16 | 22~23 | 26~27 | 29~30 | 34 |
| 初级职业学校 | | 17 | 23~24 | 26~27 | 28~29 | 18 |
| 师范附属小学 | 主事、教导主任、会计员、事务兼出纳员、庶务员、雇员 | 8班以内 | | 9班以上 | | 高小部　初小部 |
| | | 6 | | 7 | | 34　　32 |

上述编制标准，仅适用于省立学校，各县立、联立、私立学校学校参照实行，或自行制订标准，各校实际在编人数多寡不一。但就全省而言，各级各类学校教职员人数与在校学生人数仍大体保持一定比例（见表4-8）。

表4-8　各级各类学校教职员人数与在校学生人数的比例一览表

| 校别／人数／年度 | 高等学校 | 中等职业学校 | 中等师范学校 | 普通中学 | 小学 |
|---|---|---|---|---|---|
| 光绪三十三年 | 1:11.2 | 1:7.9 | 1:9.6 | 1:9.0 | 1:8.9 |
| 民国元年 | 1:6.2 | 1:7.6 | 1:8.9 | 1:9.4 | 1:11.9 |
| 民国十年 | 1:6.6 | 1:7.0 | 1:9.4 | 1:10.6 | 1:18.2 |

---

① 湖南省地方志编纂委员会：《湖南省志·教育志》（下册），湖南教育出版社1995年版，第1261页。

（续表）

| | | | | | |
|---|---|---|---|---|---|
| 民国十九年 | 1:2.4 | 1:5.2 | 1:7.2 | 1:9.6 | 1:16.7 |
| 民国二十一年 | 1:3.2 | 1:5.1 | 1:8.3 | 1:8.9 | 1:15.8 |
| 民国二十二年 | 1:3.3 | 1:5.1 | 1:7.9 | 1:8.3 | 1:18.1 |
| 民国二十三年 | 1:6.0 | 1:5.2 | 1:7.4 | 1:8.2 | 1:21.8 |
| 民国二十四年 | 1:5.4 | 1:5.4 | 1:7.3 | 1:8.1 | 1:20.6 |
| 民国二十五年 | 1:5.6 | 1:5.5 | 1:7.8 | 1:9.2 | 1:20.8 |
| 民国二十六年 | 1:8.1 | 1:4.5 | 1:8.5 | 1:14.6 | 1:21.6 |
| 民国二十七年 | 1:8.2 | 1:7.8 | 1:9.2 | 1:13.9 | 1:22.3 |
| 民国二十八年 | 1:8.6 | 1:7.5 | 1:12.4 | 1:16.0 | 1:22.3 |
| 民国二十九年 | 1:4.4 | 1:8.6 | 1:11.4 | 1:17.6 | 1:24.0 |
| 民国三十年 | 1:1.8 | 1:7.5 | 1:10.5 | 1:19.3 | 1:21.9 |
| 民国三十一年 | | 1:8.9 | | | 1:20.6 |
| 民国三十二年 | | 1:7.5 | | | 1:23.3 |
| 民国三十三年 | | 1:8.3 | | | 1:27.3 |
| 民国三十四年 | | 1:6.2 | | | 1:25.6 |
| 民国三十五年 | | 1:7.5 | | | 1:20.1 |
| 民国三十六年 | 1:3.8 | 1:6.1 | 1:10.8 | 1:14.1 | 1:20.1 |
| 民国三十七年 | 1:3.7 | 1:6.4 | 1:9.9 | 1:13.8 | 1:20.0 |

　　资料来源：①光绪三十三年湖南学务处统计表；②民国元年教育司全省学校调查表；③民国十一年湖南教育司所编中等以上学校调查概况表；④《第二次中国教育年鉴》；⑤民国三十一年湖南教育厅所编民国二十一年至民国三十年统计资料；⑥其他零散资料；表中所列民国三十七年高等学校教职员人数，系采取1949年上期统计数，见《湖南教育志》"高等教育"。

（2）教职员待遇

　　韩愈曾以"食不饱，力不足，才美不外见"言千里马得不到合理的营养，它的才能和美好的素质就不能表现出来。同样，教师如得不到合理的待遇，就不能使他们安心地从事的教育事业。所以，教师的待遇如何，是教育发展的关键之一。师范学校教师以及师范毕业生的待遇是非常重要的。教师不是不食人间烟火的神仙，不是没有七情六欲的清教徒。一方面在教师待遇、衣食住行都很低劣的情况下，要教育他们"明白自己责任重大，也常会因生活的苦闷，而摇动他的信念。因此担任小学教师的人，一定还要有刻苦耐劳的精神，工作繁重不怕，待遇恶劣不怨，吃得不好，住得不好，更不放在心上，应该把全部精力，都用在教育儿童身上，而有'一箪食，一瓢饮。在陋巷，人不堪其忧，回也不改其乐'的精神，去从事他的职务"。① 另一方面要千方百计地提高他们的待遇。二者的关系如不能妥当地理顺，教师便不能安心从教，或者"跳槽"改业，或者下课去从事第二职业，上课便精疲力竭，或者"身在曹营心在汉"，不钻研教育问题，以教育娃娃为不得已而求其次的行业，因此阻碍中华民族的前途，损害师范教育的发展，摧残教育的发展。

清末推行教育改革，教师工资待遇问题被引起注意。清末，湖南教职员薪资，一般是月薪制，亦有按年计薪的。其薪资标准不一，各学堂视其经费之丰俭及所聘教员之高低而自行确定。据 1908 年统计，湖南各级各类学堂教职员平均月薪约为 9.9 两，其中，专门学堂约为 33.3 两，实业学堂约为 28.8 两，师范学堂约为 22.8 两，中学堂约为 18.8 两，小学堂约 5 两。② 宣统三年（1911 年），清政府为划一全国小学教员薪资标准，曾颁布《小学教师月薪规定》，将小学教师最高级月薪定为 30 元，最低级为 6 元。而湖南全省小学教师实际所得月薪，低的月薪仅为 3 元或 1 元。

民国时期，教师的薪俸是一个比较复杂的问题，与社会、经济、文化、教育的发展都有密切的关系。当时，不但各级各类学校教师的薪俸不同，各地教师的薪俸也存在着明显的差异。民国前期，各级各类学校教师薪俸的差别较大。1917 年 5 月，北洋政府颁布了《国立大学职员任用及薪俸规程》，其中规定：国立大学教员分为 4 等，每等 6 级，共 24 级，其中，正教授月薪 300～400 元，本科教授月薪 180～280 元，预科教授 140～240 元，助教月薪 50～120 元，除助教第 6 级至第 3 级的级差为 10 元外，各级之间的级差均为 20 元。正教授与助教之间的薪俸差距十分明显。由此可见，各高校在薪俸上有一个基本的标准，在这个标准之外，可以根据学校的实际需要和所聘教授的学术水准、社会影响，对其薪俸予以调整。民国初年，公务员的薪俸远低于高校教师的薪俸。1912 年 6 月，云南都督蔡锷的月薪俸只有 120 元，

---

① 《义务教育师资训练及进修》，中华书局 1939 年 2 月版，第 8 页。
② 湖南省地方志编纂委员会：《湖南省志·教育志》（下册），湖南教育出版社 1995 年版，第 1267 页。

这与蔡锷自请减薪不无关系，但即便不减薪，蔡锷每月的薪俸也不会超过500元，仍比后来一些大学校长及资深教授的月薪要低。

中小学教师的薪俸则相对较低，据1913年12月的《教育杂志》第9号报道，教育部规定，中学教师最高级月薪俸不得超过200元，与中学同等级别的学校教师每月薪俸不得超过150元。至于小学教师的薪俸，当时没有明确的规定，有的主张与中学教师相等，有的主张每月薪俸不得超过60元，①在实际执行过程中各地往往自行其是，有的甚至低得可怜。

湖南教职员薪俸分月薪制与时薪制两种，职员实行月薪制，教员则一般按授课时数计薪，时称"钟点费"。民国二十五年湖南推行义务教育后，全省小学教员薪资改月薪制办法实行。民国三十年起，湖南各省立中等学校教员全部改为专任，亦将时薪制改为月薪制。但县立及私立各校，有的参照省立学校办法实行，多数仍依旧制，对教员薪俸继续按时薪制实施，直至湖南和平解放。

在民国时期，湖南教职员薪资标准始终未能统一。省立与县立不同，私立与公立互异。同为私立，各校之间亦相去甚远。某些学校甚至私相授受，仅凭校长与教职员间私人关系的厚薄而定薪资的高低。民国十二年，湖南"自治政府"曾颁布《小学教员俸给法》，对全省小学教员薪资做出统一的规定，定小学教员最高级月薪为60元，最低级为6元，但各县市以经费无着为由，未能实施。1926年8月8日省教育厅规定师范学校预算标准：①职员薪俸：校长年支1200元；教务、训育主任各年支600元；训育兼舍监每5班2人，各年支480元；庶务、会计各1人，共年支840元。管图书仪器1人，校医1人，各年支240元。②教员薪俸：全年以44周计算，每月以4周计。初级每小时1元，高级每小时1.2元；图画、手工、音乐、体操、公民、习字、缝纫、家事等科，高初二级均每小时8角。又每周改阅国文一次者，每班每月加改文费16元；间周作文减半；每周改阅外国文一次者，每班每月改文费8元。每周授课时数，初级班为16小时，高级班必修科目占24小时，选修科目以每班两组，每组19小时计算，共20小时，每班每周应

① 《教育杂志》，第9号，1913年12月。

占 44 小时。③雇员薪俸：书记每 3 班 1 人，每年支 192 元。④工役工食：学生 1 班，工役 1 名，年支 84 元。①

民国二十二年，湖南省教育厅制订省立学校教职员薪资标准（见表 4 - 9）。民国二十八年，湖南省政府颁行《湖南省小学教员月薪分级标准》，（见表 4 - 10），令全省公私立小学遵照实施。民国二十九年，由于通货膨胀、物价飞涨，原订标准已难以适应，省政府乃将民国二十二年所订的省立学校教职员薪资标准加以修正。次年，湖南省立各校教职员薪俸全部改为专任制，又改订月薪制标准。民国三十二年，湖南省政府遵照国立学校教职员薪俸等级表（见表 4 - 11），将省立中等学校职员及专任职员，附属小学教员薪资待遇又酌予提高，并从新厘定省立农工商专科学校教职员薪资标准。由于通货膨胀愈演愈烈，按原订标准，已无法维持教职员最低生活。湖南省政府不得不采取各种补救措施。民国三十年，即令各县市于当年 9 月起，在小学教职员中推行谷米替代薪水办法，按原来制订的薪资标准，每法币 1 元折兑米 3 斤，尽量折成谷米发给。民国三十一年湖南省政府又颁行《非常时期湖南省公教员生活改善办法》，其中分"平价食粮代金""生活补助"两项，令省立、县立各校亦遵照实行。其后，又改行配给公粮制度，规定每一教职员每月配给公粮（谷）1.5 石，工友每月 0.75 石。但所配公粮非就近发给，而是签拨在边远地区，经辗转折兑，实际所得大为减少。其时，全省私立学校已先后将收取学费改为收取俸米以充教薪，教职员生活仅可维持，公立学校转而相效。湖南省政府乃正式规定公立中等学校每生每期须缴俸米（称"教师米"）5 市斗以维持公立中等学校教职员基本生活。民国三十七年，湖南省政府以物价上涨迅速，薪资标准已失去作用为由，又采取以底薪为基数，逐月按物价指数加以折算的办法。此办法既计算烦琐，又未能改变教职员实际收入急剧下降的总趋势。经按物价指数折算后，公立各校教职员货币收入，法币动辄以千万元计，金圆券亦以数十万计。但以之购买生活必需品，仅合大米数百斤或数十斤而已。民国三十六年，湖南大学教授每月所得不过石米、职员数斗，工人仅斗余。因而群起罢教罢课罢工，要求改善待

---

① 湖南省教育科学研究院编著：《湖南教育大事记》，岳麓书社 2002 年版，第 170 页。

遇。民国三十八年五月，长沙市省立中等学校高中教员薪俸，按物价指数折算，所得近40万元金圆券，实际只合烂板银洋12元，已不及民国二十二年8个小时的钟点费，即降低了90%以上。详细情况见表4－12。

表4－9　湖南省立学校教职员月薪及教员时薪标准一览表　　　（单位：元）

| 职员月薪标准 | 校别 / 月薪 / 职务 | 中学师范 | 高职 | 初职 | 附小 | 职务 | 时薪 |
|---|---|---|---|---|---|---|---|
| | 校长（主事） | 150 | 150 | 120 | 50 | 教员时薪标准 | 高中、高师高职教员　1.6 |
| | 教务、训育、事务主任 | 80 | 80 | 60 | / | | 初中、简师、初职教员　1.3 |
| | 一般职员 | 30 ~50 | 30 ~50 | 30 ~40 | 30 ~45 | | 附小高小部教员　0.7 |
| | 雇员 | 30 | 30 | 30 | 30 | | 附小初小部教员　0.6 |

资料来源：湖南省教育科学研究院编著：《湖南教育大事记》，岳麓书社2002年版，第44页。

表4－10　湖南省小学教员月薪分级标准一览表　　　（单位：元）

| 标准及适用地区 | 第一级 | 第二级 | 第三级 | 第四级 | 第五级 | 第六级 | 第七级 | 第八级 | 第九级 |
|---|---|---|---|---|---|---|---|---|---|
| 第一标准：适用于省会较大城市 | 48 | 44 | 40 | 36 | 32 | 28 | 24 | 20 | 10 |
| 第二标准：适用于普通城市、乡村 | 36 | 33 | 30 | 27 | 24 | 21 | 18 | 15 | 12 |
| 第三标准：适用于边远贫瘠县乡 | 31 | 28 | 25 | 22 | 19 | 16 | 14 | 12 | 10 |

资料来源：湖南省教育科学研究院编著：《湖南教育大事记》，岳麓书社2002年版，第45页。说明：凡简易乡师或简易师范毕业者，至少须支给各当地的第九级薪；师范学校、旧制师范学校、高中师范科或特别师范科毕业者，至少须支给第八级薪；高等师范、专科师范、师范大学、或大学教育学院教育科系毕业者，至少须支给第七级薪。

表4－11　湖南省立各级学校教职员月薪标准一览表　　　（单位：元）

| 农、工、商、专科学校 | | | | | | | | |
|---|---|---|---|---|---|---|---|---|
| 职务 | 校长 | 教授 | 副教授 | 讲师 | 助教 | 教员 | 职员 | 雇员 |
| 月　薪 | 490 | 440 | 340 | 260 | 200 | ／ | 80－300 | 80 |

| 中等学校 | 高中及同等学校 | | | | 初中及同等学校 | | | |
|---|---|---|---|---|---|---|---|---|
| 级　别 | 第一级 | 第二级 | 第三级 | 第四级 | 第一级 | 第二级 | 第三级 | 第四级 |
| 校　长 | 320 | 300 | 280 | 260 | 240 | 230 | 220 | 210 |
| 教　员 | 240 | 230 | 220 | 210 | 200 | ／ | ／ | ／ |
| 一般职员雇员 | 80－180 | | | | 80－180 | | | |

| 附　属　小　学 | | | | | | | | |
|---|---|---|---|---|---|---|---|---|
| 级　别 | 第一级 | 第二级 | 第三级 | 第四级 | 第五级 | 第六级 | 第七级 | 第八级 | 第九级 |
| 教　员 | 130 | 125 | 120 | 115 | 110 | 105 | 100 | 95 | 90 |
| 一般职员 | 80～120 | | | | | | | | |

资料来源：湖南省教育科学研究院编著：《湖南教育大事记》，岳麓书社2002年版，第45页。

表4－12　民国三十八年长沙市省立中等学校高中教员薪俸一览表

| 薪资标准及折算数　　职务 | 薪资标准表底薪（法币：元） | 薪资折算数 | | | | 1949年5月折烂板银元（元） |
|---|---|---|---|---|---|---|
| | | 1948年8月（法币） | | 1949年4月（金圆券） | | |
| | | 折减后底薪（法币：元） | 月支法币（万元） | 折减后底薪（法币：元） | 月支法币（万元） | |
| 大学校长 | 640 | 91 | 14560 | 142 | 48.28 | 14 |
| 教　授 | 400～540 | 67～91 | 10720～14560 | 118～140 | 40.12～48.28 | 14 |
| 副教授 | 340～440 | 61～71 | 9760～11360 | 112～122 | 38.08～41.48 | 12 |
| 讲　师 | 200～410 | 47～68 | 7520～10880 | 88～119 | 29.92～40.46 | 12 |
| 助　教 | 160～340 | 43～61 | 6880～9760 | 70～112 | 23.80～38.08 | 12 |
| 一般职员 | 90～450 | 36～72 | 5760～11520 | 63～123 | 21.42～41.82 | 8～12 |
| 中学校长 | 340 | 61 | 9760 | 112 | 38.08 | 12 |
| 高中教员 | 325 | 59.5 | 9520 | 110.5 | 37.57 | 12 |
| 初中教员 | 275 | 54.5 | 8700 | 81.5 | 27.71 | 10 |
| 一般职员 | 50～180 | 32～45 | 5120～7200 | 50～72 | 17～24.48 | 8～10 |

（续表）

| | | | | | | |
|---|---|---|---|---|---|---|
| 小学校长 | 160 | 43 | 6880 | 70 | 23.8 | 10 |
| 小学教员 | 110 | 38 | 6080 | 65 | 22.10 | 10 |
| 一般职员 | 50~100 | 32~37 | 5120~5920 | 50~64 | 17~21.76 | 8~10 |
| 工　友 | 15 | | 2400 | 40 | 13 | 4 |

　　资料来源：《湖南教育史志资料》，湖南省教育委员会教育志办公室编1990年版，第1期，第46页。

　　折算公式：法币：物价指数×〔30元+1/10（底薪-30元）〕；金圆券：物价指数×〔60元+2/10（300元-60元）+1/10（底薪-300元）〕。

　　物价指数：1948年8月以法币计为160万倍；1949年4月以金元计为0.34倍；
　　　　　　　1949年5月烂板银洋1元＝金圆券3.312万元。

　　小学教师薪俸待遇的提高与发放，既是小学教师努力争取的结果，也是政府对小学教育重视的结果。但是很多县市对小学教师薪俸的规定，仍是纸上谈兵，并没有得到真正落实。这主要是因为时局关系暂时抑制了小学教师们对待遇的呐喊与斗争，他们深明大义，对日本的侵略义愤填膺，同仇敌忾，忍辱负重地为推进义务教育默默奉献，蒋介石在对四川教育界代表的演说中：小学教师在民族危急存亡之秋，负担着国家教育的重任，"大义所在，死生尚可不计，然则可以待遇之少薄，境遇之较苦，而自懈其责？"[1] 在抗战的艰难岁月中，教师的待遇不可能得到合理解决。

　　1939年湖南小学教师月薪薪俸最高为40元，有些县份小学教员的待遇竟有2元和3元的。他们的生活艰苦，真是令一般人难以想象，从表4-13我们可以看出湖南省各县小学教员待遇的状况。

表4-13　1939年湖南小学教师月薪一览表　　（单位：元）

| 类别<br>县名 | 小学教员月薪数目 | | 个人每月所需最低限度生活费 | 类别<br>县名 | 小学教员月薪数目 | | 个人每月所需最低限度生活费 |
|---|---|---|---|---|---|---|---|
| | 最高 | 最低 | | | 最高 | 最低 | |
| 岳阳 | 40 | 10 | — | 辰溪 | 20 | 8 | 12 |
| 平江 | 20 | 10 | — | 溆浦 | 24 | 10 | — |
| 醴陵 | 20 | 9 | 13 | 凤凰 | 13 | 11 | — |

---

[1] 《四川教育界应负之责任》，《蒋委员长言论类编·文化教育言论集》，正中书局1941年版，第109页。

（续表）

| | | | | | | | |
|---|---|---|---|---|---|---|---|
| 湘潭 | 30 | 10 | — | 麻阳 | 18 | 6 | 10 |
| 宁乡 | 24 | 8 | 13 | 永绥 | 20 | 13 | — |
| 常德 | 26 | 8 | — | 衡阳 | 30 | 6 | 15 |
| 桃源 | 26 | 12 | — | 衡山 | 20 | 10 | — |
| 华容 | 27 | 15 | — | 耒阳 | 20 | 8 | 15 |
| 南县 | 36 | 26 | — | 安仁 | 15 | 5 | — |
| 澧县 | 30 | 10 | — | 酃县 | 16 | 4 | 9 |
| 临澧 | 27 | 10 | — | 茶陵 | 15 | 3 | 12 |
| 石门 | 30 | 10 | — | 资兴 | 16 | 3 | 10 |
| 攸县 | 18 | 7 | 12 | 汝城 | 20 | 5 | 10 |
| 常宁 | 20 | 5 | 10 | 桂阳 | 24 | 7 | 10 |
| 邵阳 | 15 | 8 | 15 | 永兴 | 18 | 8 | 10 |
| 湘乡 | 20 | 6 | 14 | 临武 | 17 | 4 | 9 |
| 安化 | 22 | 6 | 14 | 宜章 | 22 | 5 | 10 |
| 武冈 | 15 | 2 | 14 | 蓝山 | 18 | 5 | — |
| 新宁 | 20 | 6 | 10 | 嘉禾 | 18 | 8 | — |
| 城步 | 19 | 8 | 10 | 祁阳 | — | — | — |
| 绥宁 | 14 | 4 | 10 | 东安 | 18 | 5 | 12 |
| 晃县 | 15 | 3 | 10 | 道县 | 20 | 8 | 14 |
| 靖县 | 15 | 7 | 10 | 江华 | 26 | 8 | — |
| 郴县 | 28 | 8 | 13 | 永明 | 20 | 6 | 9 |
| 大庸 | 20 | 12 | — | 瀘溪 | 18 | 10 | — |
| 桑植 | 20 | 8 | 9 | 汉寿 | 24 | 10 | — |
| 保靖 | 12 | 6 | 9 | 益阳 | 32 | 8 | 5 |
| 古丈 | 26 | 12 | — | 零陵 | 25 | 6 | 14 |
| 乾城 | 15 | 9 | 10 | 龙山 | — | — | — |
| 沅陵 | 28 | 11 | — | | | | |

资料来源：朱经农：《半年来的湖南教育》，《湖南教育月刊》，第 9 期，第 14 - 19 页。

"小学教师是人，是血肉的凡人"，"热心教育的意志，时与生活问题交战"是近代小学教师事业心的最好写照。"眼下政治不宁，社会衰颓，直接间接，使小学教师，态度消极，生趣索然，至乐业专业精神，不能充分表现出来……对于事业，不免常抱'做一日和尚撞一日钟'的思想。"总之，近代恶劣的社会生活条件使小学教师的责任感、使命感和自豪感弱化或丧失。①李廷翰在《危哉！小学教育之前途》一文中对小学教师跳出教育界的时"跳出"二字做了解释，"跳出二字，所以形容其在教育界时，栗栗危惧之心也"。小学教师为何而有此心？他解释说："今则生活不能维持。而瞻顾前途狂风恶浪，皆足启其戒心。少年时不能储蓄，一旦精神衰老，不复能为教师，而后此之生活将谁恃？恃政府乎？政府念军队不念教师也。恃地方乎？地方不能养教师于现在，安望将来。戒心一起，遂觉此界不可一日居。"②民国时期湖南的教师薪俸，具有以下的特点：第一，湖南省制定了相对严密的薪俸制度，但在实际执行过程中，受社会经济状况的影响，教师薪俸的水准往往就低不就高；第二，各个历史时期，教师薪俸的获得状况各不相同，当社会动荡，战乱频繁之时，教师薪俸的实际获得和支配便大受影响，当社会处于相对安定状态时（1927—1937），则教师薪俸的获得便有一定的保证；第三，除抗战时期，大学教师和中学教师的薪俸较小学教师为高，物质生活的舒适程度也较高；第四，由于一些地方政府挪移和扣减教育经费，屡屡拖欠不发教师薪俸，致使教师无心教学，不得不奋起为生存而斗争。民国时期，湖南也经常发生教师索薪风潮和维护教育经费的运动，加剧了社会的动荡。显而易见，确保教师薪俸的足额发放，增加教师对职业的满意度，是维护社会稳定，提高教育质量的重要保障。

（3）教师考核与奖惩

1902 年湖南学务处成立后，即将随时考核各学堂教授管理各员为其重要职责。次年，学务处内，专设"考验科"，"专司考验各学堂授课之高下，执业之勤惰，馆规之整弛，进退教员，奖黜学生"等事项。1906 年湖南提学使成立后，依学部规定，将考核教职员各员列为省、县视学的职责，对教员职员实施奖惩，决定教职员升降进退。

---

① 张钟元：《小学教师生活调查》，《教育杂志》1935 年第 25 期，第 7 页。
② 李廷翰：《危哉！小学教育之前途》，《中华教育界》1920 年 第 9 期，第 2 页。

民国时期，湖南省政府及教育行政机关对全省教员职员（含校长）的考核，仍主要交省县视导人员具体实施。1914 年，湖南巡按使公署颁布的《各学校校长服务要则》和《各学校教员服务要则》，对全省中等以上学校校长、教员在教学、管理、训育以及体育、卫生工作等方面的职责做出了规定，并要求以此作为考核的依据。但实际未能认真实行。1939 年，湖南省教育厅制定颁布《湖南省各县小学教员考绩办法》，将小学教员的考绩标准定为六项，并分别记分，总计分数，订定考绩的等第，80 分以上者为甲等；70分以上，60 分以上，50 分以上，40 分以上及不满 40 分的，分别定为乙、丙、丁、戊各等。按考绩等第，分别予以奖励或惩罚。此项办法，经湖南省教育厅反复督饬，各县市开始陆续实行。到民国三十四年底，全省小学教员中经考核后核准记功者 209 名，传令嘉奖者 1173 名，不予奖惩者 5684 名，申诫者 1462 名，记过者 404 名，停职者 110 名。①

1942 年，湖南省政府制订《湖南省优良小学教员成绩考查标准》和《湖南省奖励优良小学教员审查标准》，成立湖南省优良小学教员审查委员会，对全省优良小学教员实施奖励。在"成绩审查标准"中，规定奖励对象，根据各类奖励对象所具备的实际成绩，分别给予：颁发甲、乙、丙三等奖金；颁发一、二、三等奖状；传令嘉奖（分教育行政部门传令嘉奖及县、市政府传令嘉奖两种）；晋级加薪；以及选拔为地方教育行政人员及初级中学教员等奖励。

## 第三节　教师资格检定制度的建立

在整个师范教育制度中，教师资格检定制度是非常重要的环节，是教学质量的保障。湖南省教育厅于 1927 年 5 月通过了《小学教员检定暂行规程》和《中学及师范学校教员检定暂行规程》等教育规程的颁行，首次确立了湖南近代师范教育中的教师资格检定制度。

---

① 《湖南教育史志资料》，湖南省教育委员会教育志办公室编 1990 年版，第 1 期，第 47 页。

## 一、小学教师资格的检定

辛亥革命后，随着民主思想和社会经济的发展而被提上日程的普及教育对大量小学教师的需求，以及随着师范教育的发展和受各类教育后走向小学教师岗位人数的增加，即小学教师的可供量在某种意义上增加后，严格甄别教师以提高教育质量提上了日程。1909 年，学部颁发《小学教员检定章程》，其中规定：除初级师范学堂完全科毕业生、官立二年制以上初级师范简易科以上毕业生批准担任小学教员毋庸检定外，其余均须检定。民国初年的教育改革中颁行过《小学教员检定法》。但由于种种因素的限制，并没有真正实施。1927 年以后，一方面中等师范教育制度的重新确立和整个中等师范教育规模的扩大，另一方面中等和初等教育的发展，使得小学教员的需求量和种类也随之增加了，从而提出了小学教员资格的认定急切要求。1927 年7 月，湖南省教育厅颁布《检定小学教员暂行规定》，师范大学及大学教育学院教育科系毕业者，高等师范学校或专科师范毕业者，旧制师范学校本科或高级中学师范科或特别师范科毕业者，均可担任级任教员或专科教员。级任教员或专科教员没有以上资格之一者，应受主管教育行政机关所组织的小学教员检定委员会检定。检定分为两种：一是无试验检定。即呈交结业证书，进行登记，发给检定证书，便可充任小学教师。无试验检定的条件是：①师范学校本科（对短训而言）毕业者；②中等学校毕业并充当小学教员 1年以上者；③师范学校讲习科或讲习所毕业，其学习时间在 2 年以上且任小学教员 3 年以上者；④专门以上学校毕业者；⑤曾任小学教员 3 年以上经地方高级教育长官认为确有成绩者。二是试验检定。即经过考试，各科及格后，发给检定证书方可充任小学教师。考试科目以国语、算术、自然、历史、地理、公民（包括党义）、教育概论、小学教学法、政策为必试科目，艺术、体育为选试科目，考试办法有笔试、口试、教课，其中笔试分数占十分之八，口试或教课占十分之二。下面 5 种情况属于考试检定范围：①曾在中等以上学校毕业者；②曾在师范学校或其他中等学校修业者；③曾任或现任小学教员满 1 年者；④曾在师范讲习科毕业者；⑤曾研究专科学术具有掌握教育理法者。小学校长资格：小学级任及专科教员或经检定合格的教员，服务 2 年以上，具有成绩者，方为小学校长。

　　小学教师的检定有以下特点：第一，对小学教师资格的检定包括两大项，即学历资格检定和实际教学能力资格检定。这种兼顾小学教师学识和经验的考核办法可以说是一种既能补助师资不足又能确保教师质量的有效可行的办法。第二，从检定具体动作程序来看，整个检定工作在一种有序的状态下进行，力求教师资格检定的权威性及合理性。一般来说，检定工作由国家、省、县教育行政长官直接统管，由深谙教育理论、学养优厚、有实际教育工作经验者等本行专家组成的检定委员会具体实施。1936 年 7 月，教育部修正《小学规程》，在进一步严格教师资格检定条款的基础上，宣布实行小学教员登记制：凡具有小学教员法定资格，均得向主管行政机关申请登记。"经登记之小学教员，主管教育行政机关，应于每学年开始两个月前，公布其姓名、学历、经历。"除特殊情况外，"各小学聘请教员应以登记公布者为限"。① 实行小学教员资格考核登记与张榜公布的规定，使检定工作走上了内部审查与舆论监督相结合的道路，使整个检定工作更加公允合理。第三，对经检定试验及格后教师的管理，实施了一种有效期限的教师资格证书与长期教师资格证书相结合的制度。一方面规定教师资格证书均有一定的有效期限，另一方面又规定在有效期满后，成绩优良者给予长期合格证书，无需再行检定。这是鼓励教师积极进取，保证教学质量得到提高的有力措施。

　　1934 年，湖南省政府对小学教师进行整顿，即登记毕业证书和检定合格证书。以湖南省祁阳县为例，1937 年登记小学教员 599 人，其中合格的 194 人，占 32.4%；代用的（符合免试检定资格而未经检定的）133 人，占 22.2%；暂代用的（合于试验检定资格而未经检定的）2727 人，占 45.4%。1940 年共登记小学教员人数，其中合格的 218 人，占 29.4%；代用的 181 人，占 23.5%；暂代用的 342 人，占 47.1%。截至 1941 年，祁阳小学教员经考试检定合格的有 223 人。据 1944 年 3 月 16 日省督学王显耀的《视察报告》称："祁阳县三吾镇中心小学有教员 17 人，合格 12 人，代用 4 人，暂代用 1 人。大家教学合法，勤谨供职。校长段文渊，三师毕业，为人能干，

---

① 宋恩荣、章咸：《中华民国教育法规汇编（1912—1949）》[Z]，江苏教育出版社 1990 年版，第 279 页。

办事认真，成绩可观。文明中心小学有教员 23 人，合格 11 人，代用 9 人，暂代用 3 人，教学均能称职。"① 可见当时祁阳小教界师资情况，也可看出当时对小学教师的考核还是认真的。湖南省教育厅民国三十六年全省小学教员资格情况详见表 4－14、4－15。

表 4－14　湖南省教育厅民国三十六年全省小学教员资格统计一览表

| 文化程度　　　　　类别 | 合格教员人数 |
|---|---|
| 师范学校毕业 | 3437 |
| 旧制师范学校本科毕业 | 88 |
| 高中师范科毕业 | 894 |
| 特别师范毕业 | 59 |
| 高等师范学校毕业 | 8 |
| 大学教育学院教育科系毕业 | 11 |
| 幼稚师范学校毕业 | 3 |
| 无试验检定合格 | 5886 |
| 试验检定合格 | 318 |
| 具有试验检定资格，尚未完成检定手续 | 9932 |
| 尚未补毕业证书 | 4481 |
| 合　　　计 | 25117 |

表 4－15　不合格教员人数

| 文化程度　　　　　类别 | 不合格教员人数 |
|---|---|
| 旧制高级中学或同等学校毕业 | 1430 |
| 师范学校高级中学或同等学校修业 | 3877 |
| 师范讲习科或短期师资班毕业 | 3128 |
| 假期训练班结业 | 2227 |
| 初级中学或同等学校毕业 | 8225 |
| 合　　　计 | 18887 |

资料来源：彭子儒：《教师品质与师范教育》，《师范教育专刊》。

① 祁阳教委编：《祁阳县教育志》，湖南出版社 1988 年版，第 232 页。

上面所列各项资历的教师，及不合格教员内，师范讲习科短期师资班毕业，假期训练班结业与其他不合格教员的资历，或有部分重叠。笔者就上面两个表进行分析。把有试验资格尚未完成检定手续的，计算在合格教员之内，共有20636人，则合格教员在总登记人员44004人中，只占46.89%，未补毕业证书的，也可计算在合格教员内，共有23368人，便占有53.11%。根据教育部统计处就民国三十二年四月至三十四年十二月，浙江、重庆等14省市国民教育研究会会员登记卡片的30981人，对他们资历进行统计，其中师范大学、师范学院、师范学校、特别师范、简易师范、短期师范等各学校毕业生，连同师资训练班毕业，加上试验检定合格的合格小学教师，仅占34.66%，而初级中学、高初级职业及小学毕业的却占了65.34%。这说明湖南的国民教育的师资力量是比较强的，间接反映湖南师范教育在全国范围内是处于前列的。

不难看出，小学教师的检定有着以下几个基本精神：一是重视已有的小学教学和教育行政经历；二是重视师范的专业知识，即教育学科的学习和成绩；三是重视受检定者的专门知识和实际教学能力，即分科的知识基础和口头表达能力、实际教学能力和教学组织能力等；四是在一定程度上注意了对小学教育确有研究和心得者。应该说，这些是符合教育教学内在规律的。

## 二、中学及师范学校教员的检定

中等教育师资培养规模的不足，以及培养的多渠道，使得中学及师范学校教员资格的检定显得更为急迫。1927年，湖南省在颁布《检定小学教员暂行规定》的同时，公布《中学及师范学校教员检定暂行规程》和《中学及师范学校教员检定委员会组织规程》，建立了中学及师范学校教员检定制度。

根据上述颁布的规程，中学及师范学校教员检定的种类与小学教员检定一样，分为无试验检定和试验检定两种，无试验检定由检定委员会审查申请检定者的有关证明文件决定，试验检定则在审查申请者的有关证明文件后，再进行试验检定。无试验检定每学期开学前都可以进行，而试验检定则是至少每 3 年举行 1 次。

　　由于中等教育师资培养的特定情况，以及中学和师范学校的不同层次，中学及师范学校教员的检定比小学教员的检定更为复杂，无试验检定与试验检定均分为高级中学、初级中学、师范学校、简易师范四个层次进行，对检定的具体条件，这里做出说明如下。

　　无试验检定方面，如任高级中学教员的条件是教育部认可的国外大学本科毕业者，国内师范大学、大学本科、高等师范学校毕业后有 1 年以上的教学经验者，国内、外专科学校或专门学校本科毕业后有 2 年以上的教学经验者，曾任高级中学教员 5 年以上并经督学视察认为成绩优良者；如担任师范教员的条件是教育部认可的国外大学本科毕业者，国内师范大学、大学本科、高等师范学校毕业后有 1 年以上教学经验者，国内、外专科学校或专门学校本科毕业后有 2 年以上的教学经验者，曾任师范学校教员 5 年以上并经督学视察认为成绩优良者，有价值的专门著述发表者，具有精湛技术者（专门适用于劳作科教员）。

　　试验检定方面，申请者在具备基本条件后必须参加试验，试验根据申请者的任教级别、种类的不同有不同的科目，亦要进行笔试和口试或实验。在基本条件方面，如任高级中学教员的条件是国内大学本科毕业者、国内专科学校或专门学校本科毕业后有 1 年以上教学经验者、检定合格的初级中学教员、曾任高级中学教员 2 年以上者、具有精湛的艺术技能的教师（专门适用于图画、音乐教员）、如任师范教员的条件是国内大学本科毕业者、国内专科学校或专门学校本科毕业后有 1 年以上的教学经验者、曾任师范学校教员 2 年以上者、具有精湛的艺术技能者（适用于图画、音乐教员）。中学校长资格做如下的规定，高级中学校：①国内外大学师范科或师范大学毕业者得有学士学位，曾任教育职务 1 年以上，有成绩者；②国内外大学、高等师范学校或专门学校毕业者，任教育职务 3 年以上，有成绩者。初级中学校：①高等师范学校毕业，曾任教育职务 1 年以上，有成绩者；②高等师范专修毕业者，任教育职务 2 年以上，有成绩者。

　　检定合格证书的有效期为 6 年，期满要重新检定。此外，《中学及师范教员检定委员会组织规程》对检定委员会的人数、人员构成和来源、人员资格、检定工作范围做出了较为明确而具体的规定。① 凡具备下列资格可免试申请检定充任中学教师：①师范大学、大学文理科、教育科或优级师范、高等师范学校毕业的；②大学或专门学校毕业从事教育 1 年以上的；③中央党校或省党校毕业从事教育或党务 2 年以上的（党义或公民教师）；④曾任本省公私立中等学校教职员 3 年以上的。

随着中学及师范学校教员检定制度的建立，中学师资力量逐渐增强。以祁阳县 1946—1948 年公私立中学专任教师为例，专任教师学历大都合格。大学本科毕业及留学生占总数的43%，专科毕业及本科肄业两年以上的占总数的44%。从表 4－16 可以得知，私立中学的师资力量明显优于县立初级中学和县立简易师范学校，专任教师学历为大学本科毕业及留学生占总数50%以上，其中私立达孝中学占总数的79%，私立崇汉中学占总数的74%，可见私立中学师资力量强大。

表4－16　祁阳公私立中学专任教师学历统计一览表

| 校　名 | 年度 | 学　历 | | | 小计 |
| --- | --- | --- | --- | --- | --- |
| | | 大学本科毕业及留学生 | 专科毕业及本科肄业两年以上的 | 中等专业学校毕业 | |
| 祁阳县立初级中学 | 1948 | 6 | 9 | 3 | 18 |
| 祁阳县立简易师范学校 | 1946 | 1 | 17 | 8 | 26 |
| 湖南私立达孝中学 | 1948 | 15 | 4 | | 19 |
| 湖南私立重华中学 | 1946 | 9 | 7 | 2 | 18 |
| 湖南私立崇汉中学 | 1947 | 14 | 7 | | 19 |
| 合　　计 | | 43 | 44 | 13 | 100 |
| 百　分　比 | | 43% | 44% | 13% | 100% |

资料来源：祁阳教委编：《祁阳县教育志》，湖南出版社 1988 年版，第232页。

中学及师范学校教员检定制度的建立，具有重要的意义。其所贯彻的精神和重点与小学教员检定制度是一致的。不过，由于中学和师范学

---

① 李友芝等编：《中国近现代师范教育史资料》。北京师范学院 1983 年内部交流资料，第 371－376 页。

校师资的特殊情况，中学及师范教员检定制度的意义显然更大一些。因为这在相当程度上拓宽了中等教育师资的来源，同时也为获得合格的教员提供了一定的保证，即在高等师范教育总体上处于徘徊的情况下，为缓解中等教育师资的不足进行了努力，在一定程度上弥补了中等教育师资培养上的不足。

《中学及师范学校教员检定暂行规程》、《中学及师范学校教员检定组织委员会规程》和《小学教员检定暂行规程》，在相当程度上构成了一个从初等教育到中等教育的较为完整的教师资格检定制度，这是中国近现代师范教育制度的发展和完善。这几个规程的实行，标志着中国近代制度化的教师检定的开始，虽然这一制度在实际上仍然没有完全地执行，但通过检定来提高教师素质的努力所带给中国师范教育乃至整个普通教育的意义却是极为重大的。

# 第四节　师范教育经费的筹措

经费是师范教育推行的重要保障，在某种意义上说，它是师范教育能否推行到底最为关键的因素。金钱不是万能的，但师范教育的发展，没有充裕的经费是万万不能的，湖南教育界人士为发展师范教育，广辟财路，开源节流，在如何筹措师范教育经费上积累了较为丰富的经验。

## 一、全省教育经费来源

从1902年至1949年，湖南教育经费分省、县两级筹集、管理，私立学校则系独立自筹，故经费来源各异。省级教育经费来源约为三种：一为省库直接拨款，二为盐税附加，三为省立各校原有校产及学费等辅助收入。

清末兴学之初，各官立学堂经费，拨付机构不定，或经藩司支给，或由善后局提供。1905年，湖南抚院为谋教育经费之稳定与减轻省库直接拨款负担，经向清政府奏准，于盐斤附加税中单列学堂经费一项，年约20万两，指定以其中六成归中、西、南三路师范学堂，四成作游学（即留学）经费。是为教育设置专款的开始。后抚院又指定盐税边岸盈余，年约20余万元，用来办理高等实业学堂。从民国元年起30年间，盐税附加因袭列为湖南省级教育专款。民国三年、民国十五年，先后两次被裁，经教育界人士一再发动教育经费独立运动奋起力争，终于维持不变。民国九年，经北洋政府大总统正式批准，将湖南盐税附加定为省级教育专款，时称"民九定案"。设教育经费保管委员会经管。民国十年，定准盐每包暂拨教育费6角，年约80余万元。民国十二年为8角，年计110余万元。1931年，盐税改由国民政府中央统一征收，此项专款无形撤销，湖南省级经费顿时紧张，省立各校经费及私立学校补助费一时没有着落。湖南教育界人士又群起罢课罢教，再一次争取教育经费独立。几经周折，国民政府被迫允许按盐税附加原8角税率折算，每月由财政部拨还9.3万元作为湖南教育界专款，交湖南省教育经费保管委员会独立经管。随着教育事业逐年发展，教育经费不敷甚巨，经湖南教育界人士继续力争，国民政府于民国二十二年，准由粤盐税内每月加拨1.5万元；1935年，再于湘潭膏盐税内每月加拨1.5万元，连前拨还之数，合为11.3万元，年计147万元，约占湖南省级教育经费的十分之六七。1937年，抗日战争爆发，从9月起，盐税附加，减为七折发放，每月实发8.61万余元，年仅96万余元。1940年，湖南实施公库法，全部教育经费均由省财政厅统筹支配。直至1949年湖南和平解放，未再变更。

另外，省立学校尚有少量的校产、学费及其他收入作为省级教育经费的补充，但此类经费未列入预算。

1931年5月9日，国民政府行政院公布《地方教育经费保障办法》，其14条，规定：第一，各级政府对于现有的教育经费总额，应切实保障，不得任其减少。第二，自1931年起，各项新增教育地方捐税，由省市政府酌定提留若干成，由地方教育行政机关切实管理，旧有田产未缴清地价，应即照例补缴；由地方绅士私人保管者，应一律归还公家；旧有田产税项，向由私人低价承包，从中取利者应撤回，另行直接招佃；被私人侵占者，应一律查明追还。第三，现有教育经费必须用于教育事业，无论何人及何机关，不得挪借或移做他用。第四，政府不得已收用教育资产时，应该照时值，另行抵偿。第五，教育经费由财政局征收者，应按所得数，随收随交当地教育行政机关，不得挪用。第六，私人侵占教育经费时。除政府责令赔款外，并得申请司法机关依法惩办。第七，教育经费收支及保管人员舞弊时，除撤职惩戒外，仍应责令赔偿。第八，无论何机关对于教育经费任意玩忽，致使有损失时，应受相当之惩戒等等。这些措施十分明细，极为严格，对于教育的发展显然是有保障作用的，而对贪污舞弊、侵吞挪用教育经费者，也有很大的威慑作用。

1912—1917 年，省文化教育经费支出逐年递减，分别为 265.4 万元、229.4 万元、138.8 万元、102.3 万元、75.6 万元、136.8 万元。[1] 1928 年，全省教育经费支出总额为 190 多万元。1930 年全省教育经费为 338 万，居全国第 3 位。1931 年，全省教育经费支出为 228 万元，居全国第 9 位。1932 年，全省教育经费支出为 247 万元，居全国第 5 位。1933 年，全省教育经费支出为 248 万元，居全国第 6 位。1934 年，全省教育经费支出为 250 万元，居全国第 7 位。在 1930—1934 年 5 年中，湖南教育经费总数为 1311 万元，居全国第 8 位。[2]

## 二、湖南师范教育经费数的变化

1910 年，湖南师范教育经费为 10.4 万元，占总数的 17.90%；民国元年师范教育经费为 11.6 万元，占总数的 13.40%；民国五年师范教育经费为 14.7 万元，占总数的 20.00%；民国十年师范教育经费为 19.5 万元，占总数的 15.70%；民国十二年师范教育经费为 33.1 万元，占总数的 22.90%；民国十三年师范教育经费为 33.8 万元，占总数的 22.00%。以上说明，在清末和民国前期，湖南社会各界为了培养大量的师资，在师范教育上投入了较多的经费。民国十八年后，师范教育经费所占的比例有所下降。民国二十七年以后，开始逐渐增加。详情见表 4 - 17。

---

[1]　湖南省教育科学研究院编著：《湖南教育大事记》，岳麓书社 2002 年版，第 126 页。
[2]　湖南省教育科学研究院编著：《湖南教育大事记》，岳麓书社 2002 年版，第 207 页。

表 4-17    宣统二年至民国三十一年湖南师范教育经费变化一览表

| 事业类别 经费比重 年度 | | 总计 | 中等教育 | | | |
|---|---|---|---|---|---|---|
| | | | 中学 | 师范 | 职业 | 合计 |
| 宣统二年 | 经费数（万元） | 58.1 | 2.8 | 10.4 | 8.6 | 21.8 |
| | 百分比（%） | 100 | 4.80 | 17.90 | 14.80 | 37.50 |
| 民国元年 | 经费数（万元） | 86.2 | 11.1 | 11.6 | 7.4 | 30.1 |
| | 百分比（%） | 100 | 12.90 | 13.40 | 8.60 | 34.90 |
| 民国五年 | 经费数（万元） | 73.6 | 4.7 | 14.7 | 13.6 | 33 |
| | 百分比（%） | 100 | 6.40 | 20.00 | 18.40 | 44.80 |
| 民国十年 | 经费数（万元） | 124.3 | 12.8 | 19.5 | 15.6 | 47.9 |
| | 百分比（%） | 100 | 10.30 | 15.70 | 12.50 | 38.50 |
| 民国十二年 | 经费数（万元） | 144.3 | 15.5 | 33.1 | 27.4 | 76 |
| | 百分比（%） | 100 | 10.80 | 22.90 | 19.00 | 52.70 |
| 民国十三年 | 经费数（万元） | 168.8 | 18.2 | 33.8 | 28.3 | 80.3 |
| | 百分比（%） | 100 | 10.80 | 20.00 | 16.80 | 47.60 |
| 民国十八年 | 经费数（万元） | 123.3 | 35.3 | 5.4 | 26.5 | 67.2 |
| | 百分比（%） | 100 | 28.60 | 4.40 | 21.50 | 54.50 |
| 民国十九年 | 经费数（万元） | 102.7 | 39.4 | 4.2 | 18.4 | 62 |
| | 百分比（%） | 100 | 38.40 | 4.10 | 17.90 | 60.40 |
| 民国二十年 | 经费数（万元） | 229 | 84.2 | 11.6 | 54.8 | 150.6 |
| | 百分比（%） | 100 | 36.80 | 5.10 | 23.90 | 65.80 |
| 民国二十一年 | 经费数（万元） | 246 | 80.4 | 11.7 | 61.1 | 153.2 |
| | 百分比（%） | 100 | 32.70 | 4.70 | 24.80 | 62.20 |
| 民国二十二年 | 经费数（万元） | 249 | 86.9 | 12 | 51.1 | 150 |
| | 百分比（%） | 100 | 34.90 | 4.80 | 20.50 | 60.20 |
| 民国二十三年 | 经费数（万元） | 270.5 | 83.4 | 12.3 | 55.7 | 151.4 |
| | 百分比（%） | 100 | 30.80 | 4.60 | 20.60 | 56.00 |
| 民国二十四年 | 经费数（万元） | 311.3 | 87.9 | 12.5 | 50.9 | 151.3 |
| | 百分比（%） | 100 | 28.20 | 4.00 | 16.40 | 48.60 |
| 民国二十五年 | 经费数（万元） | 347.1 | 90.7 | 14.5 | 53.5 | 158.7 |
| | 百分比（%） | 100 | 26.10 | 4.20 | 15.40 | 45.70 |

（续表）

| | | | | | | |
|---|---|---|---|---|---|---|
| 民国二十六 | 经费数（万元） | 404.5 | 95.5 | 27 | 56.6 | 179.1 |
| | 百分比（%） | 100 | 23.60 | 6.70 | 14.00 | 44.30 |
| 民国二十七年 | 经费数（万元） | 143.1 | 34.6 | 15.8 | 20.1 | 70.5 |
| | 百分比（%） | 100 | 24.20 | 11.00 | 14.10 | 49.30 |
| 民国二十八年 | 经费数（万元） | 260.1 | 70.4 | 17.8 | 34.1 | 122.3 |
| | 百分比（%） | 100 | 27.10 | 6.80 | 13.10 | 47.00 |
| 民国二十九年 | 经费数（万元） | 289.7 | 61.9 | 39 | 38.4 | 139.3 |
| | 百分比（%） | 100 | 21.30 | 13.40 | 13.30 | 48.00 |
| 民国三十年 | 经费数（万元） | 982.7 | 110.6 | 75.2 | 278.3 | 464.1 |
| | 百分比（%） | 100 | 11.20 | 7.70 | 28.30 | 47.20 |
| 民国三十一年 | 经费数（万元） | 1150.1 | 117.4 | 143.8 | 158.8 | 420 |
| | 百分比（%） | 100 | 10.20 | 12.50 | 13.80 | 36.50 |

资料来源：①表中宣统二年数字来源于《湖南经济调查丛刊》"清末湖南之财政"，并参照光绪三十四年《湖南官报》中湖南提学使向清政府呈文中所列各校年支经费数加以整理。②民国元年确切数字已难以查找，本表暂依民国二年湖南《教育杂志》第1卷第2期"湖南教育分期筹办大要"中所提供的资料。其中，社会教育及教育行政经费取同年湖南《教育杂志》第10期"本省教育经费情况"所列数字。③表中民国五年数字系根据同年三月《湖南教育杂志》第3卷所列数字；民国十年数字系根据民国二十四年方克刚《20年来湖南教育经费之检讨》一文所提供资料。民国十二年、十三年数字系依据省教育厅所编《湖南教育概况》1～2所列数字。④表中民国十八年、十九年数字，系依据民国二十年湖南省教育厅所编《湖南教育概况》所提供资料。民国二十年至三十年数字系依据民国三十一年《湖南教育概况》第二编"教育经费"中所列原表。

## 三、通过立法来保障教育经费

通过立法保障教育经费，是民国时期经实践证明的好经验。整个民国时期，属于条例、规程性质，能起到法律作用，以"教育经费""薪俸"之类字样的文件，据粗略统计，共有40件。不仅如此，教育经费问题也明确地写进了宪法。1931年6月1日，国民政府公布的《中华民国训政时期约法》中的第52条规定，"中央及地方应多方筹集教育上必需之经费，其依法独立之经费并予以保障"；第55条规定，"学校教职员成绩优良久于其职者，国家应予以奖励及保障"。1936年5月5日，国民政府公布的《中华民国宪法草案》第七章"教育"中，第137条规定，"教育经费之最低限度，在中央为其预算总额百分之十五,在省区县及市为其总额百分之三十,其依法律独立之教育基金,并予以保障。贫瘠省区教育经费,由国库补助之"①。

抗战爆发后,为保证教育事业不受影响,教育部于1937年8月27日颁布《总动员时督导教育工作办法纲领》,其中第5条规定:"为安定全国教育工作起见,中央及各省市教育经费在战时应照常发给。"1938年4月临时全国代表大会通过的《战时各级教育实施方案纲要》规定:"对于中央及地方之教育经费,一方面就应有整个之筹集与整理方法,并设法逐年增加;一方面务使用得当,毋使虚糜。"但实际上,教育经费在抗战时期根本无法做到逐年增加,甚至连基本维持也很难做到。抗战结束后,1947年1月1日,国民政府公布的《中华民国宪法》第5节"教育文化"规定,"六岁至十二岁之学龄儿童,一律受基本教育,免纳学费;其贫苦者,由政府供给书籍;已逾学龄未受基本教育之国民,一律受补习教育,免纳学费,其书籍亦由政府供给。""教育科学、文化之经费,在中央不得少于其预算总额百分之十五,在省不得少于预算总额百分之二十五,在市县不得少于其预算总额百分之三十五。其依法设置之教育文化基金及产业,应予以保障。""国家应保障教育、科学、艺术工作者之生活,并依国民经济之进展,随时提高其待遇。"②民国时期一系列有关教育经费法规的出台,虽然没有从根本上解决教育经费短缺问题,但对教育经费的保障在一定程度上起到了积极的作用,使得民国时期的教育与清末相比有了较大规模的发展。

将教育经费、教师工薪写进宪法,而且确定教育经费在预算中的比例,其比例之高,在中国教育史上是前所未有的。这说明国民政府要员们对教育作用与地位的认识有所提高,而且通过立法方式保障教育经费及教师工薪不拖欠,这无疑对师范教育的发展起到了良好的推动作用。

## 四、启示

时过境迁,我国现在的社会政治、经济环境与民国时期相比已有很大的变化,但是民国时期关于教育经费短缺问题仍值得我们思考,同时其所采取的具体

---

① 宋恩荣、章咸:《中华民国教育法规选编》,江苏教育出版社1990年版,第47页。
② 宋恩荣、章咸:《中华民国教育法规选编》,江苏教育出版社1990年版,第69页。

对策对我们解决当前的教育经费不足具有一定的借鉴意义：第一，经济发展是保障教育经费充足的先决条件。民国时期，虽然国民政府和教育部制定了一系列的保障教育经费的法律和规章制度，但由于社会整体经济水平不高以及巨额的军费开支致使教育经费很难到位，教育经费短缺使得教育发展极其缓慢。当前我国的经济水平与民国时期相比有了很大的提高，但相对于世界发达国家来说还比较落后。在知识经济的今天，教育已成为各国优先发展的对象，我国要想在知识经济时代站稳脚跟，也必须大力发展教育，但是教育又不能脱离经济盲目地发展而是受到社会经济发展水平的制约，因此，要想发展教育，获得充足的经费保障，就必须发展经济，提高我国的整体经济水平。第二，保障教育经费不仅要立法，而且要严格执法。关于教育经费问题，政府制定了一系列的法律和规章制度，教育经费所占国家总预算的比例一度还被写进了国家的根本大法——宪法里面，即使这样，教育经费还是处于短缺状况，分析其原因主要是由于各级政府没有严格地执行相关法律法规，从而使法律成了一纸空文。鉴古思今，要使当前我国的教育经费得到切实有效的保障，首先，要在教育经费筹措、管理等方面制定严格的法律、法规；其次，要加大监督力度，使各级政府严格按照法律的规定，认真坚决地执法，做到有法可依、执法必严；最后，鼓励社会力量办学是弥补国家教育投入不足的重要渠道。民国时期政府及教育部门为弥补教育经费的不足，多次颁发《捐资兴学褒奖条例》，鼓励私人及社会团体捐资兴学，这为当时教育的发展注入了一丝活力。例如 1912—1918 年，湖南省捐资兴学的经费数分别为 121156 元、39227 元、6934 元、3771 元、3000 元、18535 元、9400 元（其中未包括捐资 1000 元以下的），总计达 202023 元。[1] 这样大大地弥补了地方教育经费不足，促进了湖南教育的发展。

　　在我国经济尚不富裕，教育还相对落后的情况下，仅靠国家有限的教育投入是不可能的。与此同时，市场经济时期经济主体的多元化也要求办学主体、投资主体的多元化。在此情况下，政府积极鼓励各种社会力量如私人或企业团体等通过各种渠道把资金投入教育，来弥补教育经费的不足，可谓是一种明智之举。也只有如此，我国的教育事业才能在将来得到更大的发展。

---

[1]　湖南省教育科学研究院编著：《湖南教育大事记》，岳麓书社 2002 年版，第 131 页。

# 第五章 民国时期湖南师范教育的学生管理机制
## ——训育与自治

学生管理包括学校对学生管理与学生的自治。学校对学生管理是通过教育法规与学校制度进行管理，民国时期学校对学生管理主要是通过一套严密的"训育"制度。训育制度在民国时期蕴含着丰富的教育理念，其意义和内涵与民国时期师范教育发展的历史进程紧密地联系在一起。本章就民国时期湖南师范训育制度与学生自治作一探讨。

## 第一节 训育理论发展的三个阶段

民国时期的训育理论受德国教育家赫尔巴特教育理论的影响。赫尔巴特把教育分为管理、训练（译作训育）、教学三部分，他认为训练作为管理与教学的中介物，兼具二者的某些特点，训练与管理的共同特性是直接在儿童心理上发挥作用，即制约和规范儿童。他还认为训练在教学之前停止，"训练的继续超过适当的时间"是"不幸的事件"。① 这与"训育"一词所解释为"对学生行为品德的训练和管理教育的活动或体制"，② 其内涵显然不同。民国时期有关教育辞书对训育的解释认为："在我国，所称训练，其义往往与教导相当，包括赫尔巴特所谓管理与所谓训练二者而言。故其范围较赫尔

---

① 王伦信：《清末民国时期中学教育研究》，华东师范大学出版社 2002 版，第 144 页。
② 顾明远主编：《教育大辞典》增订合编本（上），上海教育出版社 1998 年版，第 1884 页。

巴特所谓训练为广，此种训练包含颇大，通常所谓训育者，实不过是其中关于道德方面之一部而已。"① "训育"一词在民国初期被引入教育学术领域，其中《教育杂志》于1913年12月发表贾丰臻的《说训育不振之原因》是最早出现"训育"概念的论文，也是最早将"训育"作为论述主题的文章。此后，训育理论的发展大体经历了三个阶段。

## 一、民国初期训育理念的初步形成

从民国成立到"五四"运动时期，有关训育的文章仅以《教育杂志》为例，1919年以前有6篇：①贾丰臻的《说训育振之原因》（第5卷第9期，1913年12月）；②王葵的《自治的训育》（第6卷第9期，1914年3月）；③志厚的《英国训育之概观》（第7卷第1、4、6期，1915年1、4、6月）；④王朝阳的《小学校训育之实际》（第7卷第9期，1915年9月）；⑤庄俞的《勤劳主义与训育》（第7卷第9期，1915年9月）；⑥黄炎培的《我国图强所必要之训育方针》（第10卷第1期，1918年1月）。

从上得知，有关训育的文章较集中地出现在1915年。这与1914年12月教育部颁布《整理教育方案草案》密切有关。该草案强调："各学校宜注重训育，以孔子为模范人物，不宜偏重知识一方面。学校教育知识固重，而道德尤要，盖道德为重，首贵实践，自应注重训练，俾能身体力行。……今当令各学校阐明新旨，济以严肃之训育，端趋向而正人心，庶学风可以一振。"② 这是笔者至今所能检索到的政府文件中最早出现"训育"的文字。这里"训育"一词的出现是和袁世凯加强传统道德，在教育上采取严格主义密切相关的。在这一背景下，有些师资培训机构还开设了训育课程，编有训育讲义，如1916年出版的《训育谈》即是所见最早的一本，它是浙江教育研究会所编的讲义，内容包括小学校训育之目的、单级小学训育之目的、训育之方法、训育之秩序四部分。③

以上文章的内容主要是总结介绍中外训育的经验，还简单介绍一些国外

①　王伦信：《清末民国时期中学教育研究》，华东师范大学出版社2002版，第144页。
②　琚鑫圭、童富勇：《中国近代教育史资料汇编·学制演变》，上海教育出版社1994年版，第737页。
③　李廷翰：《训育谈》，中华书局1916年版，第78页。

特别是日本有关训育的理论观点。所讲训育的范围，基本包括道德教育、学生管理等方面。其中贾丰臻的《说训育不振之原因》① 既最早也最全面地概述了训育中一些理论和实践问题，该论文将清末以来中国学校训育失败的原因归结为 10 个方面，并相应提出 10 个方面的建议：应顾及学生的个性差异；应针对儿童特殊的生活环境；各方面应协调一致；教师应有足够的修养；对学生的行为习惯与道德要求是整体的，但从应用科学的角度，应分步骤、分项目地进行，应根据"学年之程度、德之性质、生活之自然、地方特殊之事情，立主副之关系"，次第进行训练："机会当然化"即对每一项训育设计都应该有明确的目标、切实的步骤和可预期的结果；在教学中贯穿训育的意识；对一校中高年级生的训育不可偏废；适合儿童生活的自然进程，根据儿童不同的年龄阶段和特定情景进行相关道德和行为习惯的培养；教师的努力程度是训育成败的关键。

王焱的《自治的训育》②，主要论述了日本教育家森冈常藏的训育观点，而森冈常藏的理论是最像赫尔巴特训育论的日本版。志厚的《英国训育之概观》③，主要介绍了英国训育的特点如注重人物主义，贯彻宗教精神，尊崇传统，维持良好校风，实行寄宿制和学生自治，提倡竞技运动以培养学生的勇猛和忍耐精神，重赏慎罚和注重学生业余生活的指导等。黄炎培的《我国图强所必要之训育方针》④，主要是叙述作者考察欧美、日本等国学校和国内各省学校后的观感，作者对中外学生的最鲜明的感受是：中国学生常常是课堂内"屡问无答""肃然寂然"，休息时"呆立枯坐"；而外国学生在教室内是"争先答问"、举手"若不可遏"，教室外则喧闹。黄炎培认为，外国学生所具有的这种"活动的精神"，正是儿童好奇心、求知心、研究心和兴趣心的表现，是今后研究发明，做大学问大事业的基础。他因此主张中国今后应采取自然的、积极的、顺应学生个性的、以养成活动性为目的的训育方针，这也是中国图强所必要的训育方针。从黄炎培的文章中我们明显看到

---

① 贾丰臻：《说训育振之原因》，《教育杂志》第 5 卷第 9 期，1913 年 12 月。
② 王焱：《自治的训育》，《教育杂志》第 6 卷第 9 期，1914 年 3 月。
③ 志厚：《英国训育之概观》，《教育杂志》第 7 卷第 1、4、6 期，1915 年 1、4、6 月。
④ 黄炎培：《我国图强所必要之训育方针》，《教育杂志》第 10 卷，第 1 期，1918 年 1 月。

"五四"前后训育观念的转折。

《教育杂志》作为清末民国时期持续时间最久的教育专题刊物，被认为最能反映这一时期教育理论和实践的动态。从上述文章的内容可以看出，民国初期，教育学术界不仅确立了训育观念，对训育的目的、范围、基本原则和方法等，也都有了一定的认识。但从普遍意义上，到20年代初，人们还认为"'训育'这两个字，是近几年来中等教育界的新名词。"① 有人更认为"五四"前"既没有训育之实，也没有训育之名"。② 这说明在民国初期，"训育"一词的使用仅局限于学术层面，并未成为大众化的概念，没有成为流行词语，一般教师对它是陌生的。也正因为如此，今天人们还较普遍地认为"训育"出现于"五四"之后，而忽略了民国初期一段时期的引介和奠基。③

## 二、"五四"运动时期训育理论的发展

"五四"运动以后的20年代，"训育"一词成为教育界的流行词语。

### 1. 训育理论发展的背景

"五四"新文化运动，其主要是对旧的制度和旧的文化和学术采取批判与反抗的态度。这是社会和文化转型的时期，正处于青春期的学生，最容易被这种充满批判和反抗精神的时代所感染、所激动，导致对传统的极端否定和自身观念、行为的失范。另外，由于"五四"运动是近代以来第一次大规模的全国性学生运动，并以学生的成功告终，学生的自主和个性意识也因此空前张扬。在上述因素的作用下，再加上第一次国内大革命前夕激荡不止的政治风云变幻的影响，教育界呈现两大明显的特征如下。

第一是学风的急变。人们这样描述"五四"后学生学风变化情况："五四以前之刻苦耐劳、俭约、朴素在现在差不多认为腐旧了，没有人来谈了。现在学校里学生也差不多变成少爷、小政客、小伟人了。洒扫清洁，已认为苦役，非尊贵的学生所当从事；布衣粗食，非尊贵之学生所当服役；吃苦耐劳、锻炼体力，非娇惯之学生所应有之务。呜呼！学校中学生之年级愈高，

---

① 张念祖：《怎样做中等学校的训育主任》，中等教育协会：《中等教育》，第3卷第2期。
② 匡互生：《中等学校的训育问题》，《教育杂志》第17卷，第8号。
③ 王伦信：《清末民国时期中学教育研究》，华东师范大学出版社2002版，第148页。

此种现象愈显而易见，愈觉普遍。"① "数年前，新潮澎湃，学生自治之说；乃变本加厉，考试可废除也，缺课无须请假也，宿舍不须点名也，一个青年学子，一旦成为高尚之完人，诚能自治自动，一切范围，一切指导，皆可弃置不用也。甚至学校中职员被视为学生公仆，呼之应来，挥之即去，稍不如意，让学生难堪。言其极，竟提倡废除校长之论。诚如是，学校仅有学生何须以言教育？……某私立中学，学生三百余人，寒假将至，例行期考，学生逃避考试，不请假回家的人，达其大半。学生自治之流弊，乃至于此。"②第二是学潮的涌动。学潮多是以学生集体甚至全体一致的行动反对学校当局或校外势力，原因不一且各种因素交织。"五四"以后，学校风潮绵延起伏，相互激荡，成不可遏止之势。

2. 训育理论发展的概况与特点

20 年代初，训育问题受到教育界人士的普遍关注，相关的文章频繁出现于各种教育刊物上，如《中华教育界》在 1921 至 1922 年仅一年多的时间内发表的与中等学校训育直接相关的文章即有：薛钟泰的《今后之训育观》（10 卷 4 期）；宋焕达的《中等学校实施训育的几种方法》（10 卷 7 期）；陈启天的《青年教育论》（10 卷 9、11 期）；恽代英的《学生除名问题》（10 卷 11 期），其主张当教育不能感化学生的时候只得采取除名的方式，以去害群之马，明显在训育上采取严格主义；宋焕达的《实施训育后失败之研究》（11 卷 1 期）和陈启天的《青年教育改造的前提——青年教育家的问题》（11 卷 3 期），主要从青年训育的角度谈教师的素养；宋焕达的《美学与训育》（11 卷 3 期）和杨效春的《教育界的怪现象》（11 卷 3 期），批评教育行政上的管教分离和教育者的言行不一；杨效春的《望教育者的品格与学生站到同一水平线上来》（11 卷 4 期），强调教育者应以身作则和做学生的表率；余家菊的《严格训练与管理》（11 卷 5 期），认为有志管理者应采取严格训练的管理方针，不管学生之攻击、舆论之嘲讽；陈启天的《青年的教育方法》（11 卷 5 期）；邰爽秋的《心理的训练材料》（11 卷 5 期）等。这里

① 曹刍：《中等教育杂评》，中等教育协进社：《中等教育》第 3 卷，第 4 期第 40 页。
② 宋焕达：《中等学校训育经验谈》，中等教育协进社：《中等教育》第 3 卷，第 2 期。

仅列举一个期刊一时的情况以见其一斑，其他见于《教育杂志》《新教育》等重要教育刊物更是不胜枚举。

综观这一时期训育研究的成果，主要有以下特点：首先是勾画了训育理论的基本轮廓。在众多文章和有限的小册子中，大部分是个人和学校训育经验的介绍，或对普遍存在的现象和问题发表议论、谈感想。但也有表现出理论和实践结合的色彩，逐渐形成了训育研究的基本体系框架，虽然各人的具体观点不同，但大致概括为以下几个方面：（1）训育概念的内涵、训育的范围、训育的功能等；（2）训育实施的心理学和社会学依据；（3）训育的具体目标、原则、组织设施、方法等。其次是在理论体系、基本观点、研究方法上都受到欧美进步主义教育特别是美国实用主义教育思想的影响。杜威的教育哲学常被用来分析师范训育的实际问题或作为训育理论的哲学基础。另外，在研究中普遍地采用了调查、统计等实证性的研究方法。这些从侧面说明了"五四"时期中国教育改革深受欧美教育理论的影响。

### 三、南京国民政府时期师范训育理论的政策化与制度化

#### 1. 南京国民政府前期师范训育理论研究的相对沉寂

师范训育问题在 20 年代中前期比较重视，进入南京国民政府时期则显得相对沉寂。究其原因是：第一，国民政府初期，为了加强对学生的严格控制，禁止学生学潮，对中等学校及以上院校实施高压控制政策，对学生的训育也被纳入"以党治国"和一党专政的轨道。不仅用"三民主义"严格指导训育方针、训育观念，国民政府还出台了一系列涉及训育的措施，如 1929年在高中以上学校实施军训；1930 年集中颁布了《学生团体组织原则》、《学生自治会组织大纲》和《学生自治会组织大纲实施细则》，对师范训育组织和实施都做出了具体规定。这些措施在制度上限制了学校自主采取训育措施的自由。训育是一个与人的观念行为取向密切相关的主题，政治敏感度极高，在当时的背景下，学校显然不敢去超越国民政府的制度。第二，训育理论在实施时面临许多困难。如训育的范围太宽、训育受环境影响太深、训育的效果不容易在短期内显现、训育的方针和方法不能统一。第三，训育研究已经失去了"五四"时期的热度，许多教育家和学者已经对之失去了新鲜感。

2. 南京国民政府后期师范训育理论研究的政策化与制度化

日本侵占中国东三省以后，学生中的抗日情绪不断扩散，加上国民党政府又执行所谓"攘外必先安内"的政策，加剧了学生对政府的不满情绪。在国际国内综合因素的作用下，1935 年爆发了"一二·九"运动，学生的学潮运动进入了一个高潮，因此，学校的训育问题也变得十分严重。为了适应训育的新形势，1938 年 3 月教育部成立"训育研究委员会"，负责对大、中、小学校及社会教育的训育实际问题进行研究，"研究结果及所拟计划等，由部长采择施行"。① 通过研究，教育部颁发了一系列的训育政策，并且形成了制度。例如 1938 年教育部颁布了《中等以上学校导师制纲要》与《实施导师制应注意之各点》，1939 年公布了《训育纲要》和 1943 年公布了《学生自治会规则》。因此，教育界人士和学者对训育问题研究也掀起了热潮。

师范训育理论研究呈现出以下特点：首先是对政策的诠释与细化。在《训育纲要》公布的当年，《教育杂志》即于五月发表了林砺儒、胡毅、何心石等人的《关于导师制的讨论》（第 28 卷第 5 号），并陆续发表了若干篇研究如何实施的文章，如吴自强的《对于最近教育部实施导师制的我见》（第 28 卷第 4 期）、方东澄的《从实施导师制所想到的种种》（第 28 卷第 8 号）、高觉敏的《导师制与问题行为的研究》（第 28 卷第 11 号）、环惜吾的《中等学校导师制的实施及其问题》（第 28 卷第 12 号）。以上文章主要就导师制的意义和价值、组织系统、实施步骤和方法、训育标准、考核方法等提出了建议，基本上是对导师制进行拓展性研究。当然也有一些人对可能出现的消极影响和个别条款表示质疑，如林砺儒希望教育部不要制定具体的细则，给各校留有发挥的余地。

《训育纲要》公布后，"训导"成为了流行语，各种讨论和施行导师制的小册子也相继出版，如陈纪哲的《如何实施导师制》就是其中较为典型的一本，全书分导师的起源与其训育制的关系、训导委员会的组织及其任务、导师工作的性质及范围、导师工作的推进、导师工作的调整等 5 章，另附有

---

① 宋恩荣、章咸：《中华民国教育法规汇编（1912—1949）》[Z]，江苏教育出版社 1990 年版，第 80 页。

推进导师制办法 4 种。① 师范训育理论在承接"五四"时期基本结构框架的基础上，体系进一步丰满，内容进一步充实，研究也有所深化。如林本的《现代训育思想之演进》②，介绍了自由主义训育思想发展的三个阶段和政治民族主义训育思想。

　　廖世承对当今师范学校的训育问题进行检讨，列举数种弊端：①懒惰：师范生大都四体不勤，好逸恶劳，成为习性，听考试而心悸，上军训而逡巡。②骄安：在校不知敬业而尊师，在乡不知修养子弟之礼，以服从为耻辱，以夸诞为能事。③浮躁：轻率浮躁，不遵守团体纪律，不重视公共道德。④轻浮：故步自封，不能专心致志，精益求精。⑤虚伪：言不顾行，行不顾言，平时学习，马虎对待。③ 师范生中固有学行俱佳者，有犯上述弊病之人为不少。他提出了解决问题的四点方法：①慎选师资。"以身教者从，以言教者讼。"一校校风之优劣，校长与教师实负全部责任。②留意生活。所谓生活教育，在使各人理会如何生产，如何消费，如何解决衣食住行之问题，如何获得休闲娱乐之方法，如何发扬个人的能力，如何应付社会的环境。人人能有合理之生活，即人人成为健全之国民。生活教育须从日常生活最小最切近之地方做起。③注重体育。廖世承创办国立师范学院时，曾提出"体育第一，德育第二，智育第三"之口号，体育为德育、智育的基础，健全的精神，寓于健全的身体之中。有身心健全之教师，而后有身心健全之儿童。青年应先有健康的身体，而后有活泼的精神，而后能持久地探讨高深学问。④提倡乐教。"声音之道，通于人心"。良好的音乐，可以陶冶性情，振作精神，慰藉劳苦，和乐心志，使人生活情调，情趣盎然，人己关系，无形美满。改进音乐教育，应先从师范学校着手。师范学校音乐之好坏，不仅影响师范生之修养，也关系全社会之音乐教育。④

　　罗廷光的《师范教育》⑤ 中提出了训导的原则：德智体并重，矫正以往偏重智育的弊端；各科融会贯通，同以指导学生思想、感情、行为以达到养

① 陈纪哲：《如何实施导师制》，商务印书馆 1941 年版，第 87 页。
② 林本：《现代训育思想之演进》，《教育通讯》，第 6 卷第 1、2 期合刊。
③ 汤才伯主编：《廖世承教育论著选》，人民教育出版社 1992 年版，第 473－475 页。
④ 汤才伯主编：《廖世承教育论著选》，人民教育出版社 1992 年版，第 473－475 页。
⑤ 罗廷光：《师范教育》，正中书局 1947 年版。第 221－226 页。

成健全师资的目的为宗旨；在德育方面，应能完成师范的人格修养和精神陶冶；侧重群体的训练，期养成同心以及公共生活习惯；引导学生达到自律律人，正己正人的阶段；彻底实践师生共同生活；教者以身作则，期树立良好模范；与社会及学生家庭通力合作，以增进训导的效能。然而最重要的，在训练师范生皆有浓厚的民族意识和强固的国家观念，能负起兴邦建国的责任；能明礼仪，知廉耻，负责任，守纪委，为民族利益而牺牲奋斗。列举训导的种类：第一，精神训练。目的：①培植民族意识和国家观念；②晓谕做人的道理；③涵养专业的精神。由①可使学生服务时具有至高的目标，知本人所负责任的重大；由②可启迪他们对于人生有适当的理解和认识，并因而确定本人的人生观；由③更可使学生毕业后终身服务教育，不致见异思迁。除以公民（或党义）和人生哲学为必修科目外，并当利用各种机会举行精神训练。如每天清晨举行升旗礼，下午举行降旗礼，由校长教师轮流训话；每月曜日举行纪念周，就总理遗教、三民主义、建国方略、建国大纲、军事及政治上重要事项、国际形势及我国与各国之关系，由主要教职员或特聘专门人员分别为有系统之讲述；导师及教职员与学生共同生活，实践新生活的规律，并由导师不时给以精神讲话；利用假日从事会操、旅行及劳动服务等实施军事管理，以整饬纪律，养成勇敢牺牲的精神。第二，学科训练。学科训练虽然偏于知识方面，但与训导极有关系，直接间接有不少的贡献。第三，体格训练。所谓体格训练，不在乎竞技运动的优胜而在有坚强的体魄，能刻苦耐劳，承担救国的大任。除体育课程外，应严格施行军事训练和课外运动。第四，抗战智能训练。第五，生产劳动训练。训导的方法：制订训导标准；积极推选导师制，师范学校及师范学院尤其努力；切实指导学生各项活动；应用有效的训导方式：①升旗训话；②小组集会；③课外组织；④军事管理；⑤农村服务；⑥救济工作；⑦野外远足；⑧露营训练；⑨外地旅行。

张达善的《师范教育的理论与实际》的第三章系统地阐述训导的实施，主要从目标和制度、集团训练、活动分配、个别指导、奖惩处理、成绩考查等6个方面讲怎样来实施训育。

李超英的《中国师范教育论》的第五章首先阐述师范学校训育的重要性，然后分析师范学校过去训育的失败，提出师范学校训育的目标制度。

综上所述，南京国民政府后期师范训育理论研究已政策化和制度化。

# 第二节　师范学校训育组织实施的变迁

所谓训育组织主要包括两个方面，即学校方面的各种训育组织设置和学生方面的各种与训育有关的自治团体，如学生自治会等。前者由校方来规定，后者多在校方指导下学生自己结合，一般来说都受政府相关规程的约束。本节论述第一个方面的发展历程。

## 一、清末民初师范学校的训育组织实施

清末师范学堂掌管校务的主持人称监督，对日常学生生活和学习活动的管理，则由监学负责。民国成立后，这两类人物的名称更改为校长和学监。这些在政府法规文件中正式形成，但在现实中称呼不一。由于清末民初师范的规模较小，学校组织简单，管理人员缺乏，所以上述两类人物在训育活动中扮演着重要角色。

民国初年，除将监督改为校长（其实清末亦有称堂长或校长）、监学改为学监之外，师范行政组织与清末相比没有发生更大的变化，校长和学监仍是直接参加与学生训育的人物。

民国元年的训育要旨是：①健全的精神。宿于健全的身体，故宜使学生勤于卫生，勤于体育。②陶冶性情，锻炼意志。为充任教员者之要务，故宜使学生富于美感，勇于德行。③爱国家，遵宪法。为充任教员者之要务，故宜使学生明建国之本原，践行国民之义务。④独立博爱。为充任教员者之要务，故宜使学生尊品性而重自治，爱人道而重大公。⑤国民教育。注重实际，故宜使学生明现今之大势，察社会之情状，实事求是，为生利之人而勿为分利之人。⑥世界观与人生观为精神教育之本。故宜使学生研究哲理，而具高尚之志趣。①

---

① 陈翊林：《最近三十年中国教育史》，上海太平洋书店1930年版，第311页。

## 二、"五四"后师范学校的训育组织实施

"五四"以后，师范学校训育组织进入了一个全面改组的时期，学监制迅速被以训育处为主的学校训育组织取代，在训育的具体实施方面也进行了各种形式的尝试，并一度引起争论。究其变革的原因，主要有三个方面。其一是教学体制的改革，特别是1922年"新学制"颁布前后"选科制"的盛行动摇了原来以班级为基础的教学体制。其二是随着学校规模的扩大和学生人数的增多，学校行政组织必然由简单到复杂，导致对学校组织的功能性分解，训育成为一个部分。其三是"五四"后个性主义和民主观念的发展，引导了一种注重学生个性和自主能力培养的训育观念，带动训育组织及其实施的相应改革。

1. 施行"选科制"对学校训育的影响

"选科制"确立和施行之后，人们从不同角度分析了它对师范训育的积极和消极影响，有的是理论的分析，有的是经验的总结，主要观点有以下。

第一，选科制是一种有利于学生主动发展的制度，对学生训育的最重要价值在于它可以培养学生的"自启"、"自信"、"自我实现"和"尝试成功"的意识。自启和自信是对自己兴趣和能力的发现，在发现自己兴趣和能力的过程中产生一种实现自己抱负，尝试成功，不为命运所支配的愿望。因此可以训练学生自我选择、自负责任，并运用自己的智慧驾驭将来的能力，归结起来即是一种自动、自立和自强的能力。第二，以往训育上的困难在于课程组织不适合学生的个性。受年级制的束缚，愚者尽全力而不能及格，智者力有余而不能锐意进取，导致前者失去信心，放弃学业，后者精力过剩，其结果都会酿成训育问题。选科制与学分制、弹性学制相辅而行，学生学业进度的快慢和在校肄业时间随学生学习能力和努力程度决定，这样使无论高才低能都不得不努力以求可以毕业和尽早毕业，就无余力作恶了。第三，年级界限是一种不好的观点，特别是往往高年级生自居一种特殊的地位，看轻低年级生，并进而形成两者之间命令和服从的关系，滋生等级观念，这种现象不利于学校共同精神的形成。选科制最终以学分制代替年级制，年级界限和班级观念消失，尊卑观念也失去了制度基础，在训育上更有利于学生间平等观

念的产生。甚至低龄生在个别科目上反超高龄生的现象和以往学校训育中以大压小的现象都可以杜绝。第四，有人也对实施选科制后，学校训育所面临的新问题表示担心。

不管上述观点的合理性如何，但都说明了一个问题，教学体制的改革给师范训育带来新的问题，因而在组织上必须做出相应的改革以适应这种变化。

2. 师范训育处的普遍设立

民国初年，师范学校行政组织系统的基本情况是在校长之下设立学监、舍监、庶务员三类职务。

20 年代师范训育处的普遍设立，一个主要的因素是受"五四"运动后学潮迭起，学校训育工作顿时加重。20 年代初师范学生学潮之多上节已有说明，其原因相当复杂，社会与政治的不良固然是重要原因，而舆论的鼓吹，各种政治集团因从"五四"运动中发现学生的力量后努力争取为自己声援，这些都极易摇动身心并未成熟的学生的心志。从学校内部来说，或慑于学生力量，或迷恋于个性主义的教育学说，训育上骤然采取放任主义，也是导致学生自我扩张的因素。在学潮汹涌而来的时候，原有的学校组织包括学监等早已不为学生信任而显得无能为力。打破旧的形式、建立新的组织模式也是为了改变学校行政混乱的现象，是解决当前问题的一条出路。

## 三、南京国民政府时期的师范学校训育组织

南京国民政府时期师范学校训育组织经过了级任制、导师制及军训制度。下面介绍训育组织的具体实施的发展历程。

1. 南京国民政府初期师范训育实施的背景

"五四"后是师范学生（也不仅是师范学生）的个性张力得到较充分释放的一段时期。南京国民政府成立后情况发生了逆转。南京国民政府为了平息汹涌而来的学潮，维护其一党专政，对大中学校采取了严厉整顿的政策。所采取的措施一方面是建立严格的训育制度，加强管训；另一方面是将军训引入学校，对学校实施军事化管理，同时也加重学生的课业负担。但是在南京国民政府初期，国民党政权尚未稳定，地方军阀势力还比较强大，民主人

士不满国民党一党专政,特别是中国共产党人更以武装革命来反对国民党。在国际形势方面,中日之间的民族矛盾进一步加深。在复杂的社会背景下,国民党对学校的整顿措施很难得到真正的贯彻执行,"五四"以来学生生活中的思想解放和个性主义在相当程度上还在延续,广大大中学校的学生以罢课、请愿等不同形式反抗政府和学校当局对学生的高压或表达对政府方针政策的不满。

国民政府与爱国民主学生之间的对抗在1931的"九一八"事变之后达到高峰。从9月下旬开始,来自全国各地的大、中、小学生纷纷到南京请愿,各地学生也在本地示威、罢课,要求国民党政府出兵抗日,酿成国民党政府建立后第一次最大规模的学潮并延续到年底,国民党政府最终以武力镇压的手段暂时平息学潮,制造了三十多学生死亡的南京珍珠桥惨案,但无法遏制学生心中涌动不止的爱国和民主热情。

2. 级任制到导师制

为了遏制师范学生的学潮,1932年12月17日国民政府颁布了《师范学校法》和《师范学校规程》。《师范学校法》第1条规定师范学校的宗旨:"应遵照中华民国教育宗旨,及其实施方针,以严格之身心训练,养成小学之健全师资。"[①]《师范学校规程》第37条规定师范学校的训育宗旨:"应遵照中华民国教育宗旨及实施方针,以最适宜之科学教育及最严格之身心训练,养成一般国民道德上,学术上最健全之师资。"第30条规定:"师范学校校长及全体教员均负训育责任,须以身作则,采用团体训练及个别训练,指导一切学生课内课外之活动。"[②]这条明确规定校长与全体教师都必须以身作则来参与训育工作。第40条规定:"师范学校每一年级设级任一人,选择该级一专任教员任之,掌理各该级之训育及管理事项。"[③] 这条明确地确立了以级任制来组织实施训育工作。级任制的优点表现为:级任教师规定为担任所在班级各种主要学科教学的教师,与学生有较多的接触机会,对于学生个性和各方面情况的了解较为深切,便于有针对性地进行训导,又因为承担主科教学,能贯彻"训教合一"的原则。级任制的工

---

① 李友芝、李春年编:《中国近现代师范教育史资料》,北京师范大学内部交流资料1992年版,第324页。
② 李友芝、李春年编:《中国近现代师范教育史资料》,北京师范大学内部交流资料1992年版,第331页。
③ 李友芝、李春年编:《中国近现代师范教育史资料》,北京师范大学内部交流资料1992年版,第332页。

作有确定和相对独立的对象范围，能较为自由地制订训导计划以实现自己的训育理想，同时班级的训育事务因有专人负责，也不至于散漫而不成系统。但是级任制有明显的不足之处：级任教师除担任主科教学外，又要担任繁重的训导职务，对级任教师的责任心和工作能力都是考验。因班级训育工作有级任教师负责，其他任课教师就不再过问，与教师全面参与的精神不合，"训教合一"的思想也得不到彻底贯彻。由于各级任教师的风格不同、宽严不一，甚而信仰异趣，学校训育的整体思想难以得到统一贯彻，特别在规模较大的学校更是如此。在希望对学生进行严密控制的国民政府时期，训育工作的独立性和个性化当然是一大忌。

为了克服级任制的缺陷，国民政府时期一直在探索更适合的训育模式，于是就产生了导师制。最先以行政手段在中等学校推行导师制的是江苏省。1932 年江苏省教育厅颁行了《江苏省县中等学校教训合一试行办法》，规定：每学级人数超过 30 人者，即分成两组，每组设导师 1 人，其中 1 人仍兼任级任导师，导师由担任该学级课程教学的专人教师担任，以促进"训教合一"。显然，导师制因减少单个教师负责对象的人数，职责更明确，更有利于深入地了解训导对象，工作更易深入。1938 年 3 月教育部颁布的《中等以上学校导师制纲要》（以下简称《纲要》）第 12 条规定：导师对于学生之思想、行为、学业及身心摄卫，均须体察个性，施以严密之训导，使得正常之发展，以养成健全之人格。即体现了这一精神，但规定训导对象人数更少，导师与学生的关系更为密切。《纲要》规定："各校应将全校每一年级学生分为若干组，每组人数以五人至十五人为度，每组设导师一人，并由校长指定专任教师充任之"；"各组导师对于学生之思想与行为各项，应负责任。学生在校或出校后在学问或事业方面有特殊之贡献者，其荣誉应同时归于原任导师。其行为不检、思想不正如系属于导师之训导无方的，原任导师应同负责任。"[1] 为具体落实导师制并规定训育的具体内容，同时颁布了《实施导师制应注意之各点》，次年又颁布了《训育纲要》，对训育的意义、概念、内容、目标、实施等做了详细规定。

导师制的目的是鼓励教师全员参与训育工作，目的在调和训育组织和实

---

[1] 宋恩荣、章咸：《中华民国教育法规汇编（1912—1949）》，江苏教育出版社 1990 年版，第 159 页。

施的职能化倾向与训育工作整体性之间的矛盾。但是导师制在实践中并不理想。首先，按照规定导师制下的任课教师，每人负责学生以 5～15 人为度，教师不敷分配。根据当时的湖南省师范学校编制标准，无论规模大小，每个导师分配的学生应该在 15～30 人之间，教师才能够分配。其次，国民党对训育人员的资格、政治面貌等历来有严格规定，在导师人数不足的情况下，更难顾及。在实施困难的情况下，1944 年颁布的《中等学校导师制》对1938 年《中等以上学校导师制纲要》其实已不再坚持，其中第 2 条规定："各校应于每级设导师一人，由校长聘请专任教师充任之。"因此就说明国民党大力推行的导师制在师范学校很难施行，只好回到级任制。

3. 军训制度的成立

国民政府时期师范学校的另一重要的训育措施就是实施军训制度，对高中以上学生实施军事训练，而对初中阶段的学生实施童子军训练。

清末民初，由于受民国教育思想的影响，学校体育课中普遍有兵操项目，事实上起到了军事训练的作用，有些师范学校还自发地组织较为系统的军事训练，成立类似学生军的组织。如湖南第一师范学校成立了学生志愿军。但到"五四"时期就基本停止。

国民政府对师范学校实施军事训练开始于 1929 年。1928 年 5 月第一次全国教育会议在大学院普通教育处处长朱经农、外交部、军事委员会提交的三份议案的基础上通过了《中等以上学校实施军事训练案》，1929 年经国民政府修正后改名为《高中以上学校军事教育方案》公布，规定"凡大学、高级中学及专门学校、大学预科及其他高等以上学校，除女生外均应以军事教育为必修科目"，认为"军事教育之目的在于锻炼学生身心、涵养纪律、服从、负责、耐劳诸观念，提高国民献身殉国之精神，以增进国防之能力"[1]。从此，"军事训练成为师范学校的必修课程，课程量在抗战前一般为每周 3 课时，保持 1 年，另外还一度要求学生每年暑假实施三个星期的集中训练；抗战后则加重到每周 3 课时，连续学习三年；体育课每周 2 课时一直保持；许多师范学校的学生还参军。

---

[1] 宋恩荣、章咸：《中华民国教育法规汇编（1912—1949）》，江苏教育出版社 1990 年版，第 117 页。

以 1941 年湖南省立第二师范学校的训育组织①为例。制定的训育目标：本校本三民主义之旨趣及部颁布的青年训练纲要，并根据 1940 年 2 月省府常务会议决修正通过的湖南中等学校训育方案制订：第一，信仰三民主义，服从最高领袖；第二，发扬爱国观念，加强御侮能力；第三，培养公民道德，发扬自治精神；第四，实行社会服务，提倡互助美德；第五，锻炼强健体格，养成劳动习惯；第六，启发研究兴趣，充实生活技能；第七，陶冶优美情操，提倡美化生活；第八，充实教学技能，养成优良师资。形成了一套行之有效的训育制度。各专任教员，均须兼任导师，分担训育主任的职务，由各导师组成训导会议，以教导主任为主席，每周开会一次。采取具体的训育实施：集合训示，个别指导，指导活动，举行竞赛。

军训对训练学生的纪律、秩序观念和刻苦耐劳精神确实具有一定的作用，具有一般训育功能，对培养学生一定的国防观念也有好处。国民党实施军训的目的当然不仅如此，笼统地说更是将其作为控制和防范学生思想行为的工具。如果我们对当初确立军训制度的背景做一下分析，就会更清楚地了解其中的寓意。

国民政府本希望通过军训强化训育，但在实施过程中与学校正常训育工作反而产生了严重的分歧和矛盾，归纳起来有以下几个方面的原因：第一是制度上的矛盾。国民政府时期施行的军训的师范行政体制，在训导（训育）处之外，又有军事训练团，以校长兼团长，教官兼副团长。训导主任或与教官同时任团副，或被置于训练团之外，加上文人和士兵又很难合作和联络，造成训练团与训育处的对立局面，大多数学校两者之间各自为政，互不相谋。第二是人事上的矛盾。尽管《高中以上学校军事教育方案》规定军事教官"应受各该校校长之指挥、监督"，但由于训练教官由国民党军事训练总监处或政治处委派，教官之职务任免都不与学校当局发生直接关系。军训处或政治处又直接指挥教官的工作，不通过学校行政负责人，造成教官自居客卿，不承认学校行政对自己有监督权，教官连校长的监督都不承认，当然就更不希望他接受训导主任的领导。第三是具体工作上的矛盾。由于组织制度

---

① 杨朴庵：《湖南省立第二师范学校概况》，《湖南教育月刊》第 27 期，第 29 页。

和教官主观上与学校训导处对立，因而工作中彼此很难进行联络和配合。第四是观念和方法上的矛盾。教官和一般教师，其所受的训练与教育不同，形成了不同的习惯和处世态度。加上中国本来有文武相轻的传统，所以教官一般视教师为软弱散漫、不豪爽、少效率，而教师又认为教官粗俗、不明教育原则，两者之间常常不能沟通。在方法上，训育人员则注重采取人格感化的策略，而教官则采取严格纪律的措施加以强制纠正。因此，各自既不能统一方法又互相轻视对方。上述的种种矛盾，是国民党政府以军事化手段牵制教育的必然结果。

# 第三节　学生自治与师范训育

相对学校训育组织设置，以学生为主体相结合的各种与训育有关的组织中，学生自治会是其核心，本节以其为中心剖析其对民国师范训育活动的影响。学生自治会虽然萌芽较早，但在师范学校的大量出现是"五四"运动后的一段时间，当时的学生自治组织几乎成为了师范学校训育活动的主体，一度引起教师与学生之间的主客体关系之争，国民政府时期最终被严格限制。本处所说的学生自治会以校内学生自治组织为主，对校际及区域性的学生自治会只作连带的阐述。

## 一、清末民初的酝酿

清末新政时期，清政府对教育进行了改革，许多新式学堂纷纷成立，新学堂虽然在内容和形式上都有变革，但本质上还是培养为封建王朝服务的忠臣和顺民，根本无视学生自主和自立意识的培养。《奏定各学堂管理通则》中对学生宿舍、教室、操场等场所的行为规范都作具体苛细的规定，在《学堂禁令章》共12条中就连用了11个"不准"和1个"不得"，严格限制学生的言行，如"不准干预国家政治及本堂事务，妄上条陈"；"不准离经叛道，任意狂言，以及著书妄谈，刊布报章"；"不准联盟纠众，立会演说，及潜附他人党会"；"遇有本学堂增添规则，新实施的禁令，概不准任意阻挠，抗不遵行"；如有违犯者，"除立行斥退外，仍分别轻重，酌加惩罚"。可见学生的言论、结会、结社、自由一开始就被严格禁止，学生自治团体更处于非法状态。因此，反对清政府颁布的规章以及渗透其中的封建教育精神就成为清末学生向学校当局斗争的重要内容。依靠专制权威维持的学校秩序是以牺牲学生个性和对学生自主自律能力的不信任为前提的，学生对此深感厌恶，为表示不满，学生通常努力在平等自由、民主自律的原则下，通过自我管理、自我教育的形式向学校当局展示一种新型的群体关系形象，清末很多学生自治组织就是在这种动机下产生的。辛亥革命以后，由于受到欧美进步主义教育运动和实用主义教育思潮的影响，湖南各师范学校纷纷提倡学生自治，注重学生自治能力的培养。如湖南省立第一师范学校 1913 年就创设技能会，"以培养各种生活技能为宗旨。" 1914 年改为自进会，1915 年再改为学友会，次年又规定该会以"砥砺道德，研究教育，增进学识，养成职业，锻炼身体，联络感情"为宗旨，这样训练学生自治能力的方面就广泛得多，不只限于生活技能方面。学友会内设教育研究、演讲、文字、书法、图画、手工、音乐、武术、剑术、足球、竞技各部。① 从而使学友会成为培养学生自治能力效果显著的组织，不仅提高了学生研究问题的能力，更重要的是锻炼了学生的社会活动能力。相似的组织在其他师范学校也存在，如湖南省立第三师范学校组织了日进会，分讲演、图画、书法、拳术、剑术、架梁、蹴鞠、音乐 10 部。② 这些经受了锻炼的学生时刻将自己的前途与国家的命运联系在一起。尤其此时期湖南各师范学校有一批道德高尚、忧国忧民的教师，如杨昌济、徐特立、方维夏、王季范等，他们十分重视言传身教，培养学生树立远大抱负。后来湖南第一、第二、第三师范学校中革命人才辈出，这与他们早年所受的熏陶是分不开的。1918 年 4 月，第一师范学生毛泽东等人发起组织新民学会，以"革新学术、砥砺品行、改良人心风俗"为宗旨，定期讨论如何使个人或全社会生活向上，可见该会宗旨立意之高。新民学会自创立后始终充满蓬勃的朝气，后来成为领导湖南五四新文化运动的核心，也成

---

① 湖南第一师范校史编写组：《湖南第一师范校史》（1903—1949），上海教育出版社 1983 年，第 60 页。
② 蒋维乔：《湘省教育视察记》，《教育杂志》第 8 卷第 5 号，第 31 页。

为我党早期的革命团体之一。同年夏，第三师范学校学生蒋先云等也组织了学友互助会，推销新书报，宣传新思想。

## 二、"五四"运动后学生自治的发展

"五四"后的学生自治与清末有所不同，如果说清末学生自治是反抗学校专制管理与清政府封建专制统治以及帝国主义对中国侵略的一种形式，"五四"时期的学生自治则是学生地位得到充分提高的体现，是作为一种时代精神的新的训育形式而得到学校当局大力提倡的。

### 1. 学生自治运动产生的背景

辛亥革命后，随着民主思潮的演进，要求实现民主共和的社会政治理想对教育提出了新的目标。蔡元培任教育总长时，一再强调应顺应时势，以培养"共和国民健全之人格"为目的。由于受到欧美进步主义教育运动和实用主义教育思潮的影响，由于认识到儿童在学习过程中作为学习主体的地位，他最初提出了"自动主义"的概念，如陶行知所言："近世所倡导的自动主义有三部分：一智育，注重自学；二体育，注重自强；三德育，注重自治。所以学生自治这个问题，是自动主义贯彻德育的结果。"① 新文化运动特别是"五四"运动使民主思想更深入人心，培养具有民主、平等协作精神的一代国民更成为时代的呼声。民主精神渗透到师生伦理之中，也突破了师道尊严的传统，为学生自治扫除了观念上的障碍。

真正的学生自治制度创始于美国。为了让学生实际体验公民生活，提高学习的动机，在公民课内演练和模拟公民生活的种种方式，如开会、投票等，后来逐渐发展为一种较固定的组织。按照美国政府政治的原则模拟成立了独立的州、市制度，有所谓学生州、市等机关，使学生实际参与各种公民生活。美国18世纪末在专门的学校内即已采用学生自治制度。受专门学校的影响，19世纪末美国中等学校中开始允许有在教师指导下的半自治性组织，这些组织而后逐渐发展为学生自主的完全的学生自治组织。学生自治组织在美国流行的时候，正是一大批中国青年因美国"退款兴学"计划的实施

---

① 陶行知：《陶行知全集》（第1卷），四川教育出版社1991年版，第132页。

而来到美国，"五四"时期首先大力推进学生自治的人士也主要是这些从美国留学归来的青年学者。1919 年 10 月，陶行知首先在《新教育》上发表了《学生自治问题之研究》一文，紧接着第三期又集中发表了郑晓沧、陈鹤琴、廖世承的分别题为《中小学校学生自治实施之计划》、《学生自治之结果种种》和《关于学生自治的几个问题》等文章。显然，后者是对前者的呼应，向以说教为主的传统训育方法发起冲击，强调要以实际体验的方式培养学生的独立自尊精神、社会性和公众责任心。①

2. 学生自治会的发展

1920 年第六届全国教育会联合会大会议决通过了"学生自治纲要案"，该决议案称：共和国教育，应以养成全国学生人人有共和国国民之资格为基本。而欲养成学生的共和国民资格，各学校就必须实施学生自治。学生自治可以发展青年天赋本能，养成其负责互助的习惯。根据这一原则，拟定学生自治纲要五条，通告各省教育会转各学校一体注意提倡。自治纲要五条内容：①自治，系教育陶冶，与实施政治有别；②以公民教育之精神，练习自治，采取分区制度；③学生自治权限，视学校之性质，及学生之年龄与程度，由校长酌定之；④学校职教员，应设自治指导委员会，负指导学生之责；⑤除学校行政外，均得由学生根据校长之权限，定相当之办法，由指导会通过施行。②

正是在这样的背景下，此后各种类型的学生自治会如雨后春笋般出现在师范学校，各种形式的学生组织也得到蓬勃发展。

3. 学生自治会存在的问题

学生自治会纷纷成立并迅速发展，尽管部门齐全、章程规范以及职能范围扩大，但出现了不可避免的问题。主要有两个方面：第一，由于师生观念转换上存在困难，学生自治会不仅没有体现自己的特色，而且盲目跟随，从而出现混乱现象。1920 年第六届全国教育会联合会"学生自治纲要案"的通过，使学生自治会迅速在中等学校成立起来，"于是学生会之组织，所有学

---

① 王伦信：《清末民国时期中学教育研究》，华东师范大学出版社 2002 年版，第 187 页。
② 《中国教育事典》编委会：《中国教育事典》（中等教育卷），河北教育出版社 1994 年版，第 970 页。

校之都市，所有学生之学校，视同所需，否则即足以显示其无人。"① 20 年代中国许多中等学校是将学生自治会作为一项新鲜事物在攀比的气氛中成立。这种攀比除表现在和其他学校竞争是否有学生自治会上，还表现在组织的齐全上，不仅部门要全，章程要全，而且职能范围也要广。和这种组织上的好高骛远形成强烈反差的是学生训练基础和自治能力的薄弱及部分教师观念转换上的困难。就学生而言，从旧的习惯中走出来，一下子去掉了许多约束，但对自己应负的责任和能负的责任都不十分了解，自治会起码的民主原则也得不到坚持。其结果是，"或者是大家都冷淡，谁也不爱过问，自治会毫无生气。遇着几个机灵的，就想借自治会名义出风头，图一点不可告人的便宜。再遇着想出风头的人多，同学间争打起来，变成了自乱会。而大多数懒得管事的，依然不闻不问，往往被十个八个人把学校弄成一团糟"。② 就教师而言，从"五四"前师严道尊的生活，过渡到"五四"后师生平等的生活，毕竟也需要一个观念适应的过程。一些能够与时俱进的教师，在观念上认同学生自治和师生平等，但到亲身实践时难免不习惯。即使是那些能够做到观念和行为同步的教师，也有一个方式方法更新上的问题。在这种矛盾交织中，教师表现各异，有的在保持尊严的企图下对学生横加干涉，有的在听其自然的态度中放任自流，有的出于息事宁人而一再迁就，有的甚至出于某种私利而讨好怂恿。教师对学生行为标准的失去原则和反差又给学生留下了鲜明的好恶印象，一些学生利用自治会拥有的力量在教师中演出了许多拥张驱李的事，这样不可避免地使学校出现某种混乱现象。第二，对学生自治会功能的理解错位。中国学生自治会引自美国，而美国的学生自治会有两个原则：第一，学生自治会的职责范围以学生自身的生活为限，主要是处理学生日常生活如饮食、起居、卫生、清洁等事项，不牵涉到学校行政，最多只能就与学生密切的校政提些建议。第二，根据美国"全国学生自治会研究委员会"研究的结果和建议，学生自治会凡关于议案，推举纠察长，执行赏罚，确定纠察者的职务等，都必须得到校长或相关指导员的同意；自治会举

---

① 陈兼善：《学生参与学校行政论》，《教育杂志》第 16 卷第 9 号。
② 林砺儒：《学生自治》，《林砺儒文集》，第 648 页。

行选举的日期、程序、计票方法等，也都由校长决定；校长有决定设立学生自治会之权，也有取消学生自治会之权。① 总之，学生自治会是学校管理的一部分，是训育的一种手段，是一种实施指导的环境。由于中国的学生自治会是在学生群体张力得到充分释放，社会对民主的呼声高唱入云，各种政治力量也都在争取学生力量对自己的支持的特殊背景下发展起来的，因此在实践中其功能得到不理解而错位。"五四"以后正是学生自我急剧扩张的时期，他们一般不愿意接受他人的约束。师范学校学生自治会在平时既不愿受教员的监察和指导，在有事时就不免要将其势力推而广之，用来治理学校和教职员。

"五四"时期学生自治会的混乱景象，就成为了后来国民政府对其进行强制整顿和限制的借口。

## 三、南京国民政府时期学生自治会的整顿与限制

"五四"时期出于学生民主生活和学生自我管理的学生自治会的职能发生了变调与错位。在第一次国内革命大潮中，还曾表现出联合的趋势，凝聚成一定的力量，形成过数次规模不等的学生运动，在动摇北洋军阀统治中发挥过作用。在推翻北洋军阀统治，建立南京国民政府过程中，也发挥了较大的作用。

南京国民政府成立以后，鉴于以往的经验，为防止学生自治会的联合趋势成为危及国民党统治的力量，对校内学生自治会的范围和职能进行了限制。1928 年国民政府召开全国教育会议，大会议决通过了由中山大学、广东教育厅、广西教育厅联合提交的《确立教育方针实行三民主义的教育建设以立救国大计案》，其中第三章第一节对学生自治会明确提出了整顿的办法。② 认为学生自治会在过去曾发挥过"鼓励民气，宣传文化"的作用，但因组织及监督管理的缺陷，学校教育受学生自治会牵制而停顿退步者亦不少。为了限定学生自治会的活动范围，规定今后不得简称为"学生会"，一律正名为

---

① 姜琦：《学生自治的性质及其促进的条件》，《新教育》第 2 卷第 3 期。
② 中华民国大学院编：《全国教育会议报告·乙编》，商务印书馆 1928 年版，第 57 页。

"学生自治会"，其性质为各个学校学生之自治团体，不得超越范围，滥用权能，干涉国家政治和学校行政。目的是发展其会员的身心，辅助学校规章的推行，养成学生公共生活的习惯与能力。其活动的范围限于：第一，自治，学校生活秩序的维持，拟定学生集会、结社、辩论等方面的章程和组织训练实施等；第二，智育，科学、研究活动的组织等；第三，德育，私德和公德的互励等；第四，体育，一切体育运动。关于学生自治会的成立、注册、监督指挥权（属于各学校校长）、解散和改组都有严格的规定。根据上述整顿办法和其他相关提案，大会草拟了《学生自治条例草案》。[①] 在 1928 年全国教育会议决议通过的文件的基础上，最终在 1930 年由国民党中央执行委员会通过《学生团体组织原则》、《学生自治会组织大纲》和《学生自治会组织大纲实施细则》。对三个文件的内容进行剖析，发现除了体现 1928 年全国教育会议关于学生自治会的目的、权限等基本精神外，三个文件还明确体现了以下三点：第一，自治会采用委员会制。主要是鉴于 20 年代初期学生自治会在三权分立的形式下，成为议论学校行政的议会式的机关，演出种种介入学校行政的行为。认为委员会制有利于将学生的日常事务和行为训练相结合。第二，采用间接选举制。《学生自治会组织大纲》中第五、六、七条规定："学生自治会之权力属于会员全体，由会员大会或以会员总投票的方式行使之"；"学生自治会之权力机关为会员大会，在会员大会闭会期间为代表会，在代表会闭会期间为干事会"；"代表会之代表，由各年级或各院系按照人数比例，选出代表若干人组织之"。由上可知，干事会作为执行常务的机构不是由全体会员大会产生，而是由代表会产生，一般会员只是通过推举代表间接选举干事会成员。据说这种选举制度可以"避免少数野心或不轨分子利用群众心理而操纵一切"。第三，将学生自治会置于国民党的领导下。学生自治会必须以"三民主义"为一切活动的指导思想。学生自治会筹备会、会员大会或代表会，须呈请当地国民党高级党部及学校派员指导；自治会章程草案须报请当地高级党部核准；自治会组织完成后需备具章程及职员履历表、会员名册等，呈请当地高级党部核准后，呈报学校及主管官署备案。

---

[①] 中华民国大学院编：《全国教育会议报告·乙编》，商务印书馆 1928 年版，第 65 页。

　　通过上述规定，学生自治会已成为学校内部辅助学校对学生活动进行管理的组织。为了加强对学生的严密控制，1943 年又颁布《学生自治会规则》，以代替 1930 年的《学生自治会组织大纲施行细则》。1947 年 12 月，为限制中国共产党通过学生自治会展开的内线斗争，又颁行《修正学生自治会规则》，规定学生自治会的筹备人员和理事由学校当局"指派、圈定"，或由学校命令"随时退职"；进一步强调各校学生自治会内容限于"学艺、健康、服务、风纪"等范围内，并由学校派人监督；学校可以撤销其决议，或以"违背校规"为由解散其机构。学生自治会民主和自治的外壳存在，但谈不上有训练学生民主和自治生活的意义。

　　创始于美国的学生自治会活动本来具有丰富的公民生活训练的内涵，同时也是学校管理的辅助措施，凡民主社会公民生活的准则、个性品质都可以是训练的范围。在活动过程中，因师范生身心发展的不成熟状态，教育者给予指导和纠正是必要的，这也是教育者应尽的职责。但在民国时期中国社会动荡不定、政治风云变幻的背景下，学生自治会不可能达到上述的目的，反而成为维护学生权益（当然也并非不可以维护）、进行政治斗争或政治控制的工具，甚至成为学生争强好胜和教师排斥打击异己的场所。①

---

① 王伦信：《清末民国时期中学教育研究》，华东师范大学出版社 2002 年版，第 198 页。

# 第六章 民国时期湖南师范教育发展的规模、构成和课程设置

衡量教育成长状态的诸多指标中，教师和学生作为教育活动的主体，特别是学生，更是教育活动成果的体现，他们的数量规模直接反映教育的成长规模。因此，本章主要通过对师范学校教师群体与学生群体数量及其关系的考察，展示民国时期湖南师范教育发展的基本状态。

## 第一节 民国时期湖南师范教育发展的整体规模和构成

民国时期，湖南社会动荡不宁，师范教育在曲折中发展。为便于整体考察师范教育的发展情况，现将各个时期有关师范教育的统计材料整理成表6-1，以下各方面的考察在很大程度上基于对此表的数量分析。

### 一、师范教育的发展阶段和发展速度

1902年，张百熙奏定各省设置师范馆。湖南巡抚俞廉三遵旨创办全省师范传习所，以一年为期毕业。冬天，开始筹建省城师范馆。1903年2月师范馆开学，国子监祭酒王先谦为馆长，俞诰庆为监督，这个师范馆是湖南办理正规师范教育的开始。随着省城师范馆的建立，各县的师范讲习所或者师范馆纷纷建立。常德县于1902年创办西路师范讲习所，邵阳市于1902年创办宝郡联立师范学堂，湘乡市于1903年创办师范馆，湘潭县于1904年创办速成师范学堂，衡山县于1904

年创办初级师范学堂，益阳县于 1905 年创办益阳师范学堂，永明县于 1905 年创办师范馆，靖县于 1906 年创办速成师范学校，长沙县于 1906 年创办简易师范学堂，醴陵县于 1906 年创办速成师范学堂等。

其他各县的师范学校首创的具体时间不详，但也在清末兴学过程中不同程度地相继发展了师范教育，反映了湖南近代师范教育发展起始阶段的情况。

辛亥革命以后，湖南师范教育在各级政府以及教育界人士的努力下，迎来了快速发展。1912 年，全省有高等师范学校 1 所，人数 320 人；师范学校 6 所，人数 1353 人；女子师范学校 17 所，人数 1104 人；简易师范学校 12 所，人数 956 人；初等小学教员养成所 16 人，学生 1950 人。[1] 由于湖南教育统计工作受到动荡时局的影响，时常中断，笔者只能从有限的资料中找到大部分关于师范教育的数据，师范教育的统计资料到 1948 年为止（见表 6 - 1）。从民国元年到民国三十七年的 36 年间，师范学生在校生总数由 5683 人增加到 19813 人，增长了 2.49 倍。

表 6 - 1　民国时期湖南师范教育发展概况一览表

| 项别＼年度 | 学校数 | 年级数 | 学生数 | | | 毕业生数 | 教职员数 | 岁出经费数（单位：元） |
|---|---|---|---|---|---|---|---|---|
| | | | 男生 | 女生 | 总计 | | | |
| 元年 | 52 | | | | 5683 | | | |
| 三年 | 28 | | | | 4552 | | | |
| 五年 | 13 | | 1078 | 1001 | 2079 | | | |
| 六年 | 16 | | | | 2433 | 58 | 383 | 227694 |
| 七年 | 16 | | 1545 | 960 | 2505 | 112 | 391 | 232009 |
| 九年 | 28 | | 3091 | 2000 | 5091 | 600 | 509 | 312761 |
| 十一年 | 26 | | 2269 | 771 | 3040 | | | |
| 十二年 | 19 | | 1856 | 771 | 2627 | | | 219821 |
| 十三年 | 60 | | 4835 | 1757 | 6592 | | 766 | 394703 |
| 十七年 | 25 | | | | | | 211 | |
| 十八年 | 51 | | | | | | 488 | |

---

[1] 《教育司编制湖南省各种学校调查简表》，《教育杂志》第 8 期，第 16 页。

（续表）

| | | | | | | | | |
|---|---|---|---|---|---|---|---|---|
| 十九年 | 47 | | 3765 | 669 | 4434 | 1914 | 613 | 316558 |
| 二十一年 | 47 | 141 | | | 6229 | 755 | 681 | 394311 |
| 二十二年 | 44 | 140 | | | 5618 | 610 | 713 | 353202 |
| 二十三年 | 41 | 138 | | | 5161 | 583 | 701 | 306569 |
| 二十四年 | 40 | 135 | | | 5013 | 525 | 688 | 293321 |
| 二十五年 | 44 | 143 | | | 5421 | 586 | 696 | 349654 |
| 二十六年 | 39 | 122 | | | 4836 | 677 | 569 | 332666 |
| 二十七年 | 41 | 124 | | | 6075 | 1642 | 600 | 409809 |
| 二十八年 | 41 | 172 | | | 7104 | 1328 | 572 | 419266 |
| 二十九年 | 45 | 207 | | | 8140 | 1200 | 764 | 1075186 |
| 三十年 | 49 | 210 | | | 8839 | 1767 | 891 | 1233571 |
| 三十一年 | 50 | 234 | | | 10684 | 1845 | 952 | — |
| 三十二年 | 56 | 299 | | | 13801 | 1436 | 1294 | — |
| 三十三年 | 60 | 396 | | | 21067 | 1733 | 1813 | — |
| 三十四年 | 59 | 372 | | | 16297 | 2372 | 1599 | — |
| 三十五年 | 63 | 412 | | | 18300 | 1461 | 1716 | — |
| 三十六年上 | 66 | — | | | 19349 | 3285 | 1795 | — |
| 三十七年 | 71 | | 14609 | 5204 | 19813 | | 2010 | |

资料来源：①民国元年的资料来源：《教育司编制湖南省各种学校调查简表》，《教育杂志》第 2 年，第 8 期，第 16 页；②民国六年与七年的统计数据来源《中华民国史档案资料汇编》（第三辑）（教育）第 340－349 页；③民国十二年的资料来源：《中国教育统计概览》；④民国九年的统计资料来源：《湖南省教育会年鉴》（1922 年），第 1－4 页；⑤民国十三、十七、十八、十九年的数据来源：《第一次教育统计年鉴》丙编（第 325－326 页）整理而成；⑥民国二十一年至三十年的统计数据来源：《湖南教育月刊》第 2 卷，第 3、4 期，第 89－91 页；⑦民国三十一年至三十五年的统计数据来源：《湖南省志·教育志》（上册）第 628 页整理而成；⑧民国三十三学年与民国三十五学年所列毕业生数系一个学期；⑨民国三十七年的统计资料来源：湖南省档案馆（全宗号 59，目录号 1，案卷号 272）。

以 1932 年为界，前后两个时期呈现出不同的增长特点。北洋政府时期和国民政府初期为缓慢平稳的增长期，从 1912 年到 1930 年，学生人数增长幅度不大，但是师范生的质量提高了不少，民国初期为了解决师资短缺的问题，采取速成的方式。1932 年以后，呈曲折多变的特点，也可以分两个阶段。1932 年至 1938 年，学生人数主要在 6000 人左右徘徊。1938 年至 1948 年，学生人数大幅度增长，从 6075 人增加到 19813 人，增加了近 2.26 倍，年平均增长率约为 2%。在 1944 年达到历史的最高点，为 21067 人。

如果不考虑政权刚建立的 1927 年和 1947 年后国民党政权走向灭亡的非常时期，国民政府时期的师范教育发展实际上应分三个不同的阶段，每个阶段都表现出鲜明的特征。

第一阶段为 1912 年到 1930 年的初步发展期。随着中华民国的建立，中国教育的发展也揭开了新的一页，湖南教育的发展也步入一个新的天地，湖南师范教育的发展进入民国时期。为了缓解师资的短缺，加快师范教育的发展，1912 年，将优级师范学堂改名为湖南高等师范学校，开办英语、数理、博物三门本科。将中路、西路、南路师范学堂改称为第一、第二、第三师范学校。1912 年师范学生为 5683 人，1924 年达到 6592 人，是这个时期人数最多的一年。随着师范与中学的合并，湖南师范教育也遭遇了寒冬。1928 年国民党政权甫定，5 月，第一次全国教育会议在南京召开。鉴于前一阶段政局不宁，教育停顿现象，与会代表普遍表达了大力整顿和发展教育事业，以推进国家建设的愿望，国民党政府也希望通过教育配合其政治建设，以党实现治国的目的。正是在这种情况下，师范教育步入了初步发展时期。

第二阶段为 1932 年至 1938 年的稳定发展时期。鉴于第一次全国教育大会以来教育发展的形势，1930 年第二次全国教育大会即采取了较为稳妥和客观的态度，教育部长蒋梦麟在开幕词中即强调这次大会制订的方案应"分别先后缓急，以 20 年为期，希望逐步推行，如果人力和财力不足，可以把年限延长"。1932 年湖南师范生为 6229 人，到 1938 年也只有 6075 人，这 6 年间，师范生总数为 38353 人。

第三阶段为 1939 年至 1948 年的快速发展时期。抗战初期，北方大片领土沦陷，迫使许多在全国很有声誉的教育家、专家和学者，如郭沫若、茅盾、沈钧儒、邹韬奋、朱光潜、洪深、曹禺、余上沅、范长江、陆治、张曙、熊佛西、董每勘、薛暮桥等一大批爱国文化名人来到长沙，他们虽停留时间短暂，但通过讲演、撰文或其他方式，以传播文化和宣传抗日，对长沙乃至整个湖南的抗日救亡运动和文化教育起了促进作用。大批湘籍文化名人和一批大学里呈露锋芒的热血爱国湘籍大学生纷纷回到湖南担任师范学校的教师，如文化名人吕振羽、翦伯赞、田汉、张天翼、廖沫沙、蒋牧良、陈润泉等回到长沙,大学生萧敏颂、杨隆誉、曹国枢、黄绍湘、杨润湘等人回到长沙,加入了师范教育的行列,促进了湖南师范教育长足的发展。1939年湖南师范学生7104人,1948年增加到19813人。

纵观整个民国时期,师范教育虽取得了不少的进展,但师范教育资源不能满足教育需求的情况一直没有得到良好的改善,严重制约了湖南教育的发展。

## 二、师范教育的基本构成

### 1. 公、私立的构成

公立学校通常主要指依靠学区征税或政府拨款,实施公共管理的学校;而私立学校则一般由私人或社会团体投资和主持,依靠捐赠、社会资助和较高学费维持的学校。民国成立后,颁布了《师范教育令》,规定师范学校为省立,由省行政长官规定地点及校数,报告教育总长分别设立;高等师范学校为国立,由教育总长统计全国,规定地点及校数分别设立。由于资料的缺乏,只能对湖南民国九、十三、十七和十八年公、私立师范学校进行分析。民国九年,湖南公立师范学校23所,私立学校5所。[①] 民国十三年,全省师范共有60所。其中公立师范学校有46所,私立师范学校2所,私立师范传习所9所,私立短期师范3所;民国十七年,全省师范共有25所,其中公立师范学校19所,私立6所。民国十八年,全省师范共有51所,其中公立师范学校39所,私立12所。[②]

### 2. 省、县立(包括县联立)的构成

由于资料的缺乏,只能对湖南民国十三、十七和十八年的省立、县立(包括县联立)师范学校的构成进行分析。民国十三年,全省师范共有60所。其中省立师范学校6所;县立及联合县立师范学校3所,县立及联合县立师范传习所36所,县立及联合县立短期师范1所;私立师范学校2所,私立师范传习所9所,私立短期师范3所;民国十七年,全省师范共有25所,其中省立

---

① 《湖南省教育会年鉴》(1922年),第1-4页。
② 《第一次中国教育年鉴》丙编,开明书店1934年版,第325-326页。

师范学校 1 所，县立及县联立 18 所，私立 6 所。民国十八年，全省师范共有 51 所，其中省立师范学校 4 所，县立及县联立 35 所，私立 12 所。[①]

### 3. 师范学生生源的社会阶层分布

民国时期缺乏系统的师范生家庭背景情况的统计，但通过一些零星的资料，我们也可以大致了解师范生来源和社会阶层分布情况。以湖南第一师范学校 1917 年 8 月招收的预科班进行分析（见表 6 - 2）[②]。

表 6 - 2 湖南第一师范 1917 年 8 月招收的预科班情况一览表

| 分类 | | 士 | 农 | 商 | 宦 | 医 |
|---|---|---|---|---|---|---|
| 预科 | 16 班 | 31 | 16 | 11 | 1 | 1 |
| | 17 班 | 23 | 22 | 14 | 1 | |
| 总 计 | | 54 | 38 | 25 | 2 | 1 |
| 百 分 比 | | 45 | 32 | 21 | 2 | 1 |

从上表得知，尽管实行免费的师范教育，在一定程度上为社会经济地位低下的贫民子弟提供了入学条件，但由于所处社会制度和经济条件的限制，贫民子弟能够上师范学校的还是占少数。

### 4. 师范教职员的构成

（1）师范教职员的性别

由于所查资料的缺陷，只能对民国十七、十八和十九年湖南的师范学校教员或教职员的性别以及个别年份师范学校的教职员性别进行分析。民国十七年，全省师范共有 25 所，教员共有 211 人，其中男性 195 人，女性 16 人。民国十八年，全省师范共有 51 所，教员共有 488 人，其中男性 448 人，女性 40 人。民国十九年，教职员共有 613 人，其中男性 581 人，女性 32 人。男性教职员占总数的 94.78%，女教职员占 5.22%。[③] 1941 年，湖南省第二师范学校教职员人数及资历统计：教职员共有 31 人，其中男性 29 人，女性 2 人。[④] 1941 年第十师范学校共有教职员 21 人，其中男性 19 人，女性 2 人。[⑤] 第九

---

① 《第一次中国教育年鉴》丙编，开明书店 1934 年版，第 325 - 326 页。
② 《湖南第一师范校史》，湖南教育出版社 1983 年，第 20 页。
③ 《第一次中国教育年鉴》丙编，开明书店 134 年版，第 325 - 326 页。
④ 杨朴庵：《湖南省立第二师范学校概况》，《湖南教育月刊》第 27 期，第 27 - 28 页。
⑤ 杨韶华：《湖南省立第十师范学校概况》，《湖南教育月刊》第 19 期，第 40 - 41 页。

师范学校民国三十一、三十三、三十五和三十六年教职员性别如下：民国31年（1942）第二学期 20 名教师中，男 17 人，女 3 人。民国三十三年（1944）第二学期 29 名教师中，男 24 人，女 5 人。民国三十五年（1946）第二学期 24 名教师中，男 22 人，女 2 人。民国三十六年（1947）第二学期 24 名教师中，没有女性。① 由以上得出，民国时期湖南师范学校的教职员中，女性很少。

（2）教职员的资格

湖南省立第二女子师范学校（桃源师范学校的前身）1935 年下期的师资统计：全校专任教员 43 人，其中，外国专门大学毕业的 15 人，本国专门大学毕业的 15 人，高等优级师范毕业的 9 人，大学专科毕业的 4 人，他们大都是学有专长。② 湖南省立第五师范学校 1941 年资历统计如下：①国内外大学本科毕业者 10 人；②国内专门学校毕业者 6 人；③中等学校毕业者 7 人；④国内师范大学及教育学院科系毕业者 6 人；⑤其他 2 人。学生人数：本校现有学生 4 个班，都是高级师范科，共有 163 人，男生 152 人，女生 11 人。1941 年学校共有教职员 17 人，大学教育学系毕业者 3 人，大学本科毕业者 1 人，高等师范学校毕业者 1 人，专科毕业者 2 人，大学肄业者 1 人，中等师范学校毕业者 6 人，其他 3 人。③ 1941 年湖南省立第九师范学校共有教职员 24 人，大学毕业者 13 人，专科学校毕业者 3 人，高级师范毕业者 4 人，其他 4 人。学生人数 165 人，其中男生 147 人，女生 18 人。民国三十一年（1942 年）第二学期 21 名教师中，受中等师范教员检定合格者 1 人，国内外师范大学或大学教育学院科系毕业者 2 人，国内外大学本科高等师范或专修科毕业者 9 人，国内外专科学校或专门学校本科毕业者 6 人，中等学校毕业者 2 人，其他 1 人。民国三十四年（1945）第一学期 25 名教师中，大学本科毕业者 24 人，大学专科毕业者 1 人。民国三十七年（1948）第一学期 22 名教师中，国内师范学院或教育院系毕业者 6 人，国内大学本科毕业

---

① 《湖南省吉首民族师范学校志》，岳麓书社 1992 年版，第 154 页。
② 方伟杰：《湖南省桃源师范学校校史》，湖南教育出版社 1992 年版，第 13 页。
③ 周维桢：《湖南省立第五师范学校概况》，《湖南教育月刊》第 27 期，第 31 页。

者 8 人，国内专科学校毕业者 7 人，其他 1 人。①

1941 年第十师范学校共有教职员 21 人，其中男性 19 人，女性 2 人。国内专科学校毕业者 4 人，国立师范大学、学院或大学教育院系毕业者 3 人，国立高等师范毕业者 2 人，中等学校毕业者 7 人。学生人数 205 人，其中男生 186 人，女生 19 人。②

第十师范学校附属小学教职员资历统计：共有教职员 14 人，其中男性 11 人，女性 3 人，国立大学教育系毕业者 1 人，省立高师毕业者 10 人，高级中学毕业者 3 人。③

表 6 - 3　1930 年湖南师范学校教师和职员资格一览表④

| 文化程度 ＼ 类别 | 教师 | 百分比 | 职员 | 百分比 |
|---|---|---|---|---|
| 留学外国得有学士学位者 | 3 | 0.75% | 1 | 0.47% |
| 留学外国者 | 8 | 2% | 3 | 1.40% |
| 师大毕业者 | 20 | 5.00% | 8 | 3.76% |
| 大学毕业者 | 49 | 12.25% | 9 | 4.20% |
| 高等师范毕业者 | 63 | 15.75% | 30 | 14.80% |
| 专门学校毕业者 | 98 | 24.50% | 40 | 21.59% |
| 其　他 | 159 | 39.75% | 116 | 54.47% |
| 合　计 | 400 | 100.00% | 207 | 100.00% |

由上表得知，湖南师范学校的师资力量是较强的，大多数教师毕业于高等师范学校、大学教育院系、大学、中等师范学校、专门学校。

以新宁县的简易乡村师范学校校长和民国九年至民国十一年湖南师范学校校长资格（见表 6 - 4）为例进行分析。从 1939 年开办起，至 1949 年新宁解放，乡师的历任校长：第一任何烛邻，湖南优级师范毕业；第二任罗万类，湖南第一师范毕业；第三任教育局长陈永钥，湖南省立一中师范科毕业；第四任李莼，湖南大学文学系毕业；第五任刘永湘，清末秀才，湖南艺

---

① 陈庆梅：《湖南省立第九师范学校概况》，《湖南教育月刊》第 19 期，第 38 页。
② 杨韶华：《湖南省立第十师范学校概况》，《湖南教育月刊》第 19 期，第 40 - 41 页。
③ 杨韶华：《湖南省立第十师范学校概况》，《湖南教育月刊》第 19 期，第 47 页。
④ 湖南省档案馆：全宗号 59，目录号 1，案卷号 8。

芳女校毕业，教育厅科员；第六任李昌董，国立中央大学教育系毕业；第七任罗祖谦，湖南大学经济系毕业。①

表 6 - 4　1920—1922 年湖南师范学校各校校长一览表

| 校　名 | 姓　名 | 履　历 | 校准委任年月 |
| --- | --- | --- | --- |
| 城步县立乙种师范讲习所 | 萧文铎 | 城步县知事 | 九年五月 |
| 省立第一师范学校 | 易培基 | 湖北方言学堂毕业 | 九年七月 |
| 省立第三女子师范学校 | 刘兆然 | 湖南南路优级师范选科 | 九年七月 |
| 省立第二师范学校 | 张　炯 | 北京大学优级师范科毕业 | 九年八月 |
| 省立第三师范学校 | 颜方珪 | 湖南优级师范学校地史科毕业 | 九年八月 |
| 省立第一女子师范学校 | 童锡植 | 日本东京女子高等师范理科 | 九年七月 |
| 郴县师范讲习所 | 潘宗翰 | 北京大学预科毕业 | 九年八月 |
| 宜章县立师范讲习所 | 邓典训 | 湖南高等师范学校博物科 | 九年八月 |
| 宁远县立师范讲习所 | 欧阳毅 | 湖南预备科毕业 | 九年十二月 |
| 省立第三女子师范学校 | 欧阳骏 | 美国纽约哥伦比亚大学文学士 | 十年一月 |
| 道县师范讲习所 | 李文进 | 广西优级师范毕业 | 九年十二月 |
| 宁远师范讲习所 | 郑　兰 | 永州中学毕业 | 十年一月 |
| 永兴县立师范讲习所 | 何海棠 | 前清岁贡 | 十年一月 |
| 新宁乙种师范讲习所 | 罗宗翰 | 第一师范学校毕业 | 十年四月 |
| 浏阳县立师范讲习所 | 李兆奎 | 湖南旅京公立学堂师范科毕业 | 十年五月 |
| 桂阳县立甲种师范讲习所 | 周正中 | 国立武昌高等师范国文史地部毕业 | 十年三月 |
| 宁远县师范讲习所 | 柏登峻 | 湖南南路师范分校速成科 | 十年五月 |
| 省立第二师范学校 | 陈国钧 | | 十年七月 |
| 私立爱莲女子师范学校 | 艾宅仁 | 日本宏文师范毕业 | 十年九月 |
| 省立第二师范学校 | 张伯良 | | 十年十二月 |
| 湖南私立石鼓师范讲习所 | 蒋鞏根 | 湖南高等师范本科毕业 | 十一年二月 |
| 省立第三师范学校 | 刘志远 | 湖南优级师范学校 | 十一年三月 |
| 第二联合县立女子师范学校 | 熊世凤 | 湖南西路师范学校毕业 | 十一年三月 |
| 省立第二女子师范学校 | 舒国华 | 湖南优级师范选科毕业 | 十一年四月 |
| 第二联合县立女子师范学校 | 田祚蘭 | 第二联合县立女子师范学校 | 十一年五月 |
| 桂阳县县立甲种师范讲习所 | 张化之 | 劝学所长 | 十一年五月 |
| 东安县立甲种师范讲习所 | 陈颂平 | 省立第三师范毕业 | 十一年八月 |
| 新宁县立乙种师范讲习所 | 王　梁 | 省立第一师范学校毕业 | 十一年九月 |
| 常宁县立师范讲习所 | 李之蕈 | 南路师范完全科及高等师范英语科毕业 | 十一年十月 |

资料来源：《湖南省教育行政一览》（下册），第 35 - 50 页。

①　新宁县教育委员会编：《新宁县教育志》，1987 年月 9 月。

由上表得知，湖南师范学校校长其中有一部分有留学经历。例如，省立第一女子师范学校校长留学日本，省立第三女子师范学校校长留学美国，私立爱莲女子师范学校校长留学日本；绝大多数校长毕业于师范学校、师范大学教育院系或大学。这样让懂教育的人来办教育可以更好地促进湖南师范教育的发展，能够遵循教育规律。

## 第二节　民国时期湖南师范学校的课程设置

关于课程的定义繁多，在我国一般教育工作者中影响最为普遍的主要有两种类型：第一种指学校教学的科目及该科目所代表的知识体系，即所谓学科。它既指一门学科，也指学校教学的全部学科。第二种将课程理解为一定学科有目的、有计划的教学进程，也泛指各级各类学校某级学生所应学习的学科的总和及其进程安排。本节所作研究为第一类课程概念，尽管这一课程定义已经落后于现代课程理论和实践的发展形势，也不代表笔者对课程概念的理解。之所以选择它，首先是因为它基本反映了民国时期课程观念的实际。在 1930 年商务印书馆出版的《教育大辞书》中，甚至还没有"课程"的字眼，只有"课程编制原理""学科"等字眼，而一般所谓的课程就是指学校用以向学生传授的学科或其组合，常称为科目、课目或学科。其次是因这基本反映本节研究的视角。本节只对各学科在师范学校设置的情况及其演变趋势进行整体描述，最多涉及不同课程理论对课目的影响，而对课程实施的具体步骤甚至教学设计不作讨论，这一方面是因为本书研究范围所限，另一方面是因为各种涉及教学和课程的理论及史论著作对此已有较多的论述。

本处的课程设置是指民国时期中央政府教育行政机构颁布的师范标准课程设置，主要包括课目设置和课时分配情况。本节在一定主题下以表格形式集中、全面地展示民国时期湖南师范学校课程设置的演变情况，并尽可能以简明的文字扼要介绍变革的背景、前后关系和嬗变特征等。

## 一、民国初期湖南师范学校的课程设置

南京临时政府教育部成立后，即本着革除封建教育、维持正常教育秩序的原则。1912 年 9 月，民国政府教育部颁布了《师范教育令》和《师范学校规程》，对师范学校的组织、学科及程度、修业年限等做了具体规定。

师范学校本科第一部（四年）的课程设修身、读经、教育（包括实习）、国文、习字、外国语、历史、地理、数学、博物、物理化学、法制经济、图画手工、农业、乐歌、体操等 16 科目。师范学校课程表见表 6 – 5①。女子师范本科（四年）减去农业、加课家事园艺、缝纫，外国语改为选修科目。女子师范学校课程表见表 6 – 6②。师范学校本科第二部（一年）的课程设修身、读经、教育（包括实习）、国文、数学、博物、物理化学、图画手工、农业、乐歌、体操等 11 科目。女子师范学校本科第十部，改农业为缝纫。男女师范学校第二部课程表见表 6 – 7③。

表 6 – 5　师范学校课程表

| 时数<br>学科 | 预科每周时数 | 本科第一部每周时数 | | | |
|---|---|---|---|---|---|
| | | 第一年 | 第二年 | 第三年 | 第四年 |
| 修　身 | 二 | 一 | 一 | 一 | 一 |
| 读　经 | 二 | 二 | 二 | 二 | |
| 教　育 | | | 三 | 四 | 十二 |
| 国　文 | 十 | 五 | 四 | 三 | 三 |
| 习　字 | 二 | 二 | 一 | | |
| 外国语 | 三 | 三 | 三 | 三 | 二 |
| 历　史 | | 三 | 二 | 二 | |
| 地　理 | | 二 | 三 | 二 | |
| 数　学 | 六 | 四 | 三 | 二 | 二 |
| 博　物 | | 四 | 二 | 二 | |

---

① 《第一次中国教育年鉴》丙编（二），开明书店 1934 年版，第 307 页。
② 《第一次中国教育年鉴》丙编（二），开明书店 1934 年版，第 307 页。
③ 《第一次中国教育年鉴》丙编（二），开明书店 1934 年版，第 308 页。

（续表）

| 物理化学 | | | 三 | 三 | 二 |
|---|---|---|---|---|---|
| 法制经济 | | | | | 二 |
| 国画手工 | 二 | 三 | 三 | 三 | 三 |
| 农业或商业 | | | | 三 | 三 |
| 乐　歌 | 二 | 一 | 一 | 一 | 一 |
| 体　操 | 四 | 四 | 四 | 四 | 四 |
| 总　计 | 三十三 | 三十四 | 三十五 | 三十五 | 三十五 |

表6-6　女子师范学校课程表

| 时数 学科 | 预科每周时数 | 本科第一部每周时数 | | | |
|---|---|---|---|---|---|
| | | 第一年 | 第二年 | 第三年 | 第四年 |
| 修　身 | 二 | 一 | 一 | 一 | 一 |
| 读　经 | 二 | 二 | 一 | | |
| 教　育 | | | 三 | 四 | 十二 |
| 国　文 | 十 | 六 | 四 | 二 | 二 |
| 习　字 | 二 | 二 | 一 | | |
| 历　史 | | 二 | 三 | 二 | |
| 地　理 | | 二 | 二 | 三 | |
| 数　学 | 五 | 三 | 三 | 三 | 二 |
| 博　物 | | 三 | 三 | 二 | |
| 物理化学 | | 三 | 三 | 三 | |
| 法制经济 | | | | | 二 |
| 国画手工 | 二 | 三 | 三 | 三 | 三 |
| 家事园艺 | | | | 四 | 四 |
| 缝　纫 | 四 | 四 | 二 | 二 | 二 |
| 乐　歌 | 二 | 二 | 二 | 一 | 一 |
| 体　操 | 三 | 三 | 三 | 三 | 二 |
| 外国语 | （三） | （三） | （三） | （三） | （二） |
| 总　计 | 三十二 | 三十六 | 三十三 | 三十三 | 三十一 |

表 6－7    男女师范学校第二部课程表

| 学科 ＼ 时数 | 男校每周时数 | 女校每周时数 |
|---|---|---|
| 修　身 | 一 | 一 |
| 读　经 | 二 | 二 |
| 教　育 | 一十五 | 一十五 |
| 国　文 | 二 | 三 |
| 数　学 | 二 | 二 |
| 博　物 | | |
| 理　化 | 三 | 三 |
| 图　画 | | |
| 手　工 | 三 | 三 |
| 农　业 | 三 | |
| 缝　纫 | | 二 |
| 乐　歌 | 二 | 二 |
| 体　操 | 三 | 三 |
| 总　计 | 三十六 | 三十六 |

备注：1919 年以后师范学校课程有数项之改革：（1）废止读经；（2）国文改为国语；（3）修身改为公民；（4）注重教育学科；（5）注重体育。

　　民国初期的师范学校课程、科目的名称、开设的数量都和清末初级师范学堂的课程基本相同，因为都是从日本普通师范学校的课程移植过来的。但是，《师范学校规程》中的各科"要旨"，也就是后来的课程标准，以及各学科的具体内容等，均与清末初级师范学堂的课程区别较大。民初学制的课程的特点：①"修身要旨"，在养成道德上的思想情操，以躬行实践，具为师表之品格，并要求深入了解高等小学校和国民学校"修身"教授法。不再是"以忠孝大义"训勉学生，端正其志向。②"讲经要旨"，在于讲明我国古代先圣哲相传人伦道德之要，"尤宜注意于家庭社会国家之关系"，以适应时世之需要。而不是要求师范生"恪守孔孟之道"，每周上课减为 2 小时。③"国文要旨"，在通解普通语言文字，能自由发表思想，提升文学的兴趣，"以启发智德"，并且要求深入了解高等小学校、国民学校的国文教授法。④音乐（乐歌）进入师范课程。音乐是一种容易融入学生精神情感的课程。清末张之洞未将其列入师范课程，主要是因为当时流行的新乐歌多为抒发个性自由和唤起革命情感的内容，不能与张之洞的"中体西用"思想合拍。这正是因为张之洞太了解音乐作为一种课程，具有易入人心和学生喜闻乐见的特点。⑤女子师范课程的公布。女子师范课程设置与男子师范略有不同并分量略轻，适当顾及女性的传统和未来社会角色特点。由此可见，民初师范学校的课程，消除了清末初级师范学堂课程浓厚的封建性，各学科内容逐渐趋于民主共和精神和科学化。特别是强调要求深入了解小学校相应学科的教授法，自此，我国近代师范课程体系也逐渐定型。

湖南各师范学校大体遵循这一课程设置，如省立第一师范和长沙县立师范开设了修身、教育（包括实习）、国文、习字、外国语、历史、地理、数学、博物、理化、法制经济、图画手工、农业、乐歌、体操、农业等16个课程，省立一师并于1916年在三年级增开商业。

## 二、1922 年"新学制"后湖南师范学校的课程设置。

1922 年，中国又进行了一次学制的改革。这一次的学制改革中虽然没有新的专门的师范教育令和师范教育规程颁布，但学制设定的"七项标准"所体现的学制的基本精神，学制中有关师范教育的若干规定，却对整个师范教育体制的改革和其后师范教育的演变发展产生了重大而深远的影响。1922 年11 月，《学校系统改革令》（即"六三三"新学制）颁行后，师范教育有了较大的改动。"新学制"（即"壬戌学制"）规定，师范教育归入中等教育系统，并分为四类学校：六年制的师范学校，招收小学毕业生；单独设置的后期师范学校，修业年限为 2 至 3 年，招收初中毕业生；高级中学的师范科；为补充初级教员不足，可设相当年限的师范学校或师范讲习科。"新学制"对师范学校课程的改革颇多，其主要有：第一，废除了"读经"的封建科目，同时也取消了"习字"科目；第二，课程注重师范专业的训练，以克服旧制课程重在学力培养的弊端；第三，增加了文化科学知识的科目；第四，减少必修科目，增加选修科目，并采用学分制和分组选修，以适应师范生个性发展的需要。

1925 年 10 月，全国教育联合会制订了《新学制师范科课程标准纲要》，其中规定了师范学校课程标准、高中师范科及后期师范课程标准、相当年限师范学校课程标准 3 种。其中后期师范和高中师范科的课程相同。高中师范科师范后三年公用课程必修科目表见表 6 - 8 和高中师范科师范后三年公用课程选修课程表见表 6 - 9。纲要将课程分为五大类：①公共必修科目设国语、外国语、人生哲学、社会问题、世界文化史、科学概论、音乐、体育等，共 68 学分。②师范专业科目设教育原理、心理学入门、教育心理、普通教学法、各科教学法、小学各科教材讲究、教育测验与统计、小学校行政、教育实习等，共 48 学分。③分组选修科目：第一组为文科，注重言文和社会科学，设国语、外国语、本国史、西洋近代史、地学通论、政治概论、经济概论、乡村社会学等，共 39 学分，至少选修 20 学分；第二组为理科，注重数学及自然科学，设算术（包括珠算）、代数、几何、三角、物理学、化学、生物学、矿物地质学、园艺学、农业大意等，共 55 学分，至少选修 20 学分；第三组为艺术科，注重艺术、体育，设图画、手工、音乐、家事等，共 38 学分，至少选修 20 学分。④教育选修科目设教育史、乡村教育、职业教育概论、儿童心理学、教育行政、图书馆管理法、现代教育思潮、幼稚教育、保育学等，共 32 学分，至少选修 8 学分。⑤纯粹选修科目，由各校自定。

表 6 - 8　高中师范科师范后三年公用课程必修科目表

| 公 共 必 修 科 目 | | 师 范 必 修 科 目 | |
|---|---|---|---|
| 科　　　目 | 学　　分 | 科　　　目 | 学　　分 |
| 国　　语 | 一十六 | 心理学入门 | 二 |
| 外 国 语 | 一十六 | 教育心理 | 三 |
| 人生哲学 | 四 | 普通教学法 | 二 |
| 社会问题 | 六 | 各科教学法 | 六 |
| 世界文化史 | 六 | 小学各科教材讲究 | 六 |
| 科学概论 | 六 | 教育测验与统计 | 三 |
| 体　　育 | 十 | 小学校行政 | 三 |
| 音　　乐 | 四 | 教育原理 | 三 |
| —— | —— | 实　　习 | 二十 |
| 合　　计 | 六十八 | 合　　计 | 四十八 |

表6-9　高中师范科师范后三年公用课程选修课程表

| 第一组注重言文及社会科学 | | 第二组注重数学及自然科学 | |
|---|---|---|---|
| 科　目 | 学　分 | 科　目 | 学　分 |
| 选修国语 | 八 | 算数（包括珠算） | |
| 选修外国语 | 六 | 代　数 | |
| 西洋近代史 | 四 | 几　何 | |
| 地学通论 | 四 | 三　角 | |
| 政治概论 | 三 | 物理学 | |
| 经济概论 | 三 | 生物学 | |
| 乡村社会学 | 三 | 矿物地质学 | |
| 至少选修 | 二十 | 园艺学 | |
| | | 农业大意 | |
| | | 至少选修 | 二十 |
| 第三组注重艺术及体育 | | 教 育 选 修 科 目 | |
| 科　目 | 学　分 | 科　目 | 学　分 |
| 图　画 | 八 | 教育史 | 三 |
| 手　工 | 八 | 乡村教育 | 三 |
| 音　乐 | 八 | 职业教育概论 | 三 |
| 体　操 | 六 | 儿童心理学 | 四 |
| 家　事 | 八 | 教育行政 | 三 |
| 至少选修 | 二十 | 图书馆管理法 | 三 |
| | | 现代教育思潮 | 三 |
| | | 幼稚教育 | 六 |
| | | 保育学 | 三 |
| | | 至少须选 | 八 |

由表6-9得知，中等师范教育课程与以往相比较，最为突出的是：第一，减少了一定量的必修科目而增加了一定量的选修科目，同时，采用学分制和分组选修，以适应师范生个性发展的需要；第二，废除了封建性的"读经"，而增加了人生哲学、社会问题等，同时，也取消了习字；第三，增加了文化科学知识的科目；第四，加大了专业课即教育类课程的门类和分量，力求拓宽师范专业的知识和加强能力训练，克服旧课程重在学力培养的弊

端。这是在保持并扩大师范教育面的同时，取独立派注重师范专业教育的要求。总体上看，这一课程标准具有多种类、多层次和品德教育、文体知识教育、艺术体育教育、职业教育、教育理论与教育实践比例较为适合的特点。虽然这一课程纲要未经政府教育部门正式公布，但由于比较合理、有弹性并注意了各方面的需求，故各地师范学校均参照施行，成为这一时期实际实施的课程标准，为保证中等师范教育的办学质量提供了可能。

然而，新学制课程标准给中等师范教育的发展提供了机会的同时，也带来了诸多的问题。这些问题主要在于：一是在客观上取消了师范教育独立设置的制度。二是无形中取消了师范学校分区设立的制度。三是在相当程度上取消了师范生的公费待遇。四是课程虽然较前更为丰富而灵活，总体比例也较为合适，但课程门类已大为增加，显得繁杂，尤其是教育类课程。

### 三、三四十年代的湖南师范学校的课程设置

1928 年 2 月，国民党二届四中全会宣言中提出了"普及国民教育"的主张，这意味着对小学教师需求的增加。同年 5 月的全国第一次教育会议上，中等师范教育体制的改革成为一个重要的议题。在这次会议上提出师范教育独立设置的主张。1929 年 4 月，国民政府公布了《中华民国教育宗旨及其实施方针》，其中对师范教育做出了专门的规定。1932 年 12 月，南京国民政府教育部公布了《师范学校法》。其中规定：师范学校"以严格之身心训练，养成小学之健全师资"为实施方针；师范学校修业年限为 3 年，得附设特别师范科（1 年）、幼稚师范科（2 至 3 年）。各类师范学校，均不征收学费等。翌年 3 月，教育部又颁行了《师范学校规程》，其中规定取消"人生哲学""社会问题"等学科，取消了繁杂的选修科目。师范学校设公民、国文、历史、地理、算学、物理、化学、生物、体育、卫生、军训、劳作、音乐、美术、伦理学、教育概论、教育心理、教育测验与统计、小学教材教法、小学行政、实习等 21 科目。乡村师范增设关于乡村和农业的科目，特别师范学校、幼稚师范科的课程在普通师范课程的基础上增删。1934 年 9 月，教育部颁布了《师范学校课程标准》。其课程设置，仍是上述 21 科目，无重大增删，但适当安排了普通文化科目和教育科目的课程量，加强了学生

师范专业训练，使课程内容更为充实。至此，近代师范教育又完全独立设置，师范教育体制趋向完备，各类师范学校的课程结构渐臻完善，课程标准也已齐备了，中等师范学校课程系统就定型化了。而后，国民党政府加紧了对师范学校的控制，强化了师范课程内容的管理。

湖南省根据教育部的《师范学校课程标准》和湖南的实际情况制定了一套完备的师范课程学科表。课程表详见表 6－10 至表 6－15。从课程表得知，乡村师范教育开始出现在中国近代师范教育之中，湖南也不例外。应该说，从中国近代社会的演变看，这是一个值得注意的、可喜的发展，是中国师范教育发展中的一次极为重要的变化；从师范教育本身而言，它扩大了师范教育的渠道和规模；而从师范教育与社会的关系看，它意味着师范教育的发展开始注意中国广大的乡村，切近了中国社会的现实和需要。

抗日战争爆发后，从"战时须作平时看"的方针出发，为了适应战争和建国的需要，在进行中等师范教育制度改革的同时，也进行了中等师范教育课程的改革。1939 年 6 月，教育部邀请专家及有关人员对各类师范学校的课程进行了研究和修订。第二年 3 月，正式公布了《修正师范学校与简易师范学校教学科目及各学期每周各科教学时数表》，同时，拟订了师范学校及简易师范学校课程标准，修订了 8 条原则，即：①须适应抗战建国需要；②须符合国民教育之意义与目标，使师范生具有完成国民教育任务之充分智能；③须适应管教养合一要旨，使师范生能以教育力量为中心，推动地方政治、社会、经济、文化等建设，完成地方自治；④须表现师范学校之特殊性能，顾及师范生专业之需要；⑤须使师范生具有兼教儿童及成人之能力；⑥各科教材须切合实际需要，并须顾及中心国民学校，国民学校各科应用教材及教学法；⑦各科教材应避免不必要的重复，并顾及各科相互间之联系；⑧各科教材可采取其他方法，另行组织以求完善。① 根据 8 条原则，教育部制定了师范学校及简易师范学校各科课程标准，于 1941 年 2 月公布了"师范学校教学科目及各学期每周各科教学时数表"（女子师范学校及乡村师范学校适用），和"四年制乡村简易师范学校教学科目及各学期每周各科教学时数

---

① 教育部教育年鉴编纂委员会编：《第二次中国教育年鉴》，商务印书馆 1948 年版，第 12 页。

表"（简易乡村师范学校适用）。1943 年前后，教育部又公布了幼稚、童子军、音乐、美术、社会教育等师范科教学科目及各学期教学时数表，完成了中等师范教育课程的建设。总体上看，抗战时期中等师范教育的课程改革有两个主要内容，即从战争和建国的需要出发，对原有的普通师范学校和乡村师范学校等课程的改革，对新设置的各类专业师范学校课程的设计。

表 6-10　抗战时期湖南中等师范教育课程表

| 科目 | 第一学年 | | | | 第二学年 | | | | 第三学年 | | | |
| | 第一学期 | | 第二学期 | | 第一学期 | | 第二学期 | | 第一学期 | | 第二学期 | |
| | 时数 | 学分 | 时数 | 学分 | 时数 | 学分 | 时数 | 学分 | 时数 | 学分 | 时数 | 学分 |
| 党义 | 一 | 1 | 一 | 1 | 一 | 1 | 一 | 1 | 一 | 1 | 一 | 1 |
| 国文 | 五 | 5 | 五 | 5 | 四 | 4 | 四 | 4 | 三 | 3 | 三 | 3 |
| 世界史 | 二 | 2 | 二 | 2 | | | | | | | | |
| 地理概论 | | | | | 二 | 2 | 二 | 2 | | | | |
| 伦理学 | 三 | 3 | | | | | | | | | | |
| 社会学及社会 | | | | | 三 | 3 | | | | | | |
| 科学概论 | | | | | | | 二 | 2 | | | | |
| 生物学 | 二 | 2 | 二 | 1 | | | | | | | | |
| 体育 | 二 | 1 | 二 | 1 | 二 | 1 | 二 | 1 | 二 | 1 | 二 | 1 |
| 军事或看护训练 | 二 | 1 | 二 | 1 | 二 | 1 | 二 | 1 | 二 | 1 | 二 | 1 |
| 教育学 | 二 | 2 | 二 | 2 | | | | | | | | |
| 普通心理 | 三 | 3 | | | | | | | | | | |
| 教育心理 | | | 二 | 2 | | | | | | | | |
| 学校组织及行政 | | | | | 二 | 2 | 二 | 2 | | | | |
| 普通教育法 | | | | | | | 二 | 2 | | | | |
| 各科教学法 | | | | | | | | | 三 | 3 | | |
| 教育史 | | | | | | | | | 三 | 2 | | |
| 近代教育思潮 | | | | | | | | | | | 二 | 2 |
| 参观及实习 | | | | | | | | | 四 | 2 | 八 | 4 |
| 总计 | 二十二 | 20 | 十八 | 15 | 十六 | 14 | 十五 | 15 | 十八 | 13 | 十八 | 12 |

说明：①师范科第三组学生可免修外国语
　　　②师范科第二组学生可免修科学概论
　　　③共 106 学分

表 6-11　湖南乡村师范科课程表

| 科目 | 第 一 学 期 | | 第 二 学 期 | |
|---|---|---|---|---|
| | 时 数 | 学 分 | 时 数 | 学 分 |
| 党义 | 二 | 2 | 一 | 1 |
| 公民科 | 公民要旨　二 | 2 | 家庭经济学　二 | 2 |
| 国文 | 讲读作文　二 | 3 | 文法　一 | 3 |
| | 语音字母　一 | 2 | 儿童读物　二 | |
| 历史 | 本国近代史　二 | 2 | 世界近代史　二 | 2 |
| 数学 | 珠算　一 | 3 | 算学　二 | 3 |
| | 算学　二 | 0 | 商事传记　一 | |
| 地理 | 本国地理　二 | 2 | 世界地理　二 | 2 |
| 理科 | 博物　二　理化　二 | 4 | 博物　二　理化　二 | 4 |
| 农学大要 | 四 | 4 | 四 | 4 |
| 习字 | 一 | 1 | 一 | 1 |
| 教育学 | 二 | 2 | | |
| 心理学 | 二 | 2 | | |
| 小学组织及行政 | 二 | 2 | | |
| 教学法 | | | 二 | 2 |
| 乡村教育 | | | 一 | 1 |
| 手工 | 实用手工　二 | 1 | 实用手工　二 | 1 |
| 图画 | 写生画　二 | 1 | 写生画　二 | 1 |
| 乐歌 | 二 | 1 | 二 | 1 |
| 体育 | 二 | 1 | 二 | 1 |
| 参观实习 | | | 四 | 2 |
| 总计 | 37 | 35 | 37 | 31 |

说明：凡招收初中毕业生的适用此表。

表6－12 湖南师范科公共选修科目课程表

| 科目 | 第一学年 | | | | 第二学年 | | | | 第三学年 | | | |
|---|---|---|---|---|---|---|---|---|---|---|---|---|
| | 第一学期 | | 第二学期 | | 第一学期 | | 第二学期 | | 第一学期 | | 第二学期 | |
| | 时数 | 学分 | 时数 | 学分 | 时数 | 学分 | 时数 | 学分 | 时数 | 学分 | 时数 | 学分 |
| 儿童心理 | 二 | 2 | | | | | | | | | | |
| 幼稚心理 | | | 二 | 2 | | | | | | | | |
| 公民教育 | | | 二 | 2 | | | | | | | | |
| 乡村教育 | | | | | 二 | 2 | | | | | | |
| 教育行政 | | | | | 二 | 2 | | | | | | |
| 学务调查 | | | | | 二 | 2 | | | | | | |
| 小学课程 | | | | | | | 二 | 2 | | | | |
| 教育统计 | | | | | | | 三 | 3 | | | | |
| 教育心理测验 | | | | | | | | | 三 | 3 | | |
| 教育职业 | | | | | | | | | | | 二 | 2 |
| 艺术教育 | | | | | | | | | | | 二 | 2 |
| 图书管理法 | | | | | | | | | | | 一 | 1 |
| 合 计 | 二 | 2 | 四 | 4 | 六 | 6 | 五 | 5 | 三 | 3 | 五 | 5 |

说明：师范科学生应在本课程中选修8至13学分

表6－13 湖南师范科第一组选修科目课程表（注重文学及社会科学）

| 科目 | 第一学年 | | | | 第二学年 | | | | 第三学年 | | | |
|---|---|---|---|---|---|---|---|---|---|---|---|---|
| | 第一学期 | | 第二学期 | | 第一学期 | | 第二学期 | | 第一学期 | | 第二学期 | |
| | 时数 | 学分 | 时数 | 学分 | 时数 | 学分 | 时数 | 学分 | 时数 | 学分 | 时数 | 学分 |
| 文字 | 二 | 2 | | | | | | | | | | |
| 国学概论 | 二 | 2 | | | | | | | | | | |
| 艺术文 | | | | | | | 二 | 2 | 二 | 2 | | |
| 应用文 | | | | | 二 | 2 | | | | | | |
| 文学史 | | | | | | | | | | | 二 | 2 |
| 外国文 | | | | | | | | | 四 | 4 | 四 | 4 |
| 史学概要 | | | | | | | 二 | 2 | | | | |
| 本国文化史 | | | 二 | 2 | | | | | | | | |

（续表）

| 科目 | 时数 | 学分 | 时数 | 学分 | 时数 | 学分 | 时数 | 学分 | 时数 | 学分 | 时数 | 学分 |
|---|---|---|---|---|---|---|---|---|---|---|---|---|
| 世界文化史 | | | | | 二 | 2 | | | | | | |
| 本国近世史 | | | 三 | 3 | | | | | | | | |
| 世界近世史 | | | | | 三 | 3 | | | | | | |
| 世界地理 | | | | | | | 三 | 3 | | | | |
| 政治学 | | | | | 三 | 3 | | | | | | |
| 经济学 | | | | | | | 三 | 3 | | | | |
| 法制大意 | | | | | | | | | 二 | 2 | | |
| 社会思潮 | | | | | | | | | | | 三 | 3 |
| 哲学概论 | | | | | | | | | 二 | 2 | | |
| 合　计 | 四 | 4 | 五 | 5 | 十 | 10 | 十 | 10 | 八 | 8 | 十一 | 11 |

说明：师范科第一组（即文科）学生须在本课程中选修34学分

　　　其他各组可自由选修4至8学分

**表6－14　湖南师范科第二组选修科目课程表（注重数学及自然科学）**

| 科目 | 第 一 学 年 | | | | 第 二 学 年 | | | | 第 三 学 年 | | | |
|---|---|---|---|---|---|---|---|---|---|---|---|---|
| | 第一学期 | | 第二学期 | | 第一学期 | | 第二学期 | | 第一学期 | | 第二学期 | |
| | 时数 | 学分 | 时数 | 学分 | 时数 | 学分 | 时数 | 学分 | 时数 | 学分 | 时数 | 学分 |
| 化学 | 二 | 2 | 三 | 2 | | | | | | | | |
| 物理 | | | | | 二 | 2 | 二 | 2 | 二 | 2 | 三 | 3 |
| 分析化学 | | | | | 四 | 3 | | | | | | |
| 立体几何（三角） | 三 | 3 | 三 | 3 | | | | | | | | |
| 高等代数 | | | | | 二 | 2 | 三 | 3 | | | | |
| 解析几何 | | | | | | | 二 | 2 | 二 | 2 | | |
| 微积分 | | | | | | | | | 二 | 2 | 二 | 2 |
| 植物学 | | | 四 | 3 | | | | | | | | |
| 动物学 | | | | | 四 | 3 | | | | | | |
| 矿物学 | | | | | | | 三 | 2 | | | | |
| 地质学 | | | | | | | | | 二 | 2 | | |
| 气象学 | | | | | | | | | | | 二 | 2 |
| 合　计 | 五 | 5 | 十 | 8 | 十二 | 10 | 十 | 9 | 八 | 8 | 七 | 7 |

说明：师范科第二组（即理科）学生须在本课程中选修36学分

　　　其他各组可自由选修4至8学分

表 6-15　湖南师范科第三组选修科目课程表（注重艺术及体育）

| 科目 | 第一学年 | | | | 第二学年 | | | | 第三学年 | | | |
|---|---|---|---|---|---|---|---|---|---|---|---|---|
| | 第一学期 | | 第二学期 | | 第一学期 | | 第二学期 | | 第一学期 | | 第二学期 | |
| | 时数 | 学分 | 时数 | 学分 | 时数 | 学分 | 时数 | 学分 | 时数 | 学分 | 时数 | 学分 |
| 铅笔画 | 四 | 2 | 二 | 1 | | | | | | | | |
| 木炭画 | | | 四 | 2 | 二 | 1 | | | | | | |
| 水彩画 | | | | | 三 | 1.5 | 三 | 0.5 | | | | |
| 图案画 | | | | | | | | | 二 | 1 | 二 | 1 |
| 中国画 | | | | | | | | | 三 | 1.5 | 三 | 1.5 |
| 纸工 | 二 | 1 | | | | | | | | | | |
| 豆工 | | | | | | | 一 | 0.5 | | | | |
| 木工 | | | 二 | 1 | 二 | 1 | | | | | | |
| 籐竹工 | | | | | 二 | 1 | 二 | 1 | | | | |
| 金工 | | | | | | | | | 二 | 1 | 二 | 1 |
| 蜡工 | | | | | | | 一 | 0.5 | | | | |
| 粘工 | | | | | | | | | 二 | 1 | | |
| 石膏工 | | | | | | | | | | | 二 | 1 |
| 唱歌 | 一 | 0.5 | 一 | 0.5 | 一 | 0.5 | 一 | 0.5 | 一 | 0.5 | 一 | 0.5 |
| 西乐 | 二 | 1 | 二 | 1 | 二 | 1 | 二 | 1 | 二 | 1 | 二 | 1 |
| 国乐 | | | | | | | 二 | 1 | 二 | 1 | 二 | 1 |
| 普通操 | 二 | 1 | 二 | 1 | 二 | 1 | 二 | 1 | | | | |
| 舞蹈 | | | | | | | 二 | 1 | 三 | 1.5 | 三 | 1.5 |
| 游戏 | | | | | | | 二 | 1 | 三 | 1.5 | 三 | 1.5 |
| 党童子军 | 三 | 1.5 | 三 | 1.5 | | | | | | | | |
| 美术 | | | | | | | | | | | | |
| 美学概论 | | | 二 | 2 | | | | | | | | |
| 艺术思潮 | | | | | 二 | 2 | | | | | | |
| 乐理研究 | | | | | | | | | 二 | 2 | 二 | 2 |
| 作曲法 | | | | | | | | | | | 二 | 2 |
| 体育原理 | | | | | | | 二 | 2 | | | | |
| 医学常识 | | | | | | | | | 二 | 2 | | |
| 合计 | 十四 | 7 | 十八 | 10 | 十六 | 9 | 二十 | 10 | 二十四 | 14 | 二十四 | 14 |

说明：师范科第三组（即艺术组）学生须在本课程中选修 50 学分

其他各组可自由选修 4 至 8 学分

# 第七章　民国时期湖南师范教育的个性特征与作用

　　湖南师范教育起步于维新变法时期，发展于清末时期，发达于民国时期。这种教育文化现象对中国近代历史的发展产生了深远影响，为湖南乃至中国培养了大量经邦济世的优秀人才和教育骨干。由于独特的地域和历史文化的综合作用，民国时期湖南师范教育在发展过程中展现出鲜明的特色，因其独特的个性特征，在湖南乃至中国整个教育史上有着特殊的地位，发挥着积极的作用。

## 第一节　湖南师范教育与其他省份师范教育的比较

　　湖南师范教育在清末起步较晚，发展处于劣势。在民国时期后来居上，在全国处于领先地位。在民国时期，与全国其他省份，特别是与其他经济实力较强的省份相比，湖南的师范教育是走在前列的。

### 一、晚清时期湖南师范教育与其他省份师范教育相比，发展较为落后

　　1902 年湖南开始筹办师范馆，1903 年正式开学，招收学生 40 人，这个师范馆是湖南办理正规师范教育的开始。1907 年，湖南建立初级师范学堂 16 所，传习所 8 所，学生共有 2119 人。教师共有 180 人，其中师范毕业者 59 人，其他专科毕业者 59 人，未毕业者 52 人，外国人 10 人。1908 年，有

优级师范学堂 1 所，初级师范学堂 20 所，学生共有 2316 人。教师 180 人，本国师范毕业者 63 人，外国毕业者 3 人，他科毕业者 47 人，未毕业者 53 人，外国人 10 人。1909 年，有优级师范学堂 1 所，初级师范学堂 15 所，学生共有 1916 人。教师 167 人，本国师范毕业者 65 人，外国毕业者 9 人，他科毕业者 30 人，未毕业者 55 人，外国人 8 人。1907 年至 1909 年，湖南与邻省湖北在堂学生人数相比，湖南分别是：28564、41452、48792，湖北分别是：56671、72634、99064，可以说湖北学生人数大约是湖南的 2 倍。[①] 因此说明，湖南师范教育在清末时期与湖北相比，相差甚远。

## 二、民国时期湖南师范教育与其他省份师范教育相比，是位居前列的

笔者由于资料的匮乏，只能对民国六、七、十二、十九年和《第二次教育统计年鉴》关于中等学校的学生数（民国二十年至民国三十四年）发展状况（因为中等教育包括了中等师范教育）进行分析，比较说明民国时期湖南师范教育在全国师范教育中的地位如何。

1917 年，湖南师范学校学校数为 16 所，仅次于奉天、浙江、江苏，与四川并列第四；教职员 383 人，仅次于江苏、浙江，居第三位；学生 2432 人，仅次于江苏，居全国第二；教育经费 227694 元，仅次于江苏、浙江，位居第三。由此可见，1917 年，湖南师范教育相对全国其他省份，已经是走在前列的，已经远远地超过了邻省——湖北。具体详情见表 7-1。

表 7-1　1917 年全国师范学校概况表[②]

| 项别<br>省市 | 学校数 | 职员 | 教员 | 在校学生 | | 毕业学生 | 经费（元） |
| --- | --- | --- | --- | --- | --- | --- | --- |
| | | | | 班数 | 人数 | | |
| 京师 | 3 | 32 | 67 | 13 | 385 | 97 | 122524 |
| 京兆 | 2 | 8 | 16 | 7 | 287 | 70 | 40905 |
| 直隶 | 7 | 45 | 109 | 46 | 1681 | 250 | 214868 |
| 奉天 | 23 | 54 | 150 | 59 | 2323 | 461 | 167524 |

① 陈翊林：《最近三十年中国教育史》，上海太平洋印书馆 1932 年版，第 166-167 页。
② 中国第二历史档案馆编：《中华民国史档案资料汇编》（第 3 辑）（教育），江苏古籍出版社 1997 年版，第 348-349 页。

（续表）

| | | | | | | | |
|---|---|---|---|---|---|---|---|
| 吉林 | 7 | 29 | 74 | 23 | 921 | 106 | 116747 |
| 黑龙江 | 2 | 9 | 24 | 11 | 461 | 34 | 72129 |
| 山东 | 6 | 37 | 93 | 45 | 1582 | 316 | 179936 |
| 山西 | 8 | 53 | 104 | 47 | 1990 | 278 | 156279 |
| 河南 | 6 | 42 | 71 | 25 | 981 | 260 | 160292 |
| 陕西 | 3 | 23 | 31 | 18 | 434 | 104 | 40704 |
| 甘肃 | 10 | 37 | 63 | 15 | 712 | 168 | 71640 |
| 江苏 | 17 | 183 | 288 | 81 | 3071 | 486 | 494682 |
| 浙江 | 18 | 123 | 278 | 76 | 2425 | 279 | 246994 |
| 安徽 | 7 | 72 | 102 | 34 | 1241 | 231 | 159480 |
| 江西 | 9 | 39 | 117 | 27 | 1204 | 148 | 116700 |
| 湖北 | 4 | 29 | 98 | 20 | 891 | 83 | 105880 |
| 湖南 | 16 | 101 | 282 | 54 | 2432 | 58 | 227694 |
| 四川 | 16 | 80 | 198 | 50 | 1851 | 195 | 206105 |
| 新疆 | 1 | 3 | 5 | 1 | 45 | — | 16261 |
| 福建 | 5 | 47 | 103 | 25 | 813 | 102 | 97519 |
| 广东 | 11 | 41 | 145 | 21 | 760 | 42 | 58655 |
| 广西 | 3 | 14 | 39 | 14 | 537 | 12 | 71850 |
| 云南 | 8 | 52 | 123 | 29 | 1428 | 302 | 130879 |
| 贵州 | 2 | 9 | 33 | 6 | 265 | 36 | 25000 |
| 热河 | 1 | 4 | 8 | 3 | 110 | — | 8758 |
| 察哈尔 | 1 | 2 | 4 | 2 | 75 | — | 8972 |
| 总计 | 196 | 1168 | 2625 | 752 | 28905 | 4118 | 3318977 |

　　1918 年，湖南师范学校学校数为 16 所，仅次于奉天、浙江，居第三；教职员 391 人，仅次于江苏，居第二位；学生 2505 人，仅次于江苏，居全国第二；教育经费 232009 元，仅次于江苏、浙江、直隶，位居第四。由此可见，1918 年，湖南师范教育相对全国其他省份，已经位于前列，已经远远地超过了邻省——湖北，并在当年，超过了人口最大的省份——四川。具体详情见表 7-2①。

---

　　① 中国第二历史档案馆编：《中华民国史档案资料汇编》（第 3 辑），江苏古籍出版社 1997 年版，第 340 页。

表 7－2　1918 年湖南及其他省份师范教育一览表

| 项别<br>省市 | 学校数 | | 班级数 | | 学生数 | | 毕业数 | | 教员数 | | 职员数 | | 经费数（元） | |
|---|---|---|---|---|---|---|---|---|---|---|---|---|---|---|
| | 男 | 女 | 男 | 女 | 男 | 女 | 男 | 女 | 男 | 女 | 男 | 女 | 男 | 女 |
| 京师 | 1 | 2 | 5 | 8 | 214 | 2223 | 26 | 52 | 18 | 39 | 13 | 20 | 58258 | 71971 |
| 京兆 | 1 | — | 4 | — | 164 | — | 39 | — | 9 | — | 7 | — | 33160 | — |
| 直隶 | 5 | 2 | 35 | 10 | 1372 | 353 | 194 | 96 | 76 | 42 | 30 | 18 | 185244 | 72176 |
| 江苏 | 10 | 5 | 54 | 17 | 2287 | 498 | 510 | 68 | 193 | 71 | 122 | 42 | 374452 | 83555 |
| 浙江 | 11 | 6 | 51 | 21 | 1865 | 432 | 183 | 43 | 174 | 84 | 82 | 31 | 217350 | 50422 |
| 安徽 | 5 | 2 | 25 | 6 | 1053 | 180 | 26 | 32 | 71 | 22 | 50 | 16 | 117088 | 27877 |
| 江西 | 5 | 2 | 20 | 3 | 885 | 85 | 167 | — | 71 | 28 | 25 | 9 | 81744 | 14083 |
| 湖北 | 3 | 1 | 17 | 3 | 820 | 111 | 127 | — | 85 | 22 | 22 | 3 | 94358 | 24780 |
| 湖南 | 6 | 10 | 25 | 31 | 1545 | 960 | 30 | 82 | 157 | 135 | 39 | 60 | 140612 | 91397 |
| 四川 | 10 | 3 | 31 | 9 | 1458 | 301 | 101 | — | 95 | 77 | 53 | 18 | 145820 | 47800 |
| 福建 | 4 | 1 | 15 | 5 | 495 | 184 | 31 | 14 | 64 | 21 | 33 | 10 | 73992 | 201484 |
| 云南 | 7 | 1 | 22 | 8 | 1177 | 141 | 233 | 39 | 106 | 17 | 49 | 4 | 130019 | 1023 |
| 贵州 | 1 | 1 | 5 | 1 | 227 | 38 | 36 | — | 26 | 7 | 7 | 2 | 25000 | — |
| 广东 | 8 | 3 | 15 | 6 | 503 | 257 | 39 | 3 | 88 | 57 | 30 | 11 | 42968 | 15687 |
| 广西 | 3 | — | 14 | — | 507 | — | — | 41 | 38 | — | 14 | — | 75447 | — |
| 陕西 | 2 | 1 | 11 | 2 | 489 | 60 | 108 | 14 | 25 | 20 | 19 | 12 | 65076 | 23904 |
| 山西 | 4 | 2 | 26 | 7 | 1179 | 187 | 165 | 27 | 64 | 28 | 26 | 14 | 98400 | 23592 |
| 河南 | 5 | 1 | 19 | 2 | 82 | 85 | 82 | 16 | 57 | 16 | 40 | 7 | 121404 | 25124 |
| 山东 | 4 | 2 | 30 | 10 | 1012 | 357 | 258 | — | 67 | 32 | 25 | 13 | 133250 | 37374 |
| 甘肃 | 4 | 1 | 8 | 1 | 401 | 27 | 219 | 8 | 30 | 6 | 18 | 2 | 42782 | 4677 |
| 新疆 | 1 | — | 1 | — | 60 | — | 40 | — | 6 | — | 3 | — | 16549 | — |
| 奉天 | 18 | 5 | 42 | 13 | 1777 | 504 | 228 | 161 | 121 | 45 | 41 | 10 | 129577 | 32072 |
| 吉林 | 4 | 2 | 15 | 6 | 613 | 185 | 113 | — | 51 | 16 | 19 | 4 | 84630 | 32184 |
| 黑龙江 | 2 | 1 | 9 | 3 | 400 | 134 | 40 | — | 22 | 17 | 18 | | 71067 | 26784 |
| 热河 | 1 | — | 2 | — | 73 | — | — | — | 7 | — | 3 | — | 7380 | — |
| 察哈尔 | 1 | — | 2 | — | 80 | — | — | — | 4 | — | 2 | — | 8971 | — |
| 总计 | 126 | 54 | 503 | 172 | 20738 | 7302 | 2995 | 696 | 1725 | 802 | 779 | 310 | 2574598 | 907966 |

　　1923 年，湖南师范学校学校数为 19 所，仅次于直隶、奉天、江苏、四川、与浙江并列第五；学生 2627 人，仅次于江苏、山西、浙江、直隶，居全国第五；

女生人数为 771 人，仅次于山西，位居第二，按百分比计算，占总数的 29.35%，居第三。此时，湖南师范教育相对全国其他省份，依然位居前列，相比邻省——湖北，师范教育已经要发达得多。具体详情见表 7-3①。

表 7-3　1923 年全国师范学校统计情况一览表

| 省市 ＼ 项别 | 学校数 | 男生数 | 女生数 | 总数 | 女生百分比 | 等级 |
|---|---|---|---|---|---|---|
| 京师及京兆 | 6 | 541 | 271 | 812 | 33.37% | 2 |
| 直隶 | 28 | 2212 | 635 | 2847 | 13.30% | 8 |
| 奉天 | 27 | 2051 | 413 | 2464 | 16.76% | 11 |
| 吉林 | 6 | 1006 | 151 | 1157 | 13.05% | 16 |
| 黑龙江 | 2 | 200 | 116 | 316 | 36.71% | 1 |
| 山东 | 12 | 1921 | 365 | 2286 | 15.97% | 12 |
| 河南 | 13 | 1420 | 187 | 1607 | 11.64% | 17 |
| 山西 | 14 | 2629 | 813 | 3442 | 23.62% | 6 |
| 江苏 | 24 | 3751 | 770 | 4521 | 11.03% | 10 |
| 安徽 | 9 | 1335 | 402 | 1737 | 23.14% | 7 |
| 江西 | 10 | 1696 | 108 | 1804 | 5.99% | 20 |
| 福建 | 9 | 1003 | 177 | 1180 | 15.00% | 12 |
| 浙江 | 19 | 2498 | 541 | 3039 | 17.80% | 9 |
| 湖北 | 4 | 807 | 136 | 943 | 14.42% | 14 |
| 湖南 | 19 | 1856 | 771 | 2627 | 29.35% | 3 |
| 陕西 | 3 | 656 | 50 | 706 | 7.08% | 18 |
| 甘肃 | 12 | 664 | 49 | 713 | 6.87% | 19 |
| 新疆 | 1 | 85 | — | 85 | — | — |
| 四川 | 20 | 1517 | 498 | 2015 | 24.71% | 5 |
| 广东 | 16 | 1208 | 193 | 1401 | 13.78% | 16 |
| 广西 | 4 | 641 | — | 641 | — | — |
| 云南 | 12 | 1345 | 40 | 1385 | 28.88% | 4 |
| 贵州 | 2 | 227 | 38 | 265 | 14.34% | 15 |
| 热河 | 1 | 121 | — | 121 | — | — |
| 绥远 | 1 | 87 | — | 87 | — | — |
| 察哈尔 | 1 | 76 | — | 76 | — | — |
| 总数 | 275 | 31553 | 6724 | 38277 | | |

①　陈翊林：《最近三十年中国教育史》，上海太平洋印书馆 1932 年版，第 317 页。

1929 年，湖南师范学校学校数为 47 所，仅次于河北、辽宁、河南、山西、山东、广东、四川，居第八；学生 6280 人，仅次于广东、河北、河南、辽宁、四川、江苏、山东，居全国第八，女生 1342 人，仅次于广东、河北、辽宁、四川、江苏、河南，居全国第七；教职员 467 人，仅次于河北、四川、广东、河南、辽宁、江苏，位居第七；毕业生数 1914 人，仅次于辽宁、江苏、广东、河北，位居第五；教育经费为 333505 元，次于河北、广东、山西、江苏、河南、四川、山东，居第八。此时，湖南师范教育相对全国其他省份，处于中等以上水平，相比邻省——湖北，师范教育要发达得多，1929 年的具体情况①。1946 年度第一学期，湖南师范学校 63 所，仅次于四川、河南、浙江、广东，居第五；学生 18300 人，仅次于四川、河南，居全国第三；教职员 1716 人，仅次于四川、河南、广东，与浙江并列第四；1946 年度毕业生 3296 人，仅次于河南、四川、广东、陕西，位居第五②。

《第二次中国教育年鉴》关于中等学校的学生数（民国二十年至民国三十四年）的变化也可以间接地反映各个省师范教育的发展状况（因为中等教育包括了中等师范教育）③。1931 年，学生 37217 人，仅次于广东、四川、江苏，居第四位；1932 年，学生 36045 人，仅次于广东、四川、江苏，居第四位；民国二十二年，学生 33068 人，仅次于广东、四川、江苏、河南、河北，居第六位；民国二十三年，学生 32817 人，仅次于广东、江苏、四川、河南、河北、辽宁，居第七位；民国二十四年，学生 31691 人，仅次于广东、四川、江苏、河南、河北、辽宁，居第七位；民国二十五年，学生 38711 人，仅次于广东、四川、河南、江苏，居第五位；民国二十六年，学生 40941 人，仅次于四川、广东、河南，居第四位；民国二十七年，学生 41989 人，仅次于四川、广东、河南，居第四位；民国二十八年，学生 57179 人，仅次于四川、广东，居第三；民国二十九年，学生 76522 人，仅次于四川，居第二位。

民国三十年，学生 80337 人，仅次于四川，居第二位；民国三十一年，

---

学生 91710 人，仅次于四川，居第二位；民国三十二年，学生 92411 人，仅次于四川，居第二位；民国三十三年，学生 91360 人，仅次于四川、广东，居第三位；民国三十四年，学生 119597 人，仅次于四川、广东，居第三位。由上得知，湖南中等教育在抗日战争以前，都是走在全国的前列，抗战以后，湖南中等教育迅速发展，位居三甲，民国二十九年至民国三十二年，仅次于人口大省——四川，排名第二。因此，间接地说明民国时期湖南师范教育与全国其他省份相比，是一直走在前列的。

### 三、民国时期湖南师范教育与其他省份师范教育相比，办学效益较高

经济发达是教育文化事业发展的前提，教育经费是教育发展的关键保障。湖南近代经济并不发达，工业和商业的发展水平在全国居中下游。湖南中等学校（包含师范学校）学生每人每年占经费，比较其他各省而言，是最少的；全省每人每年平均负担中等教育经费为 0.061 元，居倒数第四位，也是较低的。下为教育部民国十八年所制全国中等教育概况的统计（见表 7-4）①。

表 7-4　1929 年所制全国中等教育概况的统计一览表　　　　　（单位：元）

| 省别 ＼ 类别 | 每生每年所占经费数 | 每人每年平均负担中等教育经费 |
|---|---|---|
| 江苏 | 105 | 0.100 |
| 浙江 | 112 | 0.091 |
| 安徽 | 143 | 0.070 |
| 江西 | 118 | 0.078 |
| 湖北 | 129 | 0.049 |
| 湖南 | 78 | 0.061 |
| 四川 | 118 | 0.032 |
| 福建 | 119 | 0.119 |
| 广东 | 119 | 0.096 |
| 陕西 | 100 | 0.035 |
| 山西 | 96 | 0.098 |
| 山东 | 165 | 0.079 |

---

①　方克刚：《二十年来湖南教育经费之检讨》，《教育杂志》第 18 卷 1935 年。

1932 年湖南省各县师范学生每人所用经费，公立师范学校学生平均只有 47.7 元，私立师范学校学生平均只有 57 元；公立学校的学生所用经费最高的为 99 元，而最低的仅只有 10.6 元，相差有 10 倍多。可见师范学生每人经费在当时是很低的了（见表 7-5）①。

表 7-5　1932 年湖南省各县师范学生每人所用经费一览表　　　（单元：元）

| 县名\类别 | 师范学校 | | 县名\类别 | 师范学校 | |
|---|---|---|---|---|---|
| | 公立 | 私立 | | 公立 | 私立 |
| 长沙 | 78.3 | 42.5 | 道县 | 63.7 | — |
| 沅江 | 60.7 | — | 新田 | 63.5 | |
| 安化 | 10.6 | 73.8 | 绥宁 | 32.8 | |
| 宁乡 | 38.5 | | 武冈 | 39.1 | |
| 酃县 | 45.5 | — | 新化 | 29.1 | 47.7 |
| 安仁 | 33.6 | — | 邵阳 | 31.8 | 59.1 |
| 衡阳 | 39.7 | | 澧县 | 63 | — |
| 宜章 | 40.6 | — | 汉寿 | 33.3 | — |
| 桂东 | 56.5 | | 慈利 | 25.24 | |
| 资兴 | 97 | — | 湘阴 | — | 61.9 |
| 永兴 | 99 | — | 东安 | 20 | |
| 耒阳 | 59.3 | | 安乡 | 73.3 | |
| 常宁 | 45.4 | — | 临澧 | 54.2 | |
| 桂阳 | 54.1 | — | 零陵 | 32.1 | |
| 郴县 | 50.8 | | 各县平均 | 47.7 | 57 |

通过对民国六、七、十二、十九年和《第二次中国教育年鉴》关于中等学校的学生数（因为中等教育包括了中等师范教育）（民国二十年至民国三十四年）发展状况进行对比分析，可以得出：民国时期湖南师范教育与全国其他省份相比，不仅位居前列，而且办学效益也较高。

---

① 《湖南教育经费调查》，湖南大学教育学会印，第 34-37 页。

## 四、受地域文化——湖湘文化的深刻影响

湖南人重视教育，自古皆然，这固然有儒家传统文化中"化民成俗、教化为先"，"建国君民，其必由学"等传统的影响，也与湖南特定的地域条件和文化氛围息息相关，特别受到湖湘文化的深刻影响。湖南地处内陆，农耕社会的典型特征在湖南也体现得最为明显。很长时间里，湖南人改变命运的途径中，读书入仕然后光宗耀祖，改变整个家族甚至家乡的面貌，可能是最佳甚至唯一选择。因为有盼头，所以无论是富家大户还是贫苦人家，都对儿孙的教育不遗余力。自东汉初年出现学校教育以来，湖南就逐步形成了广大民众集资办学和捐资兴学的优良传统。如民国中后期湖南私立中学的学校数以及学生人数比公立中学要多得多。民国以前，湖南捐资兴学的经费为62045元，仅次于江苏、浙江，居第三。民国元年至二十一年湖南捐资兴学经费（不包括千元以下者的捐助）总计为506613元，仅次于江苏、浙江、河北、山东、安徽、广东，位居第七。[①] 至于文化对重教兴学、磨血育人的民风传统形成的影响，则更为深远。湖湘文化兴起于宋代，由周敦颐奠定其基础，胡安国、胡宏父子继其后，张拭兴其盛。及至明末清初，王夫之隐居于石船山下，发孤愤以著述，勤教事以讲学。在湖湘学人这种志学求道、蔑视利禄，不计个人得失精神的激励和感染下，三湘四水逐渐形成重教兴学、磨血育人的民风传统，成为湖南传统教育长盛不衰的根基，也推动了近代湖南私立教育高峰的出现。朱剑凡毁家投资创建周南女中，胡元倓奔走募捐创建明德中学，还有方维夏、陈润霖、何炳麟、徐特立、王季范等一大批为发展教育事业而毁家兴学的教育家群体，志存高远，磨血育人，影响及于今日。湖湘文化氛围下从政府到民间浓厚的重教兴学风气，锤炼了一批淡泊名利、个性鲜明而又充满血性的教育家们，他们艰难却执着地撑起湖南教育的天空，成就湖南教育曾经的辉煌。因此，必须充分发扬重教兴学、磨血育人的优良传统，从社会到教育家、地方政府乃至整个中国来重视教育，用"磨血"精神来办教育，这样才能促进教育的快速发展，实现祖国的繁荣昌盛。

---

① 教育部编：《第一次中国教育年鉴》戊编（二），开明书店1934年版，第360页。

## 第二节 湖南师范教育和湖南近代教育的发展

　　湖南师范教育是随着整个湖南社会变革和教育发展而产生的，其先行地位和功能又是随着整个社会和教育的进步而日益明显和突出的。师范教育的发展既受到政治经济和文化教育发展水平的制约，又通过自身功能的发挥，对政治经济和文化教育的发展产生极大影响，产生重大的社会效应。师范教育的自身功能，主要是通过向社会输送合格的师资，再由他们对学生进行教育，将潜在的劳动力转变为现实的劳动力，将自然人塑造为社会人，从而作用于一定的政治经济和文化教育事业。民国时期，湖南师范教育在造就无数杰出的党和国家的高级领导人、高级将领和干部的同时，也培养了无数的默默无闻的、甘于奉献的教师，推动着湖南教育近代化。

### 一、初等教育的发展

　　初等教育即小学教育，它是学校教育中最初阶段的教育，也是整个教育结构中最基础的部分，在教育不发达的民国时期，初等教育又构成整个教育体系中最主要的部分。民国建立后，教育部对初等教育的办学体制进行了重大改革。1912 年 9 月，教育部公布了《小学校令》，规定小学校以"留意儿童身心之发育，培养国民道德之基础，并授以生活必需之知识技能"为宗旨。

　　湖南在民国初年也积极提倡初等教育。1912 年湖南教育司颁布了《湖南暂定学制大纲》，规定初等教育为义务教育，在全国率先规定初等教育为义务教育，同时，湖南教育司在制定教育政策时也明确提出要改良小学。教育司司长吴景鸿认为："民国成立，首重教育，而改良之法，尤以推广各属及镇乡小学为第一要义。"① 在湖南地方行政长官和教育当局的支持下，教育人士的不懈努力下，湖南小学教育发展很快。民国元年，全省初等、高等

---

① 《湖南教育司之政策》，《教育杂志》第 4 卷第 8 号，第 52 页。

小学校达 3937 所，学生 20.3212 万人。① 1913 年，湖南初等、高等小学校达
5747 所，学生 20.2782 万人，位居全国第五。② 由于汤芗铭、张敬尧先后主
政湖南，民国初年，湖南初等教育发展举步维艰，但经过教师的苦心经营，
也取得了一定的成绩。1920 年省议会通过强迫义务教育案。相对而言，初等
教育成为这一时期发展成效最为显著的领域。到 1928 年，小学校达 12640
所，在校学生 454623 人，③ 尽管私塾占了很大部分，小学教育发展还是较为
迅速的。1933 年至 1947 年，小学学校从 24158 所增加到 32759 所，学生从
950859 人增加到 1928586 人，增长了 2.29 倍。教职员从 64912 人增至 94978
人。1945 年小学生人数达到民国时期的最高点，达到 2167961 人，均仅次于
四川。④ 从湖南小学校的学校数量、学生人数和教职员人数的增长来看，湖
南初等教育已获得长足的发展。

从小学教育的师资来看，师范教育对初等教育的发展起着至关重要的作
用。据 1930 年《第一次中国教育年鉴》载：湖南 53876 名小学教员中，师
范大学及高等师范毕业的有 1438 人，占总数的 2.67%；中等师范毕业的有
15850 人，占 29.42%；大学及专门中学毕业的有 19083 人，占 35.42%；小
学毕业经检定合格的有 8324 人，占 15.45%，其他 6508 人，占 12.08%；经
检定不合格的仅 2673 人，占 4.96%。根据 1943 年《湖南省实施国民教育报
告》记载：全省 78787 名小学教员，专科学校以上毕业的占 0.81%，中等师
范学校毕业的占 12.17%，简易师范学校毕业的占 15.68%，专科学校以上
肄业的占 0.26%，高中毕业的占 5.23%，初中毕业的占 18.45%，曾受过师
资训练的占 24.4%，检定合格的占 18.46%，小学毕业的占 3.99%，其他占
0.51%。全体教职员中，正规或不正规师范科训练的达 52.25%。⑤ 从 1930
年和 1943 年的小学师资力量来分析，小学教员中不但大多是大学、中学毕
业的，而且有很多中等师范毕业生，并逐渐有师范大学及高等师范毕业生。

---

① 杨国础：《十年来的湖南学校教育》(1912—1922)，《湖南大公报十年纪念册》，第 29 页。
② 湖南省教育科学研究院编著：《湖南教育大事记》，岳麓书社 2002 年版，第 117 页。
③ 湖南省教育科学研究院编著：《湖南教育大事记》，岳麓书社 2002 年版，第 181 页。
④ 湖南省地方志编纂委员会编：《湖南省志·教育志》(上册)，湖南教育出版社 1995 年版，第 141 页。
⑤ 湖南省教育科学研究院编著：《湖南教育大事记》，岳麓书社 2002 年版，第 242 页。

## 二、中等教育的发展

中等教育是衔接初等教育和高等教育的桥梁，不仅起着承上启下的作用，而且对于人才的培养起着很重要的作用，尤其在高等教育不发达的情况下，更是如此。中等教育包括普通中学教育、中等实业教育和中等师范教育。其中，中学教育又是在中等教育乃至整个湖南教育体系中最有特色的。从量而言，民国前期湖南中学教育发展并不显著。到民国十一年，省城长沙设立县立中学的仅有湘潭、醴陵、岳阳、宝庆、新化、武冈、衡阳等 13 县，全省中学总数也始终没有超过 50 所。民国十二年至民国二十八年，中学教育开始逐渐发展，但是并不是快速发展，中学总数没有超过百所。民国二十九年至民国三十八年，中学教育处于快速增长中，中学总数从 133 所增加到 321 所，人数从 56387 人增加到 115690 人，教职员人数从 2335 人增加到 8300 人。可将湖南省中学根据招生地域及经费来源的不同分为四类，即省立中学、县立中学、联立中学和私立中学（此外还有少数教会中学），其中又以私立中学数量最多，办学成效最为显著。从民国十二年开始，私立中学数量占绝对的优势，并且从民国二十九年开始，私立中学的数量大约是公立中学的两倍。私立中学的发达，不仅体现在数量上，还有相当一部分私立中学校风严谨，管理规范，教育质量优良。民国时期，以明德、周南、楚怡、修业、广益中学以及三公学（兑泽、岳云、妙高峰）为代表的一批私立中学，在全国享有盛名。其中，又以明德中学最为著名。民国时期的明德中学，教师多数是知识渊博、学贯中西的名流，包括著名诗人苏曼殊、吴芳吉，生物学家辛树帜，历史学家罗元鲲、周谷城，音乐家黎锦晖、张曙，画家刘寄踪以及教学名师郭德垂、周世钊、文士元等。可以说，支撑起湖南中学教育的顶梁柱是广大的私立中学。私立中学的发达，是民国时期湖南中学教育的最大特点。近代湖南教育史上私人办学的热潮始于 20 世纪初。五四运动以后，私人办学之风日盛，涌现了一大批乐于奉献而毁家办学的办学中坚，如 1925 年湘乡蒋孝原创办春元中学，变卖祖田 400 多亩，后又创办高中；新化县的晏孝逊于 1931 年创办上梅中学，以家有全部田产作为校产。详细情况见表 7-6。

表7-6　民国时期湖南省普通中学发展一览表

| 年 度 | 合 计 | | | 公立中学<br>（省立、县立、联立） | | | 私立中学<br>（含教会中学） | | |
|---|---|---|---|---|---|---|---|---|---|
| | 学校数 | 学生数 | 教职员数 | 学校数 | 学生数 | 教职员数 | 学校数 | 学生数 | 教职员数 |
| 民国元年 | 29 | 4478 | 475 | | | | | | |
| 民国二年 | 32 | 5003 | 516 | | | | | | |
| 民国三年 | 45 | 8125 | 895 | | | | | | |
| 民国四年 | 36 | 5387 | 605 | | | | | | |
| 民国五年 | 28 | 5785 | 726 | | | | | | |
| 民国九年 | 37 | 6472 | 729 | 27 | 4551 | 517 | 10 | 1921 | 212 |
| 民国十年 | 42 | 7579 | 733 | 27 | | | 15 | | |
| 民国十一年 | 47 | | | | | | | | |
| 民国十二年 | 83 | 14270 | | 29 | | | 54 | | |
| 民国十三年 | 83 | 13799 | 1663 | 29 | 5720 | 639 | 54 | 8079 | 1024 |
| 民国十七年 | 67 | 12460 | 1258 | 30 | 5674 | 569 | 37 | 6786 | 689 |
| 民国十八年 | 80 | 10888 | 1433 | 36 | 6074 | 535 | 44 | 4814 | 898 |
| 民国十九年 | 89 | 22072 | 1794 | 42 | 9509 | 512 | 47 | 12563 | 1282 |
| 民国二十年 | 89 | 25093 | 1910 | | | | | | |
| 民国二十一年 | 88 | 24908 | 2809 | 43 | | | 45 | | |
| 民国二十二年 | 81 | 23025 | 2786 | 29 | | | 52 | | |
| 民国二十三年 | 83 | 22319 | 2738 | 32 | | | 51 | | |
| 民国二十四年 | 83 | 21827 | 2685 | | | | | | |
| 民国二十五年 | 81 | 20227 | 2194 | | | | | | |
| 民国二十六年 | 81 | 30782 | 2110 | 29 | 11610 | 762 | 52 | 19172 | 1348 |
| 民国二十七年 | 87 | 31120 | 2185 | 30 | 9062 | 832 | 57 | 22058 | 1353 |
| 民国二十八年 | 98 | 40064 | 2335 | 36 | 12576 | 897 | 62 | 27488 | 1438 |
| 民国二十九年 | 133 | 56387 | 2940 | 47 | 16757 | 1046 | 86 | 39630 | 1894 |
| 民国三十年 | 151 | 59770 | 3377 | 52 | 17547 | 1158 | 99 | 42223 | 2219 |
| 民国三十一年 | 176 | 66979 | 3756 | 61 | 21197 | 1328 | 115 | 45782 | 2428 |
| 民国三十二年 | 235 | 73607 | 4916 | 77 | | | 158 | | |
| 民国三十三年 | 267 | 99072 | 5988 | 87 | 30486 | 1430 | 180 | 68586 | 4558 |
| 民国三十四年 | 280 | 91916 | 6715 | 86 | 36024 | 2723 | 194 | 55892 | 3992 |
| 民国三十五年 | 294 | 103180 | 7274 | 93 | 38727 | 3098 | 201 | 64453 | 4176 |
| 民国三十六年 | 298 | 108230 | 7684 | 94 | 40678 | 3186 | 204 | 67552 | 4498 |
| 民国三十七年 | 309 | 114334 | 8263 | 96 | 39744 | 3463 | 213 | 74590 | 4800 |
| 民国三十八年 | 321 | 115690 | 8300 | 98 | | | 223 | | |

说明：

①民国元年至五年，摘自民国时期《湖南省各项学校事历年比较表》。

②民国六年湖南政局混乱，七至八年军阀张敬尧为湖南督军，摧残教育，公立学校私立学校解散、停办者多，无档案材料。

③民国九年，摘自湖南省档案馆全宗 59。

④民国十年，摘自湖南大公报刊载的调查表，十一至十二年为零散数字。

⑤民国十四至十六年因北伐战争，无统计资料（民国十六年曾停课 1 年）。

⑥民国十三、十七至十九年，摘自《第一次中国教育年鉴》"学校教育概况"，但十七至十八年学校的职员无统计数，故表中的教职员数仅为教师数。

⑦民国二十年摘自湖南省档案馆全宗 59—目录 1—卷号 431。

⑧民国二十一至二十七年，摘自民国二十七年《湖南省教育月刊》《国民教育指导月刊》联合版。

⑨民国二十六至三十四年，摘自湖南省档案馆全宗 59—目录 1—卷号 180，其中民国三十二年原始报表因战争搬动遗失，仅有总计数、散数。

⑩民国三十五年上期至民国三十八年上期，摘自湖南省档案馆全宗 59—目录 1—卷号 439。

又：民国三十八年上期，各类普通中学经过逐校核实，均有附表，但分类学校的学生数与教职员数均无统计资料。合计中的教职员 4408 人仅为专任教师数。

⑪抗日战争期间的省立中学统计项目内包括在湖南设立的国立中学。

从师资力量方面来看，中学教育的师资阵容强大。以 1930 年为例，全省中学教员 1651 人中，曾留学外国的就达 113 人，其中博士 3 人、硕士 12 人、工程师 5 人，占了教员总数的 6.84%，师范大学毕业者 117 人，占 7.09%，非师范大学毕业者 337 人，占 20.41%，专科学历者达 23.44%。① 抗日战争后期，国立十一中的专任教师中留学归来的人员 14 名中，原大学教授 9 名。校长杨宙康常说："我校虽是中学牌子，却是大学教师班子。"邵陵初级中学的教职员 21 人，其中大学毕业学历的 19 人。群策初级中学有教员 13 人，均具有高等学校毕业学历。②

民国三十八年（1949）上期，湘乡县春元中学聘任教员 45 人，其中国内外大学、高师、优级师范毕业的教员有 22 人，专科学校毕业的有 14 人，共 36 人，占总数的 80%。③ 由此可见，民国时期湖南省普通中学的师资阵容强大。在这些教员中，学贯中西，清操亮节者大有人在，这与湖南的师范教育发达息息相关。

总之，民国时期湖南初等教育与中等教育的迅速发展离不开师范教育的迅速发展。师范教育培养了大量的师资，促进了湖南教育的发展，同时也推进了湖南教育近代化。

---

① 湖南省地方志编纂委员会编：《湖南省志·教育志》（上册），湖南教育出版社 1995 年版，第 431 页。

② 《邵阳市教育志》，湖南出版社 1994 年版，第 291 页。

③ 《湘潭市教育志》，湘潭县教育局教育志编写组 1998 年版，第 350 页。

# 结　语

　　湖南师范教育起步于清末，发达于民国时期。民国时期，不论与邻省湖北相比，还是与其他经济实力较强的省份相比，湖南的师范教育都是位居前列的。为什么在经济条件并不发达的内陆省份，师范教育却较为发达，并呈现多样化，具有超前性？本书对此进行了系统地研究并做出回答。民国时期湖南师范教育发达的成功经验，对当今湖南省乃至全国的师范教育具有借鉴意义。

　　中华人民共和国成立以来，湖南师范教育取得了长足的发展，逐渐形成了定向的、三级层次的基础教育师资培养体系，即中等师范学校—师范专科学校—师范大学（学院），分别为小学、初中和高中阶段教育培养师资。1999 年，湖南的师范教育对此进行改革。首先，以"减少布点、缩小规模、提高层次"为原则对全省的普通中等师范学校进行调整——停止招收普通师范新生，中师合并到当地普通高校，或者改成普通高中或非师范中等专业学校或小学教师培训中心。① 保留长沙师范学校（已升为湖南儿童工程职业学院）、浏阳师范学校（已升为长沙特殊教育职业学院）和衡阳幼儿师范学校，将它们建成以培养幼儿教育和特殊教育为主的高职学院。其次，借我国高校结构布局调整之东风，全省 11 所高等师范专科学校先后与所在地的本专科高校合并或升格为新的本科院校。2008 年，湖南省第一师范学校升格为湖南省第一师范学院。至此，湖南省的中等师范学校和高等师范专科学校大体退出了基础教育师资培养、培训的历史舞台。湖南高等师范院校在进行改

---

　　① 《关于开展普通中等师范学校布局调整的通知》，湖南省教育委员会文件，湘教师字［1999］1 号。

革中也面临许多困难与问题：第一，办学经费比较困难，这是所有高等师范院校共同遇到的问题。第二，全社会尊师重教的气氛尚不浓厚，教师社会地位不高，教师职业缺乏吸引力，优秀高中毕业生不愿报考师范，生源较差。第一志愿录取人数少，又导致学生学习积极性不高，教学质量难以保证，适应不了中等教育改革与发展对师资的要求。第三，从整体上看，高等师范院校师资队伍素质偏低。由于高师院校教师待遇偏低，生活清苦，教师队伍显性和隐性流失都很严重。第四，教育观念、教学设备陈旧。第五，高师院校办学自主权比较少。这一点虽与一般高等院校有共同之处，但由于高师院校服务的对象是属于政府行为的基础教育，在办学规模、办学结构、专业方向、毕业生就业渠道等方面，高师院校较一般高等院校更加受制于政府和服务对象的约束，更加缺乏自主权。

本书通过对民国时期湖南师范教育进行研究，可以为当今湖南省乃至全国的师范教育发展提供一些有益的启示。

第一，加强科学规划，加大投入，理性办学，促进湖南高等教育发展。20世纪90年代的大规模高校扩招带动高等教育发展大跃进，成绩毋庸置疑。自百余年前教育近代化转型启动始，高等教育一直是湖南教育的短板。如果按以前的发展速度，再过一百年，高等教育大众化依然只能是梦想。不到十年的时间里，高等学校数量、招生规模成倍增长，发展速度可谓空前。现在面临的问题是，是继续规模拓展的惯性快车，将扩招进行到底，早日实现高等教育大众化的目标；还是缓一缓，先解决第一轮大规模扩张遗留的问题，为下一轮扩张夯实基础。作为一个拥有6800万人口的大省，湖南高等教育目前的规模并不算大，高等教育供给和需求的矛盾在未来一段时期内还将长期存在，离真正意义上的高等教育大众化标准，如美国的80%，韩国的50%还比较远。即使按我国整体国情提出的40%的目标，湖南还有相当的距离。但从湖南乃至全国人口增长走势来看，2009年以后高等教育适龄人口开始下降，2020年的适龄人口仅为2009年的58%。2010—2020年即使不再扩招，到2020年高等教育毛入学率也会达到36%～56%。因此，今后高等教育应以适度发展为宜。根据湖南目前社会经济发展水平和高等教育现状，由量的拓展转向质的提升，应成为相当长一段时期内湖南高等教育发展的主题。

高等教育发展，既需要高额投资，也需要支撑发展的动力——社会经济发展对于高等教育持续增长的需求。从客观条件分析，在目前湖南社会经济发展水平相对落后的情况下，一方面，财政难以对高等教育发展予以充分甚至是必需的支持；另一方面，离开社会经济高速发展对于高等教育持续增长的需求，过快扩招，也难以为源源不断走出校门的毕业生提供就业机会和用武之地。

湖南高等教育第一轮大规模扩张之后，内涵的提升将是一个长期的过程。精英教育向大众教育的转型，使高等教育从办学理念、融资渠道、教育观念、管理模式等各个方面都面临全新的变革。在经过近十年的粗放型发展之后，当前湖南高等教育领域发展的首要任务，在于科学规划、合理定位、内涵提升。唯有如此，粗放型发展的各个高校才能在激烈的竞争中抢得一席之地，湖南高等教育的下一轮发展方有后劲可言。

第二，重视师资队伍建设，快速推进湖南教育发展。"百年大计，教育为本；教育大计，教师为本"，师资是教育的决定性因素。教育现代化的最终实现，必须依靠一支富有创新精神和创新能力，实现现代化角色转换的教师队伍。没有现代化的教师，再现代化的教育硬件设施与制度设计，也无补于事。正如现代化问题专家阿历克斯·英格尔斯所言，"如果执行和运用着这些现代制度的人自身还没有从心理、思想、态度和行为上都经历一个向现代化的转变，失败和畸形发展是不可避免的。"

自百余年前湖南新教育发展之初开始，重视师资一直是湖南教育界的优良传统。近代湖南新学兴办之初，当时的湖南抚院便采取了多种办法和措施解决办学中师资紧缺的难题。近代湖南第一批公派赴日留学生，便是为学习日本先进的办学经验和教育制度。此后中、西、南三路师范学堂之设，培养了第一批新教育的精英种子。湖南教育在起步较晚的情况下后来居上，与对师资、师范教育的重视不无联系。中华人民共和国成立以后，很长时期内湖南较为完备的三级师范教育体系在全国享有盛誉，譬如湖南师范大学，就曾作为唯一的地方师范大学成功入选全国"211工程"院校，此外中师领域的湖南第一师范、长沙师范，也在全国享有盛名。可以说，湖南教育特别是基础教育在全国的领先地位，与湖南相对发达的师范教育体系培养出一大批优秀的中小学师资，有着不可分割的联系。

但相对于湖南教育现代化的历史使命，湖南当前师资队伍的整体素质还有待进一步提高，师资队伍建设必须实现新的突破。特别是近年来，原来较为完善的三级师范教育体系（师范大学—师范专科学校—中等师范）逐渐淡化，师范类专业纷纷改弦更张，中文改文秘，数学改计算机，历史改政法。高素质师范类人才紧缺，成为制约湖南教育下一步发展的瓶颈。湖南建设教育强省，不能与长三角、珠三角等发达地区比硬件实力、比投入、比校舍、比设备，只能是继承重视师资队伍建设的优良传统，抓好师范教育，抓好队伍建设，以高素质的人力资源来保障和支撑湖南教育的发展。

抓师资队伍建设，首要的是提高教师社会地位和经济待遇，拓宽教师来源渠道，让更多的优秀人才选择教师职业，安心教师职业。提高教师待遇与社会地位的同时，不能忽视师德师风建设。中国人历来尊重教师，教师也是一门道德要求高的职业。西汉杨雄认为，"师者，人之模范也"，而时下师生之间，学生与学校之间，更多的商业味道代替了以往学生对学校的归属感和对老师的敬畏感和发自内心的依恋感，这是现实，很让人伤感。教师为教育之本，而师德师风则是教育之魂。师德不是简单的说教，而是一种精神的体现，一种深厚的知识内涵和文化品位的体现。应将师德建设作为打造一流教师队伍的基础工程，通过加强师德典型宣传、实施行动计划、注重制度创新、探索长效机制等措施，推动师德建设。

重视师资队伍建设，必须特别关注农村，努力提高农村师资水平。近年来，湖南农村教师队伍发生了很大变化，教师学历合格率有了提高，教师工资得到了基本保障，但农村总体师资力量仍不容乐观。教师队伍整体素质不高、年龄和学科结构不合理、骨干教师流失严重和新教师补充不及时等问题并没有从根本上得到解决，农村与城市教师整体素质差距正在进一步拉大。能否切实保障湖南农村师资队伍，关系到农村教育的出路，也关系到几百万农村孩子的将来。关注农村教育，首先，要关心农村师资，应进一步加大对农村和边远贫困地区的转移支付比例，确保农村教师工资的足额按时发放，并在医疗保险、住房、子女就读，以及接受再教育、再培训方面，给予适当倾斜。其次，要创新农村教师补充机制，吸引优秀大学毕业生到农村任教。

近年来，尽管农村中小学急需教师，但优秀的师范毕业生还是难以到农村中小学去工作，这其中既有编制过分紧张的原因，也有农村学校办学条件过于薄弱，农村中小学让大学生们望而生畏的因素。因而在核定教职工编制、学生公用经费安排等方面，教育行政部门应考虑农村学校的特点，在定员定编、特殊补贴等方面，予以倾斜。此外，必须充分发挥我们的体制优势，通过建立农村支教服务体系等多种方式，以强带弱，把优秀学校的教育理念、教育思想、教育制度嫁接到农村薄弱学校，实现资源共享，共同发展。

第三，建立、健全教师教育法规，形成一套行之有效的、系统的教师制度。通过对民国时期湖南师范教育的研究，我们了解到，民国时期中央政府都颁布了一系列有关的教师教育法规，如《师范教育令》《高等师范学校规程》《高等师范学校课程标准》《学校教职员薪俸暂行规程》《各级学校教员任用暂行规程》《师范毕业生服务规则》《学校教职员养老金及恤金条例》《师范学校法》《师范学校规程》等。湖南省也根据教育部和湖南实际情况制定了相应的条例，如《湖南行政公署教育司视学规程》、《各类教师月薪标准》和《师范毕业生服务规则》等。

尽管中国现在有《教育法》和《高等教育法》，但没有独立的《师范教育法》和《师范学校法》，因此，需要通过制定法规来加强宏观调控和管理，建立健全一套行之有效的教师教育制度。

# 参考文献

## 一、著作

[1] 教育部教育年鉴编纂委员会：《第一次中国教育年鉴》，上海开明书店 1934 年版。

[2] 教育部教育年鉴编纂委员会：《第二次中国教育年鉴》，上海商务印书 馆 1948 年版。

[3] 李友芝、李春年等主编：《中国近现代师范教育史资料》（第一、二 册），北京师范大学出版社 1990 年版。

[4] 舒新城：《中国近代教育史资料》（上、中、下册），人民教育出版社 1985 年版。

[5] 陈学恂：《中国近代教育史教学参考资料》（上、下册），人民教育出版 社 1986 年版。

[6] 顾明远主编：《教育大辞典》（第 2、10 卷），上海教育出版社 1991 年版。

[7] 朱有瓛：《中国近代学制史料》（第三辑），华东师范大学出版社 1986 年版。

[8] 中国第二历史档案馆：《中华民国档案资料汇编》（第 3、4、5 册），江 苏古籍出版社 1991 版。

[9] 陈元晖、琚鑫圭主编：《中国近代教育史资料汇编：实业教育、师范教 育》，上海教育出版社 2007 版。

[10] 程湘帆：《中国教育行政》，商务印书馆 1927 年版。

［11］李之鹏：《各国师范教育概观》，上海商务印书馆 1927 年版。

［12］余家菊：《师范教育》，中华书局 1930 年版。

［13］陈翊林：《最近三十年中国教育史》，上海太平洋书店 1931 年版。

［14］罗廷光：《师范教育新论》，南京书店 1933 年版。

［15］常道直：《师范教育论》，立达书局 1933 年版。

［16］王炽昌：《新师范教育学》，中华书局 1933 年版。

［17］陈青之：《中国教育史》（上、下册），商务印书馆 1934 年版。

［18］张季信：《中国教育行政大纲》，上海商务印书馆 1934 年版。

［19］丁致聘：《中国近七十年来教育记事》，国立编译馆 1935 年版。

［20］杨亮功：《教育局长》，正中书局 1935 年版。

［21］陈东原：《中国教育史》，商务印书馆 1936 年版。

［22］李超英：《中国师范教育论》，长沙商务印书馆 1941 年版。

［23］罗廷光：《师范教育》，正中书局 1947 年版。

［24］张达善：《师范教育的理论与实际》，上海商务印书馆 1947 年版。

［25］罗炳文：《师范教育》，正中书局 1947 年版。

［26］常道直：《教育制度改进论》，正中书局 1948 年版。

［27］陈学恂：《中国近代教育大事记》，上海教育出版社 1981 年版。

［28］毛礼锐、沈灌群主编：《中国教育通史》（第五卷），山东教育出版社 1984 年版。

［29］毛礼锐主编：《中国教育史简编》，教育科学出版社 1988 年版。

［30］刘问岫：《中国师范教育简史》，人民教育出版社 1984 年版。

［31］汤才伯：《廖世承教育论著选》，人民教育出版社 1984 年版。

［32］林砺儒：《林砺儒教育文选》，北京师范大学出版社 1984 版。

［33］高奇主编：《中国现代教育史》，北京师范大学出版社 1985 年版。

［34］陈侠：《师范教育和教育科学》，人民教育出版社 1985 版。

［35］陈信泰：《师范教育的发展与改革》，山东教育出版社 1986 年版。

［36］杨之岭：《中国师范教育》，北京师范大学出版社 1989 年版。

［37］黄定元主编：《中央苏区师范教育史稿》，北京师范大学出版社，1989 年版。

［38］刘兴映主编：《高等师范教育管理概论》，陕西师范大学出版社1989年版。

［39］李桂林主编：《中国教育史》，上海教育出版社1989年版。

［40］华东师范大学教科所高教研究室编：《中国高等师范教育改革》，华东师范大学出版社1989年版。

［41］熊明安：《中华民国教育史》，重庆出版社1990年版。

［42］吴定初：《中国师范教育简论》，四川教育出版社1990年版。

［43］吴清基：《精致教育的理念》，台北师大书苑公司1990年版。

［44］成有信：《十国师范教育和教师》，人民教育出版社1990年版。

［45］林永柏主编：《师范教育学》，吉林大学出版社1990年版。

［46］苏真主编：《比较师范教育》，北京师范大学出版社1991年版。

［47］刘问岫：《当代中国师范教育》，北京教育科学出版社1993年版。

［48］邓登云：《中国近代教育史》，华东师范大学出版社1994年版。

［49］王炳照、郭齐家编：《简明中国教育史》，北京师范大学出版社1994版。

［50］赵翰章：《师范教育概论》，吉林教育出版社1994年版。

［51］申晓云：《动荡转型中的民国教育》，河南人民出版社1994年版。

［52］张燕镜主编：《师范教育学》，福建教育出版社1995年版。

［53］查啸虎：《教育概论》，中国科技大学出版社1995年版。

［54］张行：《师范教育散论》，江苏教育出版社1996年版。

［55］苏林：《中国师范教育十五年》，东北师范大学出版社1996年版。

［56］郑国庆：《高等师范教育概论》，辽宁大学出版社1996年版。

［57］彭平一、陈先枢、梁小进：《湘城教育纪胜》，湖南文艺出版社1997年版。

［58］李华兴：《民国教育史》，上海教育出版社1997年版。

［59］谢安邦：《师范教育论》，中国建材工业出版社1997年版。

［60］何东亮：《师范教育心理学》，上海交通大学出版社1997年版。

［61］彭银祥：《高师现代教育实习管理模式研究》，湖南师范大学出版社1997年版。

［62］彭银祥：《跨世纪教师队伍的心理素质建设》，湖南师范大学出版社
1997 年版。

［63］和飞：《师范教育与中国农村人口素质研究》，湖南师范大学出版社
1998 年版。

［64］李贤瑜、谢建社、王振洪：《中国高等师范教育的改革与发展》，江西
高校出版社 1998 年版。

［65］王万明：《21 世纪高等师范教育改革研究》，中国农业出版社 1998
年版。

［66］王淑俐：《怎样教书不生气：谈教师的情绪调节兼指导学生情绪的发
展》，台北师大书苑公司 1998 年版。

［67］金长泽：《师范教育改革与师资队伍建设》，东北师范大学出版社 1998
年版。

［68］陈祖楠主编：《师范教育改革与初中师资培养》，华东师范大学出版社
1998 年版。

［69］黄政杰主编：《如何让学生喜欢你》，台北师大书苑公司 1998 年版。

［70］袁振国：《当代教育学》，教育科学出版社 1999 年版。

［71］孙培青：《中国教育史》，华东师范大学出版社 1999 年版。

［72］张兆芹：《现代师范教育管理》，安徽大学出版社 1999 年版。

［73］彭时代：《中国师范教育 100 年》，中国工人出版社 1999 年版。

［74］曲恒昌：《创建充满生机与活力的师范教育：面向 21 世纪师范教育国
际研讨会论文集》，北京师范大学出版社 1999 年版。

［75］詹小平：《高等师范教育的立交自主模式》，湖南人民出版社 2000
年版。

［76］郭英芬主编：《师范教育改革的理论与实践》，辽宁大学出版社 2000 年
版。

［77］陆炳炎主编：《一体化：师范教育改革的思考与实践》，华东师范大学
出版社 2000 年版。

［78］张维仪主编：《教师教育：改革与发展热点问题透视》，南京师范大学
出版社 2000 年版。

［79］ 李国钧主编：《中国教育制度通史》（第6、7卷），山东教育出版社2000年版。

［80］ 徐宏主编：《教育链：基础素质教育与师范教育改革》，中国经济出版社2000年版。

［81］ 陈学恂主编：《中国教育史研究》（近代分卷），华东师范大学出版社2001年版。

［82］ 孟宪民主编：《完整性师范教育研究》，齐鲁书社2001年版。

［83］ 张德祥：《当代中国高等师范教育改革论要》，辽宁人民出版社2001年版。

［84］ 檀传宝主编：《中国教师教育的新境界：中国高等师范教育体制改革研究》，北京师范大学出版社2001年版。

［85］ 王泽普主编：《中国师范教育改革与发展研究》，广西师范大学出版社2001年版。

［86］ 王玉琢主编：《面向21世纪的高等师范教育》，黑龙江教育出版社2001年版。

［87］ 刘捷、谢维和：《中国高等师范教育百年省思》，北京师范大学出版社2002年版。

［88］ 张伟堂：《论师范教育改革与发展》，黑龙江科学技术出版社2002年版。

［89］ 朱嘉耀：《走向人格化：师范教育研究》，江苏教育出版社2002年版。

［90］ 沈雨梧：《浙江师范教育》，天津古籍出版社2002年版。

［91］ 张学军主编：《湖南教育大事记》（远古—2002年），岳麓书社2002年版。

［92］ 丁钢：《历史与现实：中国教育传统的理论探索》，教育科学出版社2002年版。

［93］ 周秋光、莫志斌：《湖南教育史》（第二卷），岳麓书社2002年版。

［94］ 唐玉光：《高等教育改革论》，广西师范大学出版社2002年版。

［95］ 马啸风：《中国师范教育史》，首都师范大学出版社2003年版。

［96］ 蒋士会、唐德海编著：《当代教育理论前沿问题概览》，广西师范大学

出版社 2003 年版。

［97］ 陈永明：《教师教育研究》，华东师范大学出版社 2003 年版。

［98］ 钟启泉、高文、赵中建主编：《多维视角下的教育理论与思潮》，教育科学出版社 2004 年版。

［99］ 顾明远：《中国教育的文化基础》，山西教育出版社 2004 年版。

［100］ 郜锦强：《高等师范教育论稿》，安徽大学出版社 2004 年版。

［101］ 杜成宪、丁钢：《20 世纪中国教育现代化研究》，上海教育出版社 2004 年版。

［102］ 杨宏雨：《困顿与求索：20 世纪中国教育变迁的回顾与反思》，学林出版社 2005 年版。

［103］ 崔运武：《中国师范教育史》，山西教育出版社 2006 年版。

［104］ 顾明远：《制度的建构与超越：北京师范大学与 20 世纪的中国师范教育》，北京师范大学出版社 2005 年版。

［105］ 赵鹏程：《高等师范教育教育成本研究》，四川人民出版社 2006 年版。

［106］ 苏云峰：《中国新教育的萌芽与成长（1860—1928）》，北京大学出版社 2007 年版。

［107］ 陶用舒：《近代湖南人才群体研究》，岳麓书社 2000 年版。

［108］ 王伦信：《清末民国时期中学教育研究》，华东师范大学出版社 2002 年版。

［109］ 史静寰、王立新：《基督教教育与中国知识分子》，福建教育出版社 1998 年版。

［110］ 张朋园：《湖南现代化的早期进展》（1860—1916），岳麓书社 2002 年版。

［111］ 沈殿成：《中国人留学日本百年史》（1896—1996），辽宁教育出版社 1997 年版。

［112］ 陈志明：《徐特立传》，湖南人民出版社 1984 年版。

［113］ 刘泱泱：《近代湖南社会变迁》，湖南人民出版社 1997 年版。

［114］ 郑焱：《近代湖湘文化概论》，湖南师范大学出版社 1997 年版。

［115］ ［加］许美德：《中国大学（1895—1995），一个文化冲突的世纪》，

教育科学出版社 2000 年版。

［116］毕乃德：《洋务学堂》，杭州大学出版社 1993 年版。

［117］周秋光主编：《湖湘文化宏观研究》，湖南师范大学出版社 2001 年版。

［118］朱汉民：《湖湘学派与岳麓学院》，教育科学出版社 1991 年版。

［119］实藤惠秀：《中国人留学日本史》，生活·读书·新知三联书店出版
　　　社 1983 年版。

［120］张作功：《湖湘文化与湖南教育》，教育科学出版社 2006 年版。

［121］《湖南第一师范校史》（1903—1949），上海教育出版社 1983 年版。

［122］王风野主编：《湖南省长沙师范学校校志》（1912—1992），湖南教育
　　　出版社 1992 年版。

［123］王风野主编：《湖南省长沙师范学校同学录》（1912—1992），湖南教
　　　育出版社 1992 年版。

［124］方伟杰主编：《湖南省桃源师范学校校史》（1904—1992），湖南教育
　　　出版社 1992 年版。

［125］湖南省地方志编纂委员会：《湖南省志·教育志》（上、下册），湖南
　　　教育出版社 1995 年版。

［126］湖南大学校史编审委员会：《湖南大学校史》（976—1949），湖南大
　　　学出版社 2003 年版。

［127］湖南师范大学校史编写组：《湖南师范大学五十年》，湖南教育出版
　　　社 1988 年版。

［128］湖南省地方志编纂委员会：《湖南省志·人物志》（上、下册），湖南
　　　出版社 1995 年版。

［129］湖南省地方志编纂委员会：《湖南名人志》（1-4），中国档案出版社
　　　1999 年版。

## 二、期刊论文

［1］陈乃林、蔡霖村：《我国近代师范教育初探》，《徐州师范学院学报》
　　　1981 年第 1 期。

［2］程合印：《我国近代师范教育及其社会影响》，《河南大学学报》1984 年

第 6 期。

［3］丁明宽：《中国近代的师范教育》，《南京师大学报》1986 年第 4 期。

［4］刘华：《中国近代师范教育及教师待遇问题初探》，《内蒙古师大学报》1995 年第 3 期。

［5］邹礼洪：《略论清末民初的师范教育政策》，《新疆师大学报》1998 年第 1 期。

［6］李剑萍：《中国近代师范教育的中国化历程》，《高等师范教育研究》1998 年第 2 期。

［7］周国平：《简述近代中国的高等师范教育》，《山东师大学报》1992 年第 1 期。

［8］冷先福：《民国时期高等师范教育的历史回顾：纪念中国高等师范教育成立 100 周年》，《江西社会科学》1998 年第 6 期。

［9］周丽华：《试析中国高等师范教育的发展及其特点》，《吉林教育科学·高教研究》1999 年第 3 期。

［10］李涛：《论近代知识分子的文化转型：以晚清民国教育家群体为例》，《辽宁师范大学学报》（社会科学版）2003 年第 4 期。

［11］于述胜：《论民国时期教育制度的评价尺度及其发展逻辑》，《华东师范大学学报》（教育科学版）1999 年第 3 期。

［12］王彦才：《论民国时期政府对私立大学的资助》，《教育评论》2006 年第 6 期。

［13］田正平、刘崇民：《民国时期（1912—1937）县教育局长群体构成分析》，《浙江大学学报》（人文社会科学版）2006 年第 9 期。

［14］林译丛：《民国时期高校管理的现代诠释》，《中山大学学报论丛》2006 年第 7 期。

［15］彭平一：《民国时期湖南高等教育的发展及其特点》，《株洲工学院学报》2003 年第 1 期。

［16］林良夫：《民国时期教育家群体特征论析》，《华东师范大学学报》（教育科学版）1999 年第 4 期。

［17］熊贤君：《民国时期解决教育经费问题的对策》，《教育评论》1995 年

第 2 期。

[18] 熊贤君：《论民国时期教育经费的困扰与对策》，《湖北大学学报》（哲学社会科学版）1996 年第 5 期。

[19] 严奇岩：《民国时期教师生活待遇研究的回顾与反思》，《南通大学学报》（教育科学版）2006 年第 6 期。

[20] 吴琼：《民国时期教师薪俸的历史演变》，《教育评论》1996 年第 6 期。

[21] 张元隆：《民国教育经费制度述论》，《安徽史学》1996 年第 4 期。

[22] 张晓唯：《民国时期的"教育独立"思潮评析》，《高等教育研究》2001 年第 5 期。

[23] 胡艳：《清末、民国时期的免费师范生制度》，《中国教师》2007 年6 月。

[24] 凌兴珍：《民国时期的学生免费公费制》，《四川师范大学学报》（社会科学版）2006 年第 6 期。

[25] 李伟：《民国时期高师教育实习政策的演变》，《内蒙古师范大学学报》（教育科学版）2006 年第 1 期。

[26] 聂好春：《简论晚清时期中国近代师范教育》，《商丘师范学院学报》2006 年第 3 期。

[27] 罗彩云、方勇：《清末湖南私立教育的兴起》，《长春工业大学学报》（高教研究版）2005 年第 2 期。

[28] 李红：《清末女子师范教育》，《四南民族大学学报》（人文社科版）2006 年第 8 期。

[29] 伍运文、李云中：《世纪之交的师范教育改革探寻》，《现代大学教育》2005 年第 6 期。

[30] 黄明喜：《五四新文化运动与早期师范教育变革》，《华南师范大学学报》（社会科学版）2002 年第 6 期。

[31] 乔兆红：《湘籍留日学生与湖南近代化》，《长沙电力学院学报》（社会科学版）2006 年第 6 期。

[32] 詹小平：《新升格地方高师院校的定位与发展》，《高等教育研究》2004 年第 5 期。

［33］彭平一：《湖南高校的百年分合：纪念湖南高等教育 100 周年》，《株洲师范高等专科学校学报》2002 年第 4 期。

［34］李剑萍：《中国近代师范教育争论问题的透视》，《华东师范大学学报》（教育科学版）1996 年第 3 期。

［35］谢安邦：《中国师范教育改革发展的理论问题研究》，《高等教育研究》2001 年第 4 期。

［36］丁平一：《清末民初湖湘教育的大转型》，《船山学刊》2002 年第 4 期。

［37］暨爱民：《抗战时期湖南教育发展述论》，《抗日战争研究》2005 年第 1 期。

［38］赵雄辉：《论湖南近代高等教育的源起》，《求索》2004 年第 3 期。

［39］周秋光：《论湖南近代教育的起点、进程、特点及其作用》，《当代教育论坛》2001 年第 4 期。

［40］罗玉明：《近代湖南早期教育变革与湖南教育近代化》，《文史博览》2006 年第 5 期。

［41］张振助：《廖世承高等师范教育思想初探》，《高等师范教育研究》1996 年第 2 期。

［42］武增锋：《陈宝泉师范教育思想评述》，《河北师范大学学报》（教育科学版）2004 年第 3 期。

［43］熊吕茂：《论杨昌济的教育思想》，《河北师范大学学报》（教育科学版）2007 年第 4 期。

［44］徐鸿、张洪：《试论陶行知的师范教育思想》，《西南民族大学学报》（人文社科版）2004 年第 11 期。

［45］瞿卫星：《论张謇的师范教育思想》，《南京师大学报》（社会科学版）1998 年第 1 期。

［46］殷杰兰：《略论王夫之的教育思想》，《郑州航空工业管理学院学报》（社会科学版）2002 年第 3 期。

## 三、学位论文

［1］谢安邦：《论师范教育的特性与我国高师教育的改革与发展》，华东师

范大学博士论文，1992年。

［2］裴明贤：《新中国高等师范教育的发展与中国和越南90年代的高师教育改革比较》，北京师范大学博士论文，1997年。

［3］唐玉光：《教学工作与师范教育的专业化取向》，华东师范大学博士论文，1998年。

［4］阮春林：《清末民初中国师范教育研究（1897—1922年)》，中山大学博士论文，2004年。

［5］伊继东：《云南高等师范教育发展战略研究》，华中科技大学博士论文，2004年。

［6］伍春晖：《湖南教育近代化研究（1894—1929)》，湖南师范大学博士论文，2007年。

［7］吴鸿：《大学与师范教育的关系：英国个案研究》，浙江大学硕士论文，2001年。

［8］王向红：《我国师范教育模式向混合型发展的可行性研究》，西南大学硕士论文，2002年。

［9］李丽红：《论中级师范教育中反思型教师的培养》，北京师范大学硕士论文，2005年。